中华家风家教书系

引导孩子成为学习优秀生的父母之道

范树怀◎著

中国经济出版社
CHINA ECONOMIC PUBLISHING HOUSE
·北京·

图书在版编目（CIP）数据

引导孩子成为学习优秀生的父母之道/范树怀著.
北京：中国经济出版社，2017.6
ISBN 978-7-5136-4665-9
Ⅰ.①引… Ⅱ.①范… Ⅲ.①中小学生—家庭教育 Ⅳ.①G782

中国版本图书馆CIP数据核字（2017）第065680号

策划编辑 崔姜薇
责任编辑 罗 茜 牛慧珍
责任印制 马小宾
封面绘画 倪劭翰
封面设计 任燕飞装帧设计工作室

出版发行 中国经济出版社
印 刷 者 北京柏力行彩印有限公司
经 销 者 各地新华书店
开　　本 710mm×1000mm 1/16
印　　张 19
字　　数 270千字
版　　次 2017年6月第1版
印　　次 2017年6月第1次
定　　价 39.80元
广告经营许可证 京西工商广字第8179号

中国经济出版社 **网址** www.economyph.com **社址** 北京市西城区百万庄北街3号 **邮编** 100037
本版图书如存在印装质量问题，请与本社发行中心联系调换（联系电话：010-68330607）

前　言

孩子学习成绩优秀，是父母昼思夜想的期盼。面对社会日益激烈的竞争，父母为了孩子的学习，可谓是全力以赴、竭尽全力。

为什么一些父母为孩子的学习操碎了心，甚至用尽浑身解数，孩子学习成绩却并不理想；为什么一些父母在他人看来，并没有为孩子学习费多少力，孩子学习成绩却出类拔萃。其中奥妙在哪里？引导孩子学习有什么技巧？

本书着眼于父母渴求孩子学习成绩优秀的急切心情，立足于父母殷切希望在帮孩子学习上得到引导的需要，针对父母指导孩子学习中的一系列困惑，以教育学、心理学、哲学、行为科学、成功学理论为指导，结合四十余年中小学教学实践的观察研究写成。

本书深入研究了中小学孩子们的实际学习情况，大量吸取了培养出国内外名校学生的父母的经验，总结了引导孩子学习失败的痛心教训，本书旨在帮助为孩子学习操心费力的父母解惑释疑、出谋划策，实现父母希望孩子成为学习优秀生的夙愿。

孩子能否成为成绩优秀的学生，根本上取决于孩子自身是否爱学、会学；而孩子是否爱学、会学，很大程度上取决于父母引导孩子学习的方法和技巧。父母对孩子的爱和付出，帮孩子学习的热心和耐心，未必有好的效果。父母引导孩子学习是否成功的关键在于是否懂得孩子心理变化规律和他们成长的规律，在于父母引导孩子学习是否得法，是否科学。

《引导孩子成为学习优秀生的父母之道》分为十章，从引导孩子自觉学习的技巧、培养孩子学习习惯的方法、提升孩子学习成绩的良策等十个方面，进行阐述分析，涉及中小学孩子们学习生活的各方面。在揭示孩子们学习心理、心理变化规律和成长规律的同时，阐释了引导孩子学习，促进孩子成绩优秀具体可行的方法和技巧。并针对父母引导孩子学习生活中的诸多困惑和疑难，提出切实可行的指导方法。

当您为引导孩子学习焦虑困惑时，能为您排忧解难，这是写作此书的初衷。

作者

2016年8月12日

目 录

第五章 关注孩子心理健康的途径

第六章 引导孩子调控学习的办法

第七章 帮助孩子实现升学愿望的做法

第一章
引导孩子自觉学习的技巧

孩子学习成绩优劣，取决于诸多因素，首要因素是孩子主动学习还是被动学习。孩子是否主动自觉学习，不在于家长如何操心费力时时督促，而在于利用孩子的心理特征，去引导、调动其积极性。

一、学习给孩子带来快乐还是苦恼

心理学和实践都证明，小孩子生命的本能是让父母高兴，父母的表扬、鼓励是学习的原动力。父母对孩子的学习给予称赞、鼓励，孩子得到“奖赏”，就会身心愉悦，并认为自己有“本事”、有能力，就会主动学、乐意学。

谁都喜欢去公园逛逛，谁也不乐意去垃圾场遛圈；谁都愿意接触让自己快乐的人，谁都想躲避可能伤害自己的人。这是人和动物共有的本能——“趋利避害”，孩子的学习也是同样道理。

据某地调查表明，喜欢学习的学生比例，小学生为8.4%，初中生为10.7%，高中生为4.3%，比率之低令人难以置信。

求知是人的本能，孩子们处于求学的大好年华，但喜欢学习的孩子比例却为何如此之低？原因是多方面的，其中最主要原因是学习让一些孩子苦恼、担忧、痛苦。为什么他们感到学习是苦恼、担忧、痛苦？不妨说说这些孩子们学习中的“遭遇”就清楚了。

看到孩子成绩不理想，要强的父母就训斥孩子：“你就是不行，不给长脸”。

看到孩子作业出现错误，就好一顿数落、训斥：“你怎么这么没记性，真是不可教也。”

看到孩子抽空看电视，就这样训斥：“已经是毕业班的学生了，你还有时间看电视，真是不懂事。”

孩子学习成绩居中等水平，妈妈却非要和邻居优秀水平的孩子比较：“你看人家在班内总是前几名，你就是不行。”

孩子小学时学习成绩居班内前几名，到中学后成为中等生，就训斥孩子：“不争气、不好好学”。

孩子每天回到家，“款待”他的是无休止的唠叨，餐桌成了“审判台”。

……

学习给这些孩子带来的是受训斥，遭数落，是挨打受气，是苦恼、担忧、痛苦。

心理学家提出“儿童是现实主义者”，也有人提出“儿童是情绪的俘虏”，不仅儿童，中学生也是如此。学习给孩子带来快乐，他就乐意学，若给他带来苦恼就会讨厌学习。

神经语言学研究已经揭开了人类神经动作之谜。人类的神经系统最重要的功能是联想，它会把不相关的事联想到一起。当某人做一件事时，他的神经系统会把当时做此事的“感受”与该事情联想在一起，而不管此时的感受是“快乐”还是“痛苦”，只要是当时做该事所体会到的感受，就会被自动地记录在潜意识里，下次再做该事情时，上一次的感受就会自动出现。

倘若学习给孩子带来快乐，他会把学习与快乐联想到一起，形成学习就快乐的条件反射，就会乐意去学习。

如果学习使孩子苦恼，他会把学习与苦恼联想在一起，久而久之，形成学习就是苦恼的条件反射，他必然厌学。

若是孩子形成了学习就是苦恼的条件反射，孩子就是无奈地去上学，也是敷衍、“磨洋工”，父母再费力、再着急也无济于事。

父母怎么做，才能使学习给孩子带来的是快乐而不是苦恼？

心理学和儿童的实践都证明，小孩子生命的本能是让父母高兴，父母的表扬、鼓励是学习的原动力。父母对孩子的学习给予称赞、鼓励，孩子得到“奖赏”，就会身心愉悦，并认为自己有“本事”、有能力，就会主动学、乐意学。

与此相反，如果经常对孩子的学习以消极的否定，如训斥、数落、打骂，孩子遭受“惩罚”，就会身心痛苦，并认为自己“笨”“没能力”，他就会厌倦学习。父母的否定、训斥、打骂正是孩子学习的下拉力。

不难看出，学习给孩子带来快乐还是苦恼，很大程度上取决于父母引导孩子学习的态度和方法。

怎样引导孩子学习，才能使孩子将学习与快乐联系起来？

玩耍中学，游戏中学

好玩好动是小孩子的天性，父母引导孩子在生活中、游戏中学识字、学算数、学外语，孩子在欢快氛围中学到知识，他能不乐意学？

利用特点，积极鼓励

争强好胜是孩子们的特点。有一位母亲发现自己上初中并在班内成绩排倒数几名的女儿，语文考试成绩提高了八分，就对女儿说：“谁说你学不好语文，这不提高了八分吗，这说明你有能力还没有发挥出来。”本来孩子语文成绩又没及格，是准备挨批评的，可母亲的话让女儿深受鼓励，她下决心一定要学好语文，结果一学年下来，语文成绩进入中等水平。是母亲的鼓励唤起了孩子学习的积极性。

发现进步，积极肯定

不管你的孩子学习情况如何，细心发现孩子学习中的闪光点，学习中的进步，哪怕是微小的进步，积极地给予肯定、赞扬、鼓励，这对孩子来说是很快乐的事，是一种内在的动力。

劳逸结合，放松身心

节假日、周末带孩子去图书馆、博物馆、大自然中获取知识，劳逸结合，放松身心，既增长知识，又开阔视野，他能不乐意学。

遵循孩子心理发展特征，讲究教育引导方法，设法让学习给孩子带来快乐，让他成为好学乐学的孩子。

二、孩子的学习动力来自哪里

一些孩子学习成绩差，并不是他们智力低下，而是学习没有动力，就像机器没有动力不能转动一样。孩子学习没动力，怎么可能努力学习，怎么可能成绩优秀。

罗尔斯出生于美国纽约声名狼藉的大沙头贫民窟，这里环境肮脏、充满暴力，是偷渡者和流浪汉的聚集地。罗尔斯小时候就读于纽约大沙头诺必塔小学，小罗尔斯经常逃学、打架、偷窃。一天，当他从窗台上跳下，伸着小手走向讲台时，校长皮尔保罗将他逮个正着。

出乎意料的是，校长不但没有批评他，反而诚恳地对他说："我一看你修长的小拇指，就知道将来你一定会是纽约州的州长。"并给予了语重心长的引导和鼓励。

罗尔斯大吃一惊，因为在他不长的人生经历中，只有奶奶让他振奋过一次，说他可以成为五吨重小船的船长。他记下了校长的话并坚信这是真实的。

从那天起，"纽约州州长"就像一面旗帜在他心里高高飘扬。罗尔斯的衣服不再沾满泥土，罗尔斯的语言不再肮脏难听，罗尔斯的行动不再拖沓和漫无目的。在此后的 40 多年间，他没有一天不按州长的身份要求自己。51 岁那年，他终于成了纽约州的州长。

皮尔保罗校长一句话，让一个出生于低劣环境、有许多恶习的小学生罗尔斯，成长为纽约州州长，这就是人生动力在成长中的巨大作用。

一些孩子学习成绩差，并不是他们智力低下，而是学习没有动力。就像机器没有动力不能转动一样，孩子学习没动力，怎么可能努力学习，怎么可能成绩优秀。

孩子的学习动力来自哪里？怎样启发孩子学习动力，调动其学习的自觉性、积极性？

学习动机是直接动力

学习动机分为内部动机和外部动机，内部动机有需要、兴趣、理想、成就感、好胜心、求知欲、荣誉感、自我实现等。外部动机有父母的奖励、老师的鼓励、分数与文凭等。

小学阶段，注重调动孩子的外部动机，多采用夸奖、奖励、鼓励等方式。进入中学阶段重点培养孩子的内部学习动机。获得尊重、成就感和自我实现的需要，是中学生的内在学习动机。多给孩子赏识和认可，将孩子对尊重、成就感和自我实现的需求转化为学习动力。

学习动力来自于需求

人们为了满足某种需求，去努力劳作、积极追求。好奇、求知是孩子们的心理需求。好奇心、求知欲是孩子们内在的学习动力，通过好奇、求知获得满足感，孩子们会把学习本身等同于奖励。

利用孩子的好奇心和求知欲，想方设法为孩子提供一些新奇、有趣味的书报、杂志、画刊，和孩子一起阅读，一起谈论上面的故事、趣闻，引发孩子的读书兴趣，满足孩子的好奇心、求知欲，有助于形成学习动力。

学习动力来自于兴趣

心理学认为，兴趣是推动人们从事活动的精神动力。孩子学习很大程度上是凭兴趣，他对学习没兴趣，即使“强按牛头喝水”也无济于事。一旦对学习产生兴趣，就会“不用扬鞭自奋蹄”。浓厚的兴趣预示着巨大的成功。

父母不妨找出孩子的兴趣所在，从孩子的兴趣着手，引导其学习课本知识。比如，孩子喜欢机器人，就利用这一兴趣，引导他学习与机器人相关的力学、电学、数学等；孩子喜欢汽车，就引导他去学习与汽车有关的数学、物理、地理知识。从孩子兴趣出发，引导孩子形成学习动力。

学习动力来自于榜样

古今中外卓有成就的伟人、英雄、科学家，他们的崇高荣誉，为青少年所羡慕。设法给孩子多讲述这些人物的事迹，引导孩子以他们为榜样，努力学习，实现美好人生。

现实的榜样更有说服力。父母可利用孩子日常接触的亲戚、邻居中勤奋学习的事例感染、引导孩子。父母好学的精神、对事业的追求、所取得的成就，也是孩子模仿和学习的榜样。

学习动力来自于激励

美国成功学大师戴尔·卡耐基提出："对孩子来说，父母的注意和赞赏是最令他们高兴的。"父母的夸奖和激励，能极大地满足孩子的自尊心，无形地推动孩子形成浓厚的学习兴趣。皮尔保罗校长对罗尔斯就是采用了激励的办法，让一个有许多恶习的少年脱胎换骨，成为纽约州的州长。

不管你的孩子成绩是优秀还是不佳，要善于发现孩子的进步并给予肯定、称赞，哪怕是微小的进步。拿着放大镜找孩子的进步和闪光点，并充分肯定、赞扬，这是增进孩子学习动力的需要。

学习动力来自于成功

人们在做某事时连续失败，就会对做此类事发怵，甚至讨厌。相反，如果取得成功，就会得到鼓舞，会乐意去做此类事。

家长创造条件，引导孩子学习取得成功。比如，孩子考试后，不妨帮他具体分析试卷，或请任课老师指点，而后给他制定一个"跳一跳就能摸得着的目标"，像下一次考试赶上自己名次前一位的同学。孩子经过努力实现了目标，体验到成功的喜悦，就会形成学习动力。

三、孩子是主动学习还是被动学习

科学家经过实验得出结论：一个人做他感兴趣的工作，他的全部才能可发挥80%；做他不感兴趣的工作，只能发挥20%。主动学习与被动学习其效果相差四倍。

朱京瑞和王丽珏两家是好邻居。朱京瑞婴幼儿时，街坊邻居都夸小京瑞聪明伶俐。朱京瑞上学后，从小学到高中，夫妻俩为督促孩子学习可真是费心费力，但朱京瑞就是不肯努力，学习成绩越来越差，甚至到高中后，在班内成绩总是倒数几名。

王丽钰婴幼儿时并不被人们所关注。她上学后学习认真自觉，从小学到初中成绩一直很好，到高中后，王丽珏在班上成绩总居前几名。

朱京瑞的妈妈百思不得其解：自己为孩子学习操碎了心，孩子学习却是越来越差；没见王丽珏的爸妈，怎么为孩子学习操心费力，王丽钰的学习却是越来越好。

王丽珏和朱京瑞的事例，反映了孩子们学习中两种情况：主动学习与被动学习。

主动学习与被动学习两者表现有哪些不同？

主动学习表现为：有自己的理想和追求，学习目的明确；学习有自觉性、积极性；课堂注意力集中，自习效率高；课余时间做事有计划，充分利用时间；和老师合作很好，但又不依赖老师，有较好的自学习惯。学习对他来说是一种内心的需要，是一种乐趣。

被动学习表现为：为避免父母的指责、老师的批评而学习；上课时注意力不集中，做作业应付，做事得过且过，拖拉磨蹭；把考试分数作为学习的终极目的，分高则喜，分低则忧。学习对他来说是一种负担，是一种苦恼。

孩子主动学习还是被动学习，究其原因，是学习靠内在动力，还是靠外在压力。不同的学习动力，决定不同的学习态度，又决定了不同的学习状态。

科学家经过实验得出结论：一个人做他感兴趣的工作，他的全部才能可发挥80%；做他不感兴趣的工作，只能发挥20%。主动学习与被动学习其效果相差四倍。

孩子主动学习，就会有一心向学、乐此不疲的精神状态，有这种精神状态，就会全身心投入学习，有效发挥大脑的潜能，主动收集有效信息，积极加工消化知识，实现高效学习。

孩子被动学习，是在他人监督、督促下，是被迫的、不情愿的学习。由于不情愿，大脑必然处于一种“消极怠工”的状态，非但不能主动收集有效信息，就是课上老师所教知识也懒得听，更不可能有效加工消化。只要完成老师所留作业，就如释重负，因此他的学习是低效的。

那么，是什么原因形成孩子是主动学习还是被动学习？根源在于父母引导孩子学习的方法不同，不同的引导方法形成了孩子不同的学习态度。让我们来看看朱京瑞和王丽珏两家家长各自的做法吧。

朱京瑞的父母望子成才心切，生怕孩子“输在起跑线上”，从孩子 4、5 岁起，就让小京瑞进入课外辅导班，像小学生一样学英语、认字、数数，孩子学不会就一顿训斥，没记住就不让孩子去玩。

朱京瑞上小学后，父母的口头禅是“你给我好好学”，他们不关心孩子是否有学习动力和良好的学习习惯，只关注孩子的考试分数，分高则喜，分低就训斥“你真笨，你看别人家的孩子比你强多了”“你就是不争气”。孩子从小没有形成良好学习习惯，办事拖拉，学习不专心，作业敷衍。正如苏联教育家苏霍姆林斯基所说：“家长和老师通常所犯的错误是，他们不了解学习是脑力劳动，脑力劳动有它特有的规律，就是劳动者必须处于主动状态。”

父母对孩子不放心，上小学就开始监督他学习，自己工作再累也要陪着孩子学。朱京瑞每天一到家就浑身不自在，总想着摆脱“枷锁”，总是想办法和父母“周旋”，父母催一催，他才会动一动。到中学了，父母不能时时监督，他就自由了，但成绩江河日下。当孩子养成被动学习的习惯后，再好的天赋、再好的智力，也无用武之地。

王丽钰婴幼儿时期，她的父母就注意培养孩子的能力，以游戏的方式教孩子认字、数数，让她在高高兴兴地玩乐中学到了知识，增长了能力。孩子有了一定的识字能力后，结合识字讲从小立志、勤奋好学的名人故事，在孩子幼小的心灵上打下爱读书的烙印。

王丽珏上小学后，她父母下大力气扭转孩子办事拖拉、学习不专心等不良习惯，孩子从小形成了良好的学习习惯。

孩子学习习惯形成后，父母就不再是“监督者”，而成了孩子学习的“支持者”。每当孩子学习有困难时，父母就鼓励她想办法战胜困难；孩子有进步，就热情鼓励“好样的”“自己为了目标努力吧，我们信得过你”。王丽珏在父母的支持和鼓励下勤奋好学，学得开心、学得快乐、学得高效。

四、怎样引导孩子主动学习

无论做什么事，是主动还是被动的态度，对事情的效率或成败，几乎起着决定的作用。所以，主动好学的学习态度是孩子学习过程中最伟大的力量。

有一本风靡全球的书叫《自动自发》，在美国、日本、德国、英国等国家，几乎每一个公司员工手中都有这本小册子。它的作者美国的阿尔伯特·哈伯德在书中提出："什么叫自动自发？让我来告诉你吧！自动自发就是不用别人吩咐，不用别人要求，就能主动而且出色地完成工作。""那些成大事者和平庸者之间最大的区别就在于，成大事者总是自动自发地去努力，而且愿意为自己所做的一切承担责任。"

孩子学习也是相同道理。为什么智力水平基本相同的孩子，学习成绩却有很大的差距，根本原因就是主动学习还是被动学习。那么，主动学习与被动学习，形成成绩巨大差距的生理、心理原因又是什么？

日本教育家和心理学家稻田太作提出了"头脑指数"的概念。这一概念认为，大多数人本来拥有的智商和实际表现出来的智商不一致。稻田太作提出了"实用智能指数＝天赋×大脑使用效率"这样一个公式。这一公式表明，在天赋相同的情况下，"实用智能指数"越高的人越聪明。那么，什么是大脑使用效率？他又提出第二个公式"大脑使用效率＝智力×态度"，这表明，态度是调动大脑使用效率的极重要因素。

无论做什么事，是主动还是被动的态度，对事情的效率或成败，起着几乎决定的作用。所以，主动好学的学习态度是孩子学习过程中最伟大的力量。

生理学和心理学研究表明，孩子们大脑潜能是非常巨大的，对孩子潜能的开发，首先必须调动他的主动性、积极性，只有孩子自觉主动学习，才能极大地开发孩子的潜能，发挥其聪明才智。

心理学研究和实践证明，喜欢学、主动学的学生，无论在课堂上还是在课下学习，都能迅速进入状态，他的大脑会被快速激活，注意力会高度集中，大脑的注意焦点会牢牢集中在学习内容上，迅速捕捉到有效信息，并快速加工消化，他的学习是深刻的、高效的。

那么，父母怎样引导孩子主动学习？

转变自身教育观念

孩子学习根本上靠内在动力。靠大人唠叨督促，不会有多大作用。学习优秀的孩子，在他们幼年时，父母就有意让孩子知道，学习和将来前途相关联。比如，带孩子去逛街，看到一个乞丐，就告诉孩子说，“这人为什么成为乞丐，因为他小时候没好好读书，无法生活，才成为乞丐。”莫道小儿无记性，打下印记贯终生。

有一位初中生，过去父母催促他学习，唠叨个没完，孩子总是懒懒散散、磨磨蹭蹭。后来，父母转变了做法，给孩子讲明有知识才有美好前途的道理，并对孩子说：“你快长大了，也懂事了，怎样去学习，你自己看着办，我们相信你能管好自己。”这一招很起作用，自此以后，孩子果然学习自觉了，成绩也逐渐上升了。

指导孩子树立目标

目标是一种追求，一种动力，小孩子在言谈中往往会讲“我长大了要当大英雄”“我要当大科学家”。小孩子是充满梦想的，父母的鼓励对孩子是莫大的动力，“你好好学习，就一定能实现梦想”，鼓励他把梦想变成现实，孩子为了实现梦想，就会自觉努力学习。没有目标，没有追求，是孩子被动学习的主要原因。

善于发现孩子进步

众多家长总是看到孩子长处少、短处多，看不到孩子进步，总关注孩子退步。这尽管是好意，其实是打击孩子的积极性。每个孩子都有长处和短处，都有进步和退步。父母要善于发现孩子的进步，并加以肯定和称赞，令孩子感到愉悦，让孩子看到自己的能力。“好孩子是夸出来的”，家长不要吝啬夸奖，父母的夸奖是孩子巨大的学习动力。

促成学习的好感觉

一个孩子是否乐意学习，取决于能否在学习中找到自信，找到成功的体验和成就感。这不只是取决于学习成绩好坏，而是取决于成人给孩子的评价。也就是说，孩子学习成绩无论是优还是差，就看父母关注的是孩子的进步、优点，还是退步、缺点。父母关注孩子进步、优点，并加以赏识、肯定，让孩子找到学习的好感觉，尝到甜头，是培养孩子自信心，体验成功感、成就感的好方法。好感觉会带来愉悦感，孩子愿意不断寻找这种好感觉，从而促进其自觉主动学习。

指导孩子劳逸结合

孩子大脑发育尚不完善，比成年人容易疲劳，他们记忆力好，但不宜进行长时间学习，家长要善于引导孩子提高学习效率，定时完成任务。不要把时间全部安排在学习上，要有劳有逸、劳逸结合，以保持孩子旺盛的学习精力，防止出现厌倦心理，让孩子始终保持主动自觉的学习状态。

一位教育孩子成功的老师的话，也许对您有所启示："我对孩子是放心、放手、放开。放心就是相信孩子他尽力了，不要总是督促，让孩子逆反。放手就是尽到应当尽的责任就行了。放开就是孩子自己的事自己解决，不要代替他。"

五、无声的教育

中华人民共和国名誉主席宋庆龄告诫人们："父母是孩子的第一个老师，孩子从幼儿园到小学、中学时期，大部分是生活在家庭里，而这正是孩子长身体、长知识，培养性格、品德，为形成世界观打基础的时期，父母的一言一行都给孩子深远的影响。"

一位母亲诉苦说，她儿子在小学一、二年级时，学习成绩居班内第一、第二名，后来丈夫因工作关系，常同下属在家里抽烟、喝酒、打麻将。儿子耳濡目染，九岁时学会抽烟、喝酒，十岁时大人打麻将，三缺一时他能补上。儿子到初一时，学习成绩居班内倒数一、二名。

她为了孩子的学习苦口婆心、打比方、讲道理，绞尽脑汁也无济于事。她不明白，她和丈夫从来没教过儿子抽烟、喝酒、打麻将，可孩子学得却那么快。

这位母亲的诉说，道出了许多家长的疑惑。其实她没有弄清楚，父母给孩子讲道理是教育，父母的言谈举止也是教育，而且是比讲道理更深刻、更有效的教育，“此处无声胜有声”。

或许您感到莫名其妙，“教育不就是讲道理么”“怎么父母的言行也是更有效的教育”，这是由孩子们学习成长的特征决定的。

模仿是孩子基本的学习方式，是孩子的天性，孩子的诸多行为、本领是通过模仿学会的。父母抽烟、喝酒、打麻将，孩子在好奇心驱使下就去模仿学习。父母的言谈举止，不管有意还是无意，都在潜移默化地对孩子进行着更直观、更生动的教育。

小孩子由于生活经验的限制，认识能力的制约，他们对父母的说教，很难理解其中的道理，更难以转化为行动。这就是苦口婆心、打比方、讲道理不起多大作用的原因。而父母的言谈举止，却是孩子最直观、最形象的模仿学习对象。

中华人民共和国名誉主席宋庆龄告诫人们：“父母是孩子的第一个老师，孩子从幼儿园到小学、中学时期，大部分是生活在家庭里，而这正是孩子长身体、长知识，培养性格、品德，为形成世界观打基础的时期，父母的一言一行都给孩子深远的影响。”

二百年前在美国的康乃狄克州，有一位名叫嘉纳塞·爱德华的人，他既是一位博学多才的神学家、哲学家，也是一位道德家。他的子孙已经传了八代。在这八代中，有十三人当了大学校长，一百多人任大学教授，十四人创建了大学或专科学校，六十多人当了医生，一百多人当教师，七十五人是军人，八十多人是文学家，一人就任副总统，一人做了大使，二十多人任上下两院议员，十八人成了报社、杂志社的负责人或主编。

同样是在二百年前，美国纽约有一个叫马克斯·朱克的酒鬼、赌徒。

他的子孙也有七八代了。据调查，这七八代子孙中，有三百多人成了乞丐和流浪者，因生活无着落死于路旁，七人因杀人被判死刑，六十三人因偷盗、诈骗等被判刑，因喝酒夭亡者或成为残废者达四百多人，五十人曾在监狱劳改时学会一些手艺，出狱后才能勉强糊口。

神学家、哲学家、道德家嘉纳塞·爱德华和酒鬼、赌徒马克斯·朱克，为什么他们各自的七八代后人，有如此巨大的差别？这就是一代一代孩子模仿的结果，是家庭环境影响的结果。环境造就人，人是环境的产物。正如古人所说“近朱者赤，近墨者黑”“蓬生麻中，不扶而直；白沙在涅，与之俱黑”。

有的父母对孩子的教育是一回事，在孩子面前的言行又是另一回事。他要求孩子专心学习，自己却是无所顾忌地在家喝酒、打牌、看电视。他们没有领悟出父母的言行对孩子是更深刻的教育。

家庭是孩子第一所学校，父母是孩子的第一任老师。苏联教育家马卡连柯告诫父母：“你们自身的行为在教育上具有决定的意义。不要以为只有你们同孩子谈话，或教导孩子、命令孩子的时候，才是在教育孩子。在你们生活中的每一瞬间，甚至当你们不在家的时候，都在教育着孩子。你们怎样穿衣服，怎样跟别人说话，怎样谈论其他人，你们怎样表示欢欣和不快，怎样对待朋友和仇敌，怎样笑，怎样读报……所有这些对孩子都有很大的意义。”

20世纪80年代，河北省望都县北关村张俊荣姐弟三人，姐姐河北农大毕业后，大弟弟张庆山考入河北大学，小弟弟张俊山三年后又考入上海复旦大学。人们羡慕不已，也有人很纳闷：姐弟三人在当时高考“千军万马过独木桥”的时代，为何都成为优胜者？他们父母的行动回答了人们的疑问。

张俊荣的父亲是工程技术人员，好学上进，虽说文化程度不高，但他刻苦钻研，工作之余争分夺秒抓紧学习，几十年如一日。母亲是小学教师，繁忙教学之余有空就看书、写文章。孩子们谈起自己的成长时说：“没有父母的影响，我们不会有今天。”张俊荣的父母用自己的行动教育影响着孩子们，这种无声的教育更胜于有声的教育。

“此处无声胜有声”，身教胜于言教，父母要有效引导孩子学习，应深刻领悟这个道理。

六、引导孩子确立学习目标

"人无远虑，必有近忧"，人生有无奋斗目标，对孩子学习关系重大。引导孩子学习的一个极重要环节，就是指导孩子树立学习的大目标，这是他的一种向往，是学习的内在动力。

美国前国务卿赖斯 10 岁那年，全家人到首都观光游览。因为黑色皮肤，他们全家被挡在了白宫门外，不能像其他人那样走进去参观。小赖斯倍感羞辱，咬紧牙关注视着白宫，然后转身一字一顿地告诉父亲："总有一天，我会成为那房子的主人!"

赖斯父亲十分赞赏女儿的志向，告诫她："要想改变咱们黑人的状况，最好的办法就是取得非凡的成就。如果你拿出双倍的劲头向前冲，或许能获得白人一半的地位；如果你愿意付出四倍的辛劳，就可以跟白人并驾齐驱；如果你能付出八倍的努力，就一定能赶到白人的前面!"

赖斯经过顽强奋斗，成为美国历史上第一位黑人女国务卿。当有人问起她成功秘诀时，她说："因为我付出了'八倍的辛劳'!"赖斯从小以常人"八倍的努力"坚持不懈的奋斗，最终实现了她的人生目标。

俄国芭蕾舞家巴甫洛娃说："不停顿地走向一个目标，这就是我成功的秘诀。"有这样一句谚语："一个确定的目标是成功的一半。"

美国哈佛大学有一个非常著名的关于目标对人生影响的跟踪调查。对象是一群智力、学历、环境等条件相差不多的年轻人，调查结果发现：27% 的人没有目标；60% 的人目标模糊；10% 的人有清晰但比较短期的目标；3% 的人有清晰且长期的目标。

25 年的跟踪研究结果显示，他们的生活状况及分布现象十分有意思。那些占 3% 者，25 年来始终朝着同一方向不懈努力，几乎都成了社会各界的顶尖人士。那些占 10% 有短期清晰目标者，大都生活在社会的上层，成为各行业不可或缺的专业人士。而占 60% 的模糊目标者，几乎都生活在社会的中下层。剩下 27% 的那些没有目标的人群，几乎都生活在社会的最底层，他们生活的都不如意，常常失业，靠社会救济。

人生目标是一种追求，一种理想，一种向往，是人生的巨大动力。古人云“志大才能智达”，一个人一旦确立了人生目标，就会千方百计积极努力。为了实现目标，会不计得失，不计荣辱，心胸坦荡，全力以赴去奋斗。

“人无远虑，必有近忧”，有无人生奋斗目标，对孩子学习关系重大。引导孩子学习的一个极重要环节，就是指导孩子确立学习的大目标，这是他的一种向往，是学习的内在动力。目标有大目标和小目标之分，大目标是通过众多小目标的成功实现的，每个小目标的实现都是向大目标迈进了一步。

美国成功学大师卡耐基，早年每天从事不低于10个小时的高强度体力劳动，生活十分艰辛。怎样才能摆脱贫困呢？卡耐基当时想：假如有一份存款就好了。

于是，他用步行了20天省下来的钱——1美元电车费，在附近的银行立了一个户头。卡耐基的心境顿时为之豁然了：我有存款了！于是他有了一种踏实感，觉得有了存款就有了希望。

20天后，卡耐基又在账户里存进了1美元。就这样，他不间断地每隔20天存一次，每次都是不乘电车省下来的1美元。一年下来，他的存折上便有了18美元。

当时，卡耐基正需要50美元的款项。50美元，对于每天收入只有5毛钱的他而言，是一笔惊人的巨款，50美元太遥远了。于是他把目光停留在30美元上。又过了一段不算短的时间后，卡耐基的存折了出现了30美元的数字。接着他又一步一步地走下去，最后终于存到了50美元。这为他的事业发展打下了初步基础。

卡耐基存款的故事告诉人们，人生的大目标就是通过一个个小目标实现的。

父母引导孩子确立学习大目标之后，再指导孩子从实际出发，制定一个个学习的具体小目标，并为之努力。

孩子一旦实现了一个小目标，就要赞扬、鼓励。父母的赞扬会令孩子兴奋，因为孩子体验到了依靠自己的力量取得成功的喜悦。

怎样指导孩子确立学习目标？不能只靠说教，重要的是让孩子亲身体验和感悟。

引导孩子体验和感悟有哪些途径？比如，带孩子拜访事业成功的邻居、亲戚、朋友，为他树立学习榜样；抽时间带孩子去参观北京大学、清华大学、复旦大学等名牌大学，让他感受名校氛围；指导孩子阅读名人故事，参观名人故居，激励孩子向名人学习，成为有作为的人；用一些名人成才的故事，让他领悟到“有志者，事竟成”的道理。

七、鼓励是孩子进步的“助推器”

管理学理论上有一条“二八定律”：要促使一个人进步，应该给他20%的压力和80%的动力，20%的压力来自批评和惩罚，80%的动力来自赞扬和鼓励。

假如您的孩子成绩不理想，或是很差，您是对孩子唠叨、训斥、打骂，还是给予孩子关爱、支持、鼓励？让我们看看下列故事吧。

爱因斯坦小时候，并不是一个天资聪颖的孩子，相反，已满四岁的爱因斯坦还不会说话，人们都怀疑他是一个“低能儿”。上学后，爱因斯坦仍然显得很平庸，学校老师曾向他父亲断言说：“你的儿子将一事无成。”大家的讽刺和讥笑，让爱因斯坦十分灰心丧气，他甚至不愿去学校，害怕见到老师和同学。

爱因斯坦的父亲却鼓励儿子：“我觉得你并不笨，别人会做的，你虽然做得一般，却并不比他们差，但是你会做的事，他们却一点儿都不会做。你表现的没有他们好，是因为你的思维和他们不一样，我相信，你一定会在某一方面比任何人都做得好。”

爱因斯坦的母亲贤惠能干，文化修养极高，她也给予了儿子百般呵护和鼓励。正是父母对自己的信任、大力支持和热情鼓励，使爱因斯坦这个曾被人怀疑为“低能儿”的人，经过不懈的奋斗，成为举世瞩目的大科学家。

“二战”时期的“三巨头”之一丘吉尔，上学时学习成绩出人意料的差，他被学校列为学习成绩最差的学生之一。由于学习成绩差，丘吉尔曾引起学校老师的多次警告。

他的父母却认为，丘吉尔的智力是优良的，英语写作和讲演也非同一般，分数并不能说明什么，假如专业与他的特长相符，兴许会好起来。正如父母所言，丘吉尔后来进入军校，毕业后被派往印度服役，1899 年从印度回国后投身于政治。33 岁时丘吉尔登上了内阁大臣的宝座。

一个身材矮小的女孩，喜欢上乒乓球，所有的人都不看好她。但她的父亲对她说："你很优秀，真的。"父亲的话给了她莫大的鼓舞，她坚信父亲的话，经过顽强不懈的努力，后来成为乒乓球国手，她的名字叫邓亚萍。

美国通用电气公司首席执行官杰克·韦尔奇在他的自传中说，自己的成功也许要归功于他的母亲。他小时候有口吃的毛病，这让他很自卑。他的母亲对他说："孩子，这是因为你的嘴巴无法跟上你聪明的脑袋。"他认为这是他听到过的最美妙的一句话。

爱因斯坦等人成长的事例证明了一个道理：父母对孩子坚定的信任和鼓励，将是孩子成功的重要保证，父母的鼓励是孩子进步的"助推器"。

美国一位教育家说，除了鼓励，我不知道还有什么方法来建立孩子的自信心。

管理学理论上有一条"二八定律"：要促使一个人进步，应该给他 20% 的压力和 80% 的动力，20% 的压力来自批评和惩罚，80% 的动力来自赞扬和鼓励。

父母对成绩不理想孩子的态度和方式，将决定孩子不同的前途，是锦绣前程还是"悲惨世界"。

这不是危言耸听，这是父母对孩子不同的态度和教养方式，在孩子身心上形成不同的自我评价和情绪反应所决定的。有人提出"子女的命运掌握在父母手中"，从这个意义上讲是无可置疑的。

中小学生的自我评价，尤其是对自己的能力、发展潜能的评价，在很大程度上受到外界评价的影响，特别是受到他所信任、所尊重的人的影响。父母是孩子接触最早最多，也是孩子起始最信任、最尊重的人。父母对孩子的评价直接影响孩子的自我评价：是有能力，有发展前途；还是没有能力，前途暗淡。

假如父母对成绩差的孩子经常采用训斥、责备的方法，这在孩子看来自己是个无能力的人，学习成绩不可能好，“蛤蟆皮做龙袍——不是那块料”。既然学不好，表现的就是沮丧、抑郁，是无可奈何的消沉情绪。反正我是不行了，也就只能是“破罐子破摔了”，只能是“消极怠工”应付家长和老师。

一个人的成长，情绪是动力，理智就像一辆车的方向盘和刹车，如果没有良性情绪，孩子的智能将被埋没，孩子的行为会没有动力。如果孩子形成沮丧、抑郁、焦虑、烦恼、自卑的消极情绪，是不可能学好的。因为在消极情绪下信息接收源就死了，大脑的思考模式就中断了。如果再打骂，消极的痛苦感受会跟学习连到一起。一谈学习，这种痛苦感就会出现，孩子不厌学才怪哩。

父母应以爱因斯坦和丘吉尔的父母为榜样，就算是这个世界上所有的人都认为您的孩子不行，您也应对孩子高度信任，热情支持、鼓励。孩子会从父母言谈中，看到自己的能力，自己的潜能，自己的希望。这给他以信心和动力，让他精神焕发、情绪高昂，以饱满的热情投入学习。

教育孩子，引发孩子的良性情绪是根本法则，这个法则被破坏就不能教育好孩子，只有在积极情绪下才能教育好孩子，在学习上更是如此。

面对学习成绩差的孩子，父母要接纳孩子，信任孩子，尊重孩子，理解孩子，深入了解孩子的内心世界，破解成绩差的原因。发现孩子的长处和优势，多用肯定、表扬、夸奖的方法对待孩子。用你信任的目光、温暖的微笑、关爱的动作、热情的鼓励这些强大“助推器”，把孩子推向成功。

八、标签效应的妙用

争强好胜之心、乐意被人夸奖之心人皆有之，这是人类共有的本性。每个孩子都有其正能量、积极的一面，也有其负能量、消极的一面，将孩子正能量还是负能量激发出来，要看外界给予他什么样条件。

第二次世界大战中，美国政府曾雇佣了一批社会闲杂人员，到前方打仗。这些人纪律散漫，不听指挥，于是当局请心理学家帮助管理他们。

心理学家和他们谈话后，要求他们每人每月给家人写一封信。当然，他们很高兴，但遗憾的是不会写。于是心理学家把信的内容替他们拟好，要他们照抄一遍就行了。信的内容大体是告诉他们的亲人，他们在前线如何勇敢，如何听指挥和创立了多少战功。

这样坚持了半年，奇迹竟发生了：这些士兵竟一个个变了样，真的像信中所说的那样勇敢和守纪律了。

是什么力量使他们变好了？那就是“勇敢”“守纪律”“立战功”标签的作用。在心理学中，这种给人贴上某种标签，使其产生与标签相一致行为的现象，叫作“标签效应”。

心理学家的高明之处，是通过给这些闲杂人员贴标签，引导他们成为勇敢、守纪律的士兵，调动了这些人的正能量，用中国话讲，这种“戴高帽子”的方法发挥了神奇的作用。

争强好胜之心、乐意被人夸奖之心人皆有之，这是人类共有的本性。每个孩子都有其正能量和积极的一面，也有其负能量和消极的一面，将孩子正能量还是负能量激发出来，要看外界给予他什么样的条件。

中小学时期的孩子，他的自我评价能力并不成熟，“我是不是好孩子”“我将来会成为什么样的人”“我是否有能力有本事”，这些自我评价，是依据他人特别是父母、老师的评价为依据的。父母巧妙运用“标签效应”，寻找、发现孩子的长处、优点，积极给予肯定、夸奖，就会促使孩子发挥正能量，向积极的方面发展，成为一个优秀人。

有人认为，“孩子的优点不说跑不了，缺点不说不会警觉”。他关注的是孩子的缺点、退步，而不是孩子的优点、进步，这等于无意中给孩子贴上“不是好孩子”“不会学习”等标签。孩子就会形成“反正我是学不好了”“我不是好孩子”“父母就是看不起我”的观念。这种做法尽管是善意的，却是好心办坏事，因为这样激发的不是孩子的正能量、积极性，而是负能量、消极性。孩子就会“破罐子破摔”，向父母最不希望的方向发展。

人们有一个共识：好孩子是夸出来的，同样，坏孩子是挑剔出来的，这正应了皮格马利翁效应的解释：“说你行，你就行，不行也行；说你不行，你就不行，行也不行”。同样一个孩子，不同的对待态度，不同的塑造方法，就会成为不同的人。

我国著名教育家陶行知提出：“在你的教鞭下有瓦特，在你的冷眼里有牛顿，在你的讥笑中有爱迪生。”同理，在你的冷眼里，压抑的是名牌大学生，在你的训斥中，摧残的是未来的人才。

把陈旧的老掉牙的观念扔到太平洋里去，巧妙运用“标签效应”，发现孩子优点、长处，鼓励孩子的进步，夸奖他的闪光点，把他的正能量、积极性调动起来，让他成为您所希望的好学生。

九、促成孩子的成就感

什么是成就感？成就感就是一个人做完一件事情，为自己所做事情的成功感到愉快、自豪的感觉。成就感对人具有强大的激励作用。人有了成就感，就会看到自己的能力，自己的本事，坚定自信心，形成做好事情的强大动力。

列文初中毕业，来到这个小镇，找到了一份替镇政府看门的工作，从此一待就是60年。

这样一个普通到小草一般的小人物，有什么本事让全世界的人记住他呢？原来，他是靠“磨镜片”出的名。

列文年轻力壮、精力旺盛，工作又相当清闲，所以他不得不另外找点活来打发多余的精力。他选择了磨镜片，这个活又费时又费工，足够他打发时间了。

他磨呀磨呀，一直磨了60年。他的锲而不舍使他的技术渐渐超过了专业磨镜师。他磨出的镜片，放大倍数远远超过了当时的时代水平。这么高的放大倍数能干什么呢？他把镜片贴到眼睛上：啊！他顿时倒吸了一口气——一个惊人的微生物世界出现了！

显微镜就这样发明了！只有初中文化的他，被授予巴黎科学院院士的头衔，并得到了英国女王的接见。

他，就是大名鼎鼎的荷兰科学家万·列文·虎克，他用毕生的心血致力于每一个玻璃片的完善，创造了镜片行业的奇迹。

列文从一个再普通不过的看门人，成为巴黎科学院的院士，这是巨大的成功，他的成功让他具有了至高无上的成就感。

什么是成就感？成就感就是一个人做完一件事情，为自己所做事情的成功感到愉快、自豪的感觉。成就感对人具有强大的激励作用。人有了成就感，就看到自己的能力，自己的本事，坚定自信心，形成做好事情的强大动力。

人脑具备这样的特征：当一个人做某事时，他充满自信，认为自己有能力做好这件事，大脑就会快速激活并高效运转，会千方百计地寻找方法，把事情做好；当他做某事没有成就感时，就没有自信心，不相信自己的能力，大脑不会轻易运转起来，会表现得很迟钝；当他被迫做某事时，大脑就不是思考怎样做好这事，而是千方百计地找寻不能做好这件事的理由。

促成孩子的成就感，帮助孩子树立信心，是激励学习进步的必要途径。怎样促成孩子的成就感？不妨用以下方法一试：

发现孩子的成功

孩子们学习成绩无论是何等水平，他在学习中总会有一定的进步和成功。比如，期末比期中数学多考了 5 分；期末比期中在班内名次前进了一名；作业本上评语以前都是“良”，这次评语为“优”。也许孩子们对这些进步不以为然，父母却应当高度重视，抓住这些小小的“台阶”，充分肯定他的进步，他的成功，促使他形成成就感，促进他一步一步提高。

促使孩子成功

争强好胜是孩子的天性。父母可利用这一天性，设法引导孩子成功。譬如，孩子作文是个弱项，父母不妨给他出点子，引导他怎样收集素材，怎样组织文章，怎样运用语言，指导他写好一篇文章。他一定会有很大收获，开始掌握作文的一般要领。当老师给他的文章一个高分，父母再为他竖起“大拇指”，他会兴奋起来，大大促成他的成就感。

失败转化为成功

“失败是成功之母”，这是人人皆知的常理。但是怎样由失败变为成功呢？假如孩子某次考试“考砸了”，失败了，父母可以从两个角度去将失败转化为成功：一是从总体失败中找到成功的因素，比如语文成绩下降了28分，但这次作文标题拟的很有水平，这就是从失败中找到成功点；二是帮孩子分析试卷，找出失误之处及失败的原因，分析出相应对策，鼓励他相信自己的能力，继续努力，由失败转化为成功。

促成孩子成就感，“促成”是关键，父母的“促成”会在孩子身上出现奇迹，是父母让他看到自己的能力，看到自己的本领，激发了他学习积极性，激活了他的潜能，让他真正感悟出：他是最棒的！

十、引导孩子学习六要领

英国教育家斯宾塞提出：“让孩子热爱学习，主动地要求学习，这是成功家教的一个前提。强制孩子学习，其结果一定不会理想。因为只有在孩子爱学习的情况下，你所教导的知识才能在孩子的大脑中扎根；否则，他们是要拒之门外的。”

谈起引导孩子学习，有的父母一脸愁容“我文化低不能辅导孩子学习”“我不是教师，不会指导孩子”。

一位小学生在一篇文章中写道：“学生成绩的好差，并不在家长辅导多少，而在于自己的努力程度和学习方法。”

小孩子讲出了大道理。有一位名叫李浩豪的孩子，父母都是大学生，辅导孩子学习可以说费了九牛二虎之力，可他的成绩却总是在班内倒数几名。另有一位叫王登良的学生，父母都是农民，没有能力辅导他学习，但高三毕业他考入了北京大学。

引导孩子学习并不等于辅导孩子。孩子学习优劣，关键并不在于家长辅导了多少，而在于引导孩子学习是否点到“点子”上。

英国教育家斯宾塞提出：“让孩子热爱学习，主动地要求学习，这是成功家教的一个前提。强制孩子学习，其结果一定不会理想。因为只有在孩子爱学习的情况下，你所教导的知识才能在孩子的大脑中扎根；否则，他们是要拒之门外的。”

怎样引导孩子学习？有哪些“点子”？

父母做出榜样

《光明日报》发表一幅“这是我爸爸”的漫画。画得是一位老师拿着只得20分的考试试卷，带着学生去家访。该学生的爸爸打扑克输了，正钻在桌子底下向外瞧呢。学生指着他爸对老师说，“这是我爸爸。”老师不禁愕然。

这一漫画很有说服力。父母迷恋打扑克、玩麻将、看电视、玩电脑、玩手机却要孩子去自觉读书，这实在是为难孩子。

父母的喜好，对孩子是无声的教育。父母是孩子学习的榜样，父母的言行举止，比给孩子讲大道理更起作用。身教胜于言教，“此处无声胜有声”。

形成内在动力

谁也不会用手拨着表针让钟表走动，而是给钟表装上电池或是上好发条，那是钟表走动的内在动力。父母若是靠唠叨、靠训斥、靠陪读来督促孩子学习，那只是外在动力，父母再费力也不会有好效果，倒使孩子易形成厌学心理。

孩子学习要靠内在动力。形成内在动力靠引导孩子树立学习目标，靠调动孩子的学习兴趣，靠父母赞扬和激励，靠促成孩子的成就感。

培养学习习惯

美国成功学大师拿破仑·希尔认为，好习惯是一个人成功的保护神，坏习惯是毁灭成功的一颗定时炸弹。我国著名学者周士渊指出：“世界上最可怕的力量是习惯，世界上最宝贵的力量也是习惯。”学习习惯直接决定孩子成绩优劣。

良好的学习习惯在不同学龄阶段表现不尽相同，但上课专注，作业认真、规范，及时复习和预习，善于独立思考，多读书、勤学好问是最基本的。

培养好习惯不是轻而易举的，要有一个过程，要持之以恒，要有狠心，不凭情绪好坏，决不能因爱孩子迁就孩子。培养良好学习习惯，关键是在孩子小学低年级时，习惯形成了，孩子学习就会成为自然自觉的行动。

提供学习条件

设法在家中形成浓厚的学习氛围。为孩子购置中外童话故事、百科知识、文学名著等书刊，这将大大丰富孩子的知识，满足求知欲，促进孩子学习；带孩子到田野、图书馆、展览馆、博物馆、动物园等地方参观，满足孩子的求知欲，扩大孩子的知识面。

依靠制度管理

当代企业单位靠制度管理，引导孩子学习也需要靠制度管理。20 世纪 80 年代，有一位姓周的老工人，他的三个孩子很顽皮。周师傅就和三个孩子共同商定：每周检查三个孩子的课堂笔记、作业本；每次考试后都要拿出试卷汇报，讲明经验和失误。

周师傅在县城上班，每周都按照制度风雨无阻回家，从不失约。在父亲的管理下，三个孩子谁也不敢放松，高中毕业都考入本科大学。当孩子们谈起父亲和给他们制定的制度，是又怕又敬，怕的是父亲毫不含糊，敬的是没有父亲的制度，他们都会荒废学业。

重在培养能力

学习能力表现为注意能力、观察能力、记忆能力、阅读理解能力、想象能力、计算能力、自我调控能力等。

孩子学习，学习能力是核心。学会学习比学具体知识重要 100 倍。引导孩子学习，关键是培养孩子学习能力。父母不仅要关注分数，更重要的是关注孩子的学习态度、学习过程。

第二章
提高孩子学习能力的要领

一个人的学习能力约等于生存能力，不能提高孩子学习能力等于孩子没有具备未来生存和发展的能力。孩子学习用功固然重要，但要获取优秀成绩，必须具备较好的学习能力。孩子学龄越高，学习能力越显得重要。诱导孩子提高学习能力，是父母引导孩子提高学习成绩必须注重的事情。

一、孩子的学习能力是关键

成绩优秀的学生决非只靠下苦功夫，关键在于有较高的学习能力。一个人的学习能力约等于生存能力。未能提升孩子学习能力等于孩子未具备未来生存和发展的能力。学会学习比学知识重要100倍。

陈君惠是个很好学的孩子，小学时成绩总是班内前几名，老师们总是夸奖她是个爱学习的好学生，父母也感到很欣慰。

进入初中后，陈君惠学习成绩开始不理想。考入了高中后，尽管她学习更刻苦，每天晚上学到十一点，成绩却退到班内倒数几名。父母心急如焚，她也时常急得嘴上长口疮。

父母知道孩子尽力了，不能因成绩不好而责备孩子。夫妻俩就心急火燎地为孩子请家教，买学习资料，每天孩子做好作业为她收拾书包……这么为孩子忙碌，陈君惠的成绩就是不见起色。这到底为什么？父母茫然了。

陈君惠这种情况，根本原因是她学习能力低。

什么是学习能力？学习能力就是获取知识、运用知识的能力。学习能力一般表现为注意能力、观察能力、记忆能力、阅读理解能力、想象能力、思维能力、知识迁移能力、计算能力、自我调控能力等。不同学科对学习能力又有着不同的要求，比如，物理学科更注重计算能力、实验能力、空间想象能力。无论哪学科，思维能力都是关键。

不同学龄阶段学习能力要求也有别，小学阶段学习能力要求低，高中阶段则要求高。陈君惠小学阶段成绩优秀，到高中阶段刻苦学习也没有起色，就是因为高中阶段学习能力要求高，她不具备这些能力，因此落伍了。

孩子的学习能力是怎样形成的？是从婴幼儿时期开始培养，从小学、中学学习中逐步发展起来的。注意能力、观察能力、记忆能力、想象能力，是从婴幼儿玩要、游戏中习得并发展起来；阅读理解能力，是其在大量的课外阅读中实现的；知识迁移能力、自我调控能力等，是在老师指导下，孩子学习实践中，通过积极探索习得的。

例如，孩子若从幼儿园到中学阶段，没有进行大量的课外阅读，而只是满足于学课本，他就不会具备较高水平的阅读理解能力；若孩子只管完成作业，不用心思考探索解题规律和技巧，就不可能有较高的解题能力。

有人认为，孩子学习就是“功到自然成”“水大泡倒墙”。并非如此，孩子学习，并非只要努力就能学好，陈君惠就是实例，她学新知识就是死记硬背，不会加工消化转化为自己的知识，“知其然，不知其所以然”，那她再用功，也不可能有好成绩。

成绩优秀的学生决非只靠下苦功夫，关键在于有较高的学习能力。一个人的学习能力约等于生存能力。未能提升孩子学习能力等于孩子未具备未来生存和发展的能力。学会学习比学知识重要 100 倍。引导孩子学习，关键是培养孩子学习能力。

注重孩子学习能力的提高，教会孩子学习是父母引导孩子学习的核心。为此，切不可只关注孩子的分数，应关注孩子学习过程，关注他解题中的思路，关注他考试后的反思，关注他学习方法。抓住了提高孩子学习能力这一关键，就为孩子插上了“展翅高飞的翅膀”。

二、培养孩子的自信心

100－1＝0，从人生的角度看，这里的 1 并非是数字 1，它指代和象征一颗信心。无数的人生经历告诉我们：一个人失去信心将一事无成。家庭教育专家孙云晓提出：“教育的核心是培养人的健康人格，而健康人格的核心是自信。”

爱因斯坦的“相对论”发表后，有人炮制了一本《百人驳相对论》，网罗一批所谓名流，对这一理论进行声势浩大的反驳。可是爱因斯坦自信自己的理论必然会取得胜利，对反驳不屑一顾，他说：“如果我的理论是错的，一个反驳就够了，一百个零加起来还是零。”他坚定必胜的信念坚持研究，终于使“相对论”成为20世纪举世瞩目的伟大理论。爱因斯坦的故事证明了一个真理：“自信是成功的第一秘诀。”

现实学习生活中，一些孩子缺乏自信，严重制约他们能力的发挥。没有自信心学习不可能优秀，未来社会竞争中将成为被淘汰者。这不是危言耸听，而是世间的真理。

美国职业橄榄球联会前主席D. 杜根提出：“强者不一定是胜利者，但胜利迟早都属于有信心的人。”信心决定成败，如果你只接受最好的，你最后得到的也是最好的，只要你有信心。100－1＝0，从人生的角度看，这里的1并非是数字1，它指代和象征一颗信心。无数的人生经历告诉我们：一个人失去信心将一事无成。家庭教育专家孙云晓提出：“教育的核心是培养人的健康人格，而健康人格的核心是自信。”

这不仅为无数事实证明，也为生理、心理学研究所证实：人的自信心的作用，是通过大脑的动作原理来理解的。人的大脑是一部神奇的学习思考机器，它受控于人的信念。当人们正在做某一件事情时，如果他认为这件事一定能做，那大脑就会发挥它的能力，直接进入“专注状态”，千方百计把事情做好；相反，如果他认为这件事情一定无法做好，大脑就会关闭主运作程序，停止寻找能够做好这件事情的办法，而去寻找解释为什么做不好的理由，而使事情归于失败。可见自信心是大脑进行高效率工作的前提。

孩子有无自信心是怎么形成的？是天生的吗？答案是否定的。1910年，一个年仅11岁的少年进入哈佛大学学习，他就是从小被人们称为天才的威廉·詹姆士·塞德兹。他的父亲著名心理学家鲍里斯·塞德兹认为，教育应该是培养并鼓励孩子去探索世界的奥秘。他对儿子说得最多的一句话就是：“噢，你真棒！我亲爱的儿子”。

可见，孩子的自信心如何，是家庭教养方式和他的社会实践决定的，而家庭教养方式又是最基础的因素。

有位学者撰写了《为什么美国的孩子都很自信》的文章，他提出美国人使孩子自信的要诀有四条：一是父母无条件的爱使孩子很自信；二是被当作大人一样尊重的孩子都有自信；三是常被人赏识的孩子更自信；四是不被父母信任和放手的孩子不可能自信。美国人的做法给人们以很好的启示。

其实，孩子的自信心是从爸爸、妈妈、爷爷、奶奶的言语中和目光中来的。大人的言语具有非常神奇的功能，如果孩子经常听到夸奖、鼓励的话，时间久了，孩子自尊心得到满足，充分意识到自己的能力和潜能，必然建立起自信心。

面对孩子学习没有自信心，父母怎么办？

保持孩子身体健康

科学证实了人的身心是统一的。这就是说，一个人身体机能健康，才谈得上自信心；如果体弱多病，他多方面的能力就会大大降低，更无法谈及自信心。从饮食起居上关注孩子，保持孩子身体健康，这是帮孩子提高自信心的生理基础。

关注孩子优点进步

每个孩子都有优点和缺点，都会有进步和退步。关键是父母关注什么。人不会因为批评而改变，而会因为确认优点而改变。父母经常肯定、鼓励孩子的优点、进步，让孩子知道父母看得起他，孩子看到了自己的能力，就会建立起自信心。

引导孩子尝试成功

一个人一旦找到成功的感觉，并且巩固这种感觉，他必然积累自信。人们正是在成功中看到自己的能力，形成“我能行”的观念。为孩子创设条件，让孩子尝试成功，获取成功后的体验，由此形成的自信，是任何东西也不能替代的。

自我确认自我暗示

美国经典影片《出水芙蓉》中有一个经典片断，训练中教练说：“我有个秘密：我长得多美，人人都爱我……”这就是自我确认。教孩子自我确认，确认自己是最能干的，最让人羡慕的，孩子就会设法表现展示自己，他就会自我暗示自己“我能行”“我一定会做好这件事”，长此以往，你想让孩子没有自信心也不可能。

指导孩子正视失败

一个孩子害怕失败，他就根本没有成功的可能。孩子做事失败了，父母应鼓励他从失败中吸取教训，通过努力从失败走向成功。不断的磨炼会造就百折不挠、高度自信的性格。

三、注重培养孩子的注意力

俄国教育家乌申斯基曾把注意力比喻为“一扇门”，凡是外界进入心灵的东西都要通过它。如果这扇门半开半闭或者没有开启，外界的东西也就只能够进来一部分，甚至一点都没有进来。注意力被人们称为心灵的门户。

陈毅元帅小时候，有一次他正在看书，妈妈给他端来刚做好的饼，让他蘸着芝麻酱吃。他一边看书一边吃饼，书桌上放着一个大墨盒，他看书着了迷，竟把饼蘸着墨水，一口一口吃得很香。妈妈走进屋，看到他满嘴都是墨，吃惊地叫了起来，这时小陈毅才发现自己蘸的是墨水。妈妈一边责怪他，一边心疼地拉他去漱口洗脸。小陈毅却笑着说：“没关系，我吃点墨水好哇，我肚子里的墨水还太少呢。”陈毅元帅吃墨水的故事被世人传为美谈，这表明他自小学习就有高度的注意力。

有人提出，观察是智力活动的窗口，记忆是智力活动的仓库，思维是智力活动的核心，想象是智力活动的翅膀，注意是智力活动的警卫。没有较好的注意力，其他一切思维活动都不可能正常进行。

俄国教育家乌申斯基曾把注意力比喻为“一扇门”，凡是外界进入心灵的东西都要通过它。如果这扇门半开半闭或者没有开启，外界的东西也就只能够进来一部分，甚至一点都没有进来。注意力被人们称为心灵的门户。

孩子注意力如何，是影响学习极重要的因素。专家研究表明，99.4%的孩子智力水平相近，影响孩子学习成绩的极重要因素就是注意力。注意力差，容易分心，被列为儿童十大问题行为之首。

孩子没有较好的注意力，上课就不能专心听讲，课下就不会专心致志学习。一些孩子之所以成绩不佳，注意力差是首要原因。

为什么注意力会有如此重大作用？生理学研究证明，人脑分为各自独立又相互联系的各个区域，各区域专门负责各自的功能，当人从事高度复杂的脑力活动时，就要形成一个兴奋中心，其他部分则处于相对抑制状态，来保证这一兴奋中心的工作效能。高度注意某一活动，就会有效激活相关脑细胞，有效调动大脑已有的相关信息，对新信息进行加工处理。

学生听课和做习题属于复杂的脑力活动，只有专注才能有效激活相关脑细胞，才能在听课时最大限度地获取信息、做习题时准确高效。如果注意力不集中，就不能有效激活大脑存储的相关信息，大脑就不会听人的“使唤”，效果就很差。

大脑额叶区域的功能与注意力有关，而额叶的发育会一直持续到青春期，由于受到大脑发育限制，小学生注意力集中时间较短，自我控制能力也较弱。7～10 岁的孩子容易分心，这也属正常现象，这与他脑发育程度有关。

孩子的注意力既与他的生理发育有关，也与后天培养训练有关。孩子没有较好的注意力，就是他想专注也会身不由己。怎样培养孩子的注意力，这里提出几点：

不打扰孩子的玩耍

注意力形成是从婴幼儿时期起始的，小孩子专注于玩积木、看画册时，趴在地上观察蚂蚁搬家时，蹲在地上观察蜜蜂、蜻蜓时，玩折纸、手工制作时，正是形成注意力和专注力的时候，如果成人过多干扰，会破坏孩子注意力的形成，以至于上学时注意力差。放手让婴幼儿专心去玩，不必因为怕脏衣服，担心忘记吃饭而去打扰他。

正面强化孩子注意力

爱被夸奖是孩子的天性，夸奖、奖励对孩子来说是很大的动力。当孩子专注学习时，当他改变拖拉习惯有进步时，家长应给予充分夸奖和奖励。按照行为科学的观点，当孩子的行为得到成人的鼓励、奖励，他就会乐意重复这些行为，久而久之，就会形成习惯，提高自身注意力。

创造有益注意力的环境

孩子上学时，提醒不带玩具、手机、零食进课堂，以免上课分散注意力；孩子在家学习时，劝告他把书桌上的玩具、零食、手机等拿走，以免妨碍集中注意力；家中保持安静、整洁的生活环境，有益于提高孩子注意力。

背诵和大声朗读

比尔·盖茨的父亲威廉·盖茨就是采用背诵的办法培养小比尔·盖茨的注意力。大声读书的过程是孩子口、眼、脑相互协调的过程，孩子在大声读书中尽量不读错、不读丢、不读断，他的注意力必须高度集中，这种训练坚持一段时期，孩子的注意力就能逐步提高。

要求定时完成任务

孩子时间观念差，爱边学边玩，父母就和孩子约定好学习时间，不能随便超时，迫使他集中注意力，抓紧时间学习。做得好就夸奖，拖拉就减少他玩耍的时间，经训练形成孩子自觉集中注意力的好习惯。

四、重视发展孩子的想象力

古希腊哲学家亚里士多德说：“想象力是发明、发现及其他创造活动的源泉。”大科学家爱因斯坦提出：“想象力比知识更重要，因为知识是有限的，而想象力概括着世界上的一切，推动着进步，并且是知识进步的源泉。”

1968 年美国内华达州一位叫伊迪丝的 3 岁小女孩告诉妈妈，她已经认识了礼品盒上的“OPEN”的第一个字母“O”。母亲一纸诉状把孩子所在的劳拉三世幼儿园告上了法庭，理由是该幼儿园剥夺了伊迪丝的想象力，因为她女儿在认识“O”之前，能把“O”说成是太阳、足球、鸟蛋之类圆形的东西，然而自从劳拉三世幼儿园教她识读了 26 个字母，伊迪丝便失去了丰富的想象力。她要求幼儿园对此后果负责，赔偿伊迪丝精神伤残费 1000 万美元。诉状递上去之后，幼儿园的老师们都认为这位母亲大概是疯了，一些家长也感到此举有些莫名其妙。但是最后的结果却出人意料，伊迪丝的母亲胜诉了。这个案例向世人昭示了，孩子的想象力多么重要。

大科学家爱因斯坦提出：“想象力比知识更重要，因为知识是有限的，而想象力概括着世界上的一切，推动着进步，并且是知识进步的源泉。”

有一天，法国医生雷奈克在散步时，看见几个孩子正在一堆木头上玩耍。一个孩子用一根钉子敲击木头的一端，其他几个孩子轮番用耳朵贴在另一端上，木头很长，钉子敲得很轻，却见那些用耳朵贴着木头的孩子高兴地说：“听见了。”雷奈克俯下身子听了听，果然钉子敲击声听得很清楚。他想能不能用这个方法听清病人的心跳声和呼吸声呢？于是他用一根木管子贴在病人的胸膛上，用耳朵贴在管子的另一端听，从管子中清楚地传来心脏的跳动声和肺的呼吸声。雷奈克医生用大胆的想象力创造了奇迹，最早的听诊器就这样发明了。

听诊器的发明，大炮、坦克的发明，电灯、电话的发明，飞机飞上天，航天飞机进入太空，人类登上月球，总之一切科学发明创造都离不开想象力。正如古希腊哲学家亚里士多德所说：“想象力是发明、发现及其他创造活动的源泉。”

众多家庭教育中，父母没有重视孩子的创新能力，突出表现在对孩子想象力的无视。

美国一家权威咨询机构，曾对孩子们进行过一次测试。结果非常惊人，他们发现，孩子 1 岁的时候，想象力、创造力高达 96%，但随着年龄的增长而减少，7 岁，也就是上学以后发生逆转；到 10 岁的时候，孩子丰富的想象力、创造力不见了，只剩下原来的4%。

孩子的想象力、创造力正是在父母不经意的“破坏性”言行中给扼杀和泯灭了。例如，孩子画画，父母要求必须画得像真实事物；孩子思考答题，书本写的才是唯一正确答案，不许孩子有异议；制止孩子异想天开；对孩子的事包办代替，剥夺孩子动手动脑的机会；过早单纯地让孩子学习知识……

抑制孩子的想象力，不仅制约孩子学习文化知识，而且抑制孩子将来升学、就业方面的机会，因为无论孩子将来从事什么职业，他的想象力、创新能力，将决定他才干的发挥和他的社会地位。

怎样引导孩子发展想象力？

玩耍中发展想象力

在孩子玩耍时引导孩子对天上的白云、地上的物体、进行大胆想象；玩耍时动脑筋玩出新花样；家务劳动中想出新方法。孩子发挥想象的情况越多，想象力越强。

学习中发展想象力

引导孩子在读书学习中充分发挥想象力，比如，续写、扩写文章，编故事；学习物理、化学各学科知识时，发挥空间立体想象能力，加工理解书本知识。

知识扩展中发展想象力

创造条件引导孩子多听科技讲座，带孩子参观博物馆、科技展、文化创新展等，从中得到启发，发展想象力。

实践活动中发展想象力

引导孩子积极参与学校各类活动，与同学合作进行小创作、小发明，参与学校各项科技研究等。让孩子的想象和智慧之花，在未来结出创造发明的硕果。

五、帮助孩子提高记忆力

古希腊哲学家亚里士多德提出："记忆是智慧之母。"俄国科学家谢切诺夫也曾说："一切智慧的根源都在于记忆。"孩子记忆力如何，记忆知识的多少，直接关系到他的学习成绩。

沈雁冰（笔名：茅盾）是我国现代著名作家，他能将一百二十回的古典名著《红楼梦》背得滚瓜烂熟。1926 年的一天下午，开明书店老板章锡琛请沈雁冰、郑振铎、夏丏尊等人吃饭。酒至半酣，章锡琛说："吃清酒乏味，请雁冰兄助兴。"沈雁冰酒兴正浓，便说："好啊，以何助兴?"章锡琛说："听说你会背《红楼梦》，来一段怎么样?"沈雁冰表示同意。于是郑振铎拿过书来点回目，沈雁冰随点随背，一口气竟背了半个多小时，一字不差。同席者无不为他的惊人记忆力所折服。

沈雁冰成为文学巨匠，也得益于他惊人的记忆力。古希腊哲学家亚里士多德提出："记忆是智慧之母。"俄国科学家谢切诺夫也曾说："一切智慧的根源都在于记忆。"孩子记忆力如何，记忆知识的多少，直接关系到他的学习成绩。

有的父母不禁要问："我的孩子每天都要记忆、默写，为什么成绩总是那么不理想?"让我们先从心理学角度分析什么是记忆? 记忆就是过去的经验在人脑中的反映。它包括识记、保持、回忆三个基本过程。其形式有形象记忆、概念记忆、逻辑记忆、情绪记忆、运动记忆等。

根据时间，记忆还分为瞬时记忆、短时记忆和长时记忆。瞬时记忆是很短时间的记忆，譬如，当您不经意看到某汽车的牌号，因没必要记住很快就忘记了。短时记忆是在短时间内能记忆，时间长就忘记，比如，人们暂时记住一个电话号码，事后也就忘记了。长期记忆也叫永久性记忆，长期记忆的知识才能成为自己的知识。

为什么记忆会分为瞬时记忆、短时记忆和长时记忆? 从生理学、解剖学角度讲，大脑纵向切开分为三层：最外面的称为新皮层，中间的是旧皮层，最里面的是脑干。与记忆有关的部分主要有三个，分别是颞叶（位于新皮层）、海马体（位于旧皮层）、间脑（位于脑干）。颞叶记忆处于记忆阶层的浅层，易遗忘；海马体记忆属于深层次的，比较牢固；间脑记忆属于更深层的记忆。

培养海马体记忆的方法就是学习过程中经常复习，反复传递信息。唯有处于海马体和间脑层的知识，才能成为自己的知识。

一些孩子尽管每天记忆、默写，但他不是主动记忆知识，而是被动的，是为默写而默写，所以记忆不是处于海马体的深层次记忆，只是短时记忆，不可能转化为自己的知识，学习成绩自然不理想。

依据心理学研究和中小学生记忆实践来看，提高记忆力主要有以下方法：

记忆要有自信心和主动性

人的大脑有这样的特点：人若懒它更懒，人越主动，大脑能力的发挥越好。有了自信心和主动性，大脑就会千方百计去记忆知识。例如，公交车司机十分注意记忆行车路线，而乘客则不同，两者对行车路线的记忆自然就有很大差别。这就提醒父母设法提高孩子记忆的主动性。

深刻理解是记忆的基础

苏联著名教育家赞可夫提出："记忆的差异取决于脑力活动的性质。"这就是说，为了提高记忆力，父母要提醒孩子上课专心听讲积极动脑，深刻理解加工知识，只有真正理解消化的知识，才会记得牢固。

运用多种器官参与记忆

记忆同样一个知识，运用多种感官记忆就比单纯看或听效果高得多，阅读只能记忆知识的20%，而通过多种感官则能够记忆知识的90%。父母要引导孩子记忆知识时将口、耳、眼、脑多感官运用起来，这样效果更好。

及时有规律的重复和复习

重复是学习的母亲，重复、复习会取得惊人的进步。例如，只需花三分钟复习上一课的内容，对课程内容的记忆就会大大加强。新知识学习后，要及时多次复习，将所学知识转化为长期记忆。父母要提醒孩子，即使老师没有布置复习任务，也一定要及时复习。

良好睡眠是记忆的保障

科学研究表明，睡眠是拥有良好记忆力的保障。大脑需一定时间来加工处理长期记忆所需要的联想和联系，睡眠就是处理长期记忆的最佳时间。要提高记忆效率，就要保证孩子充足的睡眠时间。

科学用脑防止过度疲劳

不间断地长时用脑会造成大脑疲劳，大脑疲劳时脑细胞的活动能力降低，记忆力随之下降。父母要时刻提醒孩子不要过度疲劳。为了防止脑疲劳，除适当休息外，还可采用交替用脑的方法，比如，课下学数学感觉累了就改学历史，学历史累了就改学生物。不同学科，思维方式不尽相同，交替用脑可以使大脑得到休息。

给大脑提供充足的营养

为了更好记忆，就要让大脑有充足的营养，鸡蛋、牛奶、花生、深色绿叶菜、鱼类、杏仁、核桃、蓝莓果、黄豆、瘦肉等都能给大脑提供充足的营养。

运用多种记忆手段

记忆方法越多样效果越好。父母要引导孩子灵活运用分类记忆、特点记忆、谐音记忆、联想记忆、趣味记忆、图表记忆等。把记忆对象形象化；将互不关联的记忆对象编成歌诀；找到记忆对象的特点，辨别出其特征；还可以通过编提纲、做笔记、卡片等记忆方法，增强记忆力。

掌握最佳记忆时间和环境

一般来说，上午9~11时，下午3~4时，晚上7~10时，为最佳记忆时间。利用上述时间记难记的知识，效果更好。愉快的情绪，宜人的气候，优美的环境都有益于提高记忆效果。

记忆谚语

背诵是记忆的根本，理解是记忆的基础，重复是记忆的窍门，争论是记忆的益友，趣味是记忆的动力，联想是记忆的媒介，应用是记忆的要诀，化简是记忆的助手，卡片是记忆的仓库，疲劳是记忆的敌人。

六、发展孩子的思维能力

思维是智力的核心，思维能力也是学习能力的核心。一个孩子智力水平高低主要看他的思维能力高低，一个孩子学习成绩优劣，特别是中学阶段，他的思维能力高低起着极其重要的作用。

清朝光绪年间，孙中山还是个刚刚从日本留学回来的年轻人，张之洞已经是两广总督了。地位如此悬殊的两个人，是如何成为无话不说的好朋友呢？原来，一切皆因布衣孙中山“可傲王侯”的才华。

那天，孙中山路过武昌总督府，很想去拜会一下名满天下的才子张之洞，于是便让守门人传进一张便条，上写：“学者孙中山求见张之洞兄”。

不想当时张之洞午睡刚醒不愿见客，因见便条上直呼自己为“兄”，便疑惑地问守门人来者何人，守门人答道：“一位书生。”

这下，张之洞不高兴了，他提笔便在便条上批道：“持三字贴，见一品官，白衣尚敢称兄弟?”

守门人把便条退还给孙中山后，孙中山微微一笑，随即在批文下对道：“行千里路，读万卷书，布衣也可傲王侯。”

这次，守门人把便条传进去后，张之洞暗自惊讶来人的气派才学，令守门人大开中门迎接。

故事表现了孙中山的才华和气派，更反映了他过人的智慧，高超的思维能力。

思维是指人们在工作、学习、生活中，每逢遇到问题，总要“想一想”，这种“想”就是思维。思维能力是通过分析、综合、概括、抽象、比较、具体化和系统化等一系列过程，对感性材料进行加工并转化为理性认识及解决问题的能力。概念、判断和推理是思维的基本形式。

无论是学生的学习活动，劳动者复杂的技术工作，还是人类的一切发明创造活动，都离不开思维。思维是智力的核心，思维能力也是学习能力的核心。一个孩子智力水平高低主要看他的思维能力高低，一个孩子学习成绩优劣，特别是中学阶段，他的思维能力高低起着极其重要的作用。

思维类型有直觉行动思维、具体形象思维、抽象逻辑思维、创造性思维。人们思维发展分为不同的阶段，0～4 岁儿童属于直觉行动思维；4～6 岁，是由直觉行动思维向掌握具体形象思维发展；7～12 岁是以具体形象思维为主，向抽象逻辑思维过渡；12 岁以后进入以抽象逻辑思维为主。

每位父母都渴望孩子成绩优秀。同样认真用功学习的孩子，为什么会有成绩优劣之别？就是思维能力高低形成的。思维能力高的孩子，正确运用思维方法加工消化知识，灵活运用知识分析解决问题；思维能力低的孩子，不会有效运用思维方法加工消化知识，对知识一知半解，更谈不上灵活运用。为什么有的孩子学习事半功倍，而有的却是事倍功半，原因就在这里。

孩子思维能力在学习和未来事业中如此重要，如何发展孩子的思维能力？

学前阶段

人们常说“三岁看大，七岁看老”，婴幼儿时期，是智力及能力飞速发展时期，他们的思维处于直觉行动思维及具体形象思维时期，这两种思维是抽象逻辑思维的基础。婴幼儿是在满足好奇心的玩耍、游戏活动中，探索事物、发展思维能力的。为了孩子思维能力发展，父母应切实保护孩子好奇心，正确对待他们的种种“添乱”和“破坏活动”，十分耐心回答孩子提出的问题，并引导他办事多想办法，遇事多问几个为什么。

小学阶段

只有孩子上课认真听讲，动脑思考，独立完成作业，遇到疑难问题，多动脑钻研，才利于思维能力发展。忽视孩子的学习过程，只关注分数；孩子做作业直接告诉孩子答案，学习遇到困难就代替孩子去解决，只会抑制孩子思维能力发展。小学三四年级是由具体形象思维向抽象逻辑思维的过渡时期，能否顺利实现过渡，决定着他思维能力发展的速度和质量。

初中阶段

课本知识开始具有一定的抽象理论性，这一阶段父母要教导孩子学会运用概念、判断、推理等思维形式和比较、分辨、判断、推理、概括等逻辑思维方法加工消化知识，深刻理解和正确运用知识。善于探讨学习方法，总结学习中的经验教训，将知识学深学透，这是提高思维能力、提高学习成绩之必须。

高中阶段

课本知识大多属于抽象理论知识，知识的规律性、逻辑性强。父母应引导孩子独立深刻思考，正确运用思维方法、思维形式，深刻加工消化知识，找出知识的内在联系和规律性，严格区分易混淆知识，将知识融会贯通，把课本知识转化为自己的知识，学会创造性地运用知识。这既是高效学习的过程，也是发展思维能力的过程。父母要引导孩子在解答具体习题时，找出同类习题的解题规律、技巧及注意事项，这是提高孩子思维能力的需要，更是提高学习成绩的需要。

七、提升孩子的阅读理解能力

> 最新科学研究发现，通往美好未来的必经之路是阅读。阅读能力和联想力、创造力、感受力、理解力、记忆力都有极大的关联。知识经济时代，一切竞争与价值都将以知识为主，而一切知识的基础都自阅读开始。

当代社会，电视、电脑、手机普及到千家万户，为孩子们提供了大量、生动的信息，扩大了其知识面。但令人担忧的是，孩子们的阅读理解能力却在大大萎缩。

2016 年 4 月，由中国新闻出版社研究院组织实施的第九次全国国民阅读调查结果显示：我国国民人均年阅读图书为 4.35 本，而法国为 20 本，以色列为 60 本。

以色列人牢记“开国之父”戴维·本·古里安“你今天有没有睡觉的资格”的自我问答题，每个人都将读书作为自己每天不可或缺的事情去做。正因为如此，不及世界总人口千分之二的犹太人，却拿下 24% 的诺贝尔奖。

最新科学研究发现，通往美好未来的必经之路是阅读。阅读能力和联想力、创造力、感受力、理解力、记忆力都有极大的关联。知识经济时代，一切竞争与价值都将以知识为主，而一切知识的基础都自阅读开始。

从孩子们学习实践来看，众多学生只会念字，不会读书，不能准确理解课本中文字、图像、符号的意图和思想，这是他们阅读理解能力不佳的表现。有人对在校高中生中学习努力但成绩较差的学生进行调查研究，结果发现，他们成绩差的突出原因是从小忽视阅读，导致阅读理解能力低，从而影响他们对知识的掌握，制约了学习成绩。

在中考、高考题目中，不仅语文、英语试卷，阅读理解题目所占分数比例较大，就是物理、化学、生物、政治、历史、地理试卷中，对试题中文字、数字、图像的阅读理解正确与否，都直接关系到试题解答的正误。

中考、高考试题的题意和要求，用文字、数字、图像表述的十分清楚，但许多考生却因阅读理解能力差，不能准确把握题目所提供的信息和要求，抓不准题意，看不清要求，致使“下笔千言离题万里”。

知识经济时代，知识更新的速度超过任何时代，孩子走出学校进入社会，直接面临着更新知识，适应知识发展的挑战。孩子们对书本、资料的阅读理解能力如何，也关系到能否快速学会新知识，适应并胜任社会工作。

由此看出，提升孩子的阅读理解能力，是不可忽视的问题。怎样提升孩子阅读理解能力？

父母发挥榜样作用

小孩子是善于模仿的，大人喜欢读书，孩子就会模仿大人。榜样的力量是无穷的，父母的榜样作用对引导孩子喜欢读书有十分重要的作用。

静下心来陪孩子阅读

陪子阅读是德国家庭很重要的日常生活，年轻的父母绝不会为忙工作忙挣钱而放弃“陪子阅读”。德国人认为，与课余时间只看电视或玩电脑游戏的孩子相比，爱好阅读者会更广泛、更深刻地了解世界，他们词汇更丰富，语言表达力、思维能力远胜过不爱阅读的人。

父母应从孩子婴幼儿时期开始，有意识地和孩子一起阅读，通过对书中故事绘声绘色的讲述，满足孩子的好奇心、求知欲，让他感受到读书带来的乐趣，以此引导他形成爱读书的习惯。

从孩子的兴趣出发

父母要用心观察，看孩子对哪类图书感兴趣，无论是科技读物、历史小说还是文学读物、名人传记，只要是健康的读物，就让他去大量阅读。有情节、有想象力的故事，会给孩子带来阅读乐趣和知识。切不可只让孩子读一些课本辅导材料，那样不仅打击孩子阅读兴趣，局限孩子的知识面，更压抑其阅读理解能力的发展。

引导孩子选择好书

当代图书市场泥沙俱下、鱼龙混杂。读一本好书是和高尚有学问的人对话，读一本平庸的书，是和平庸的人对话，而读一本不健康的书则是受坏人的毒害和教唆。引导孩子分辨良莠，抵制低俗，选择好书十分重要。

讲究科学阅读方法

父母可引导孩子根据书籍内容和学习目标，采用不同阅读方法：以检索、了解情况为目的的阅读，采用扫描式阅读法；有必要把握的内容，采用精读法。读书过程要做阅读笔记，读完一本书用心梳理、回味。

给孩子营造一个快乐的读书气氛，将读书的乐趣根植于心。提升孩子的阅读理解能力，不仅提高了孩子的学习成绩、文化素质，而且对他终身生活和事业，都是受益无穷的。

八、不可忽视孩子的空间立体思维能力

学习数学中的立体几何，物理中的原子、电子运动，化学中的物质结构，生物中的细胞结构，地理中的天体运动等知识，如果缺乏空间立体思维能力，即使再努力，成绩也不会突出。

有一个困惑，令不少孩子和父母百思不得其解：孩子学习很努力，其他功课成绩都令人高兴，数学、物理、化学学习却十分费力，成绩总不如人意。

形成这种困惑的原因，是父母还没有认识到孩子空间立体思维能力低，从而制约了孩子相关知识的学习。

空间立体思维也称“立体思维”“空间思维”“多维型思维”，是指跳出点、线、面的限制，能从上下左右，四面八方去思考问题的思维方式，也就是要“立起来思考”。世上众多东西都是跃出平面，伸向空间的，小到弹簧、发条，大到奔驰长啸的列车、轮船，耸入云天的铁塔、摩天大厦。

空间立体思维在孩子们学习中，特别是高中课程学习中发挥着极重要作用。比如，数学中的立体几何，物理中的原子、电子运动，化学中的物质结构，生物中的细胞结构，地理中的天体运动等知识。缺乏空间立体思维能力，即使再努力成绩也不会突出。这就是一些孩子语文、外语、历史、政治等学科学习较省力，成绩也较好，而数学、物理、化学、生物学科，即便是很努力也学不好的原因。

孩子的空间立体思维能力是怎样形成的？为什么孩子们之间会有很大差别？

原因是多方面的，但其主要原因，与孩子婴幼儿时期的玩耍、游戏内容有关。婴幼儿时期是孩子探索事物的敏感时期，是其神经、大脑发育最快时期，是获取生活知识习得各种能力的关键时期。大部分男孩子和小部分女孩子较好动、顽皮，他们婴幼儿时期喜欢玩水、玩沙，喜欢玩积木，喜欢用泥巴、橡皮泥捏各种造型，喜欢玩盖房子、搭桥，喜欢登高爬高。孩子在这些玩耍、游戏中习得了空间立体思维能力，开发了他们空间立体思维的智力潜能。

相反，一些婴幼儿时期喜静不喜动的孩子，特别是女孩子，他们婴幼儿时期喜好玩耍布娃娃、过家家、唱歌、画画等，很少接触与空间想象能力有关的游戏。孩子很少玩积木、玩沙、捏橡皮泥、玩盖房子这些游戏，无形中压抑了孩子空间立体思维潜能，给孩子学习造成障碍。

孩子空间立体思维能力差怎么办？下面提出几条建议：

儿时玩耍多样化

父母在孩子婴幼儿时期，切莫因怕这怕那，过多限制孩子的各种玩耍、游戏。婴幼儿时期的孩子，处于语言、感官、动作、社会规范等敏感期，这一时期，他们学习事物有超乎人们想象的能力，他们的身心发展正是在玩耍中、在游戏中实现的。孩子们在多种玩耍、游戏中习得了各种能力，学会了诸多本领，开发了各种潜能。美国的科研机构提出孩子在10岁前要做的50件事，就是让孩子们进行尽量多样化的玩耍、游戏，以发展孩子的各种能力，开发孩子多方面的潜能。

留心观察实物

孩子进入学习生活后，就需要通过大量的观察、思考、想象，提高空间立体思维能力，比如，观察房屋、建筑、桥梁的结构，各种雕塑的形状，物理、化学、生物学科中的实验，物质结构图。观察中潜心思考、想象为什么会是这样，能不能成为其他样子。通过这些观察，孩子的空间立体思维能力就会大有长进。

注重教师的训练

中学课堂教学中，老师会针对教学内容进行相应的空间立体思维能力训练。父母要告诉孩子，一定要注重老师的相关引导训练，坚持“知其然，知其所以然”，搞懂、吃透变成自己的知识，切不可满足于听懂了，作业完成了。“深思是学习的父亲”，没有深思，就不会将课本知识转化为自己的知识，就更谈不上提高空间立体思维能力。

多途径培养练习

事事留心皆学问。学习中、生活中、旅游中、娱乐中，只要看到与空间立体思维相关的事物，就要用心思考它，把它想通想透。比如，看到工人们在建筑房屋，工匠们在制作工艺品，老师在进行实验，他人在制作机器人等，都要留心观察分析，弄清其立体结构。

相信自己的能力

人的大脑有个特征，你认为自己能行，大脑就会自动向这方面思考，自动加工这方面内容。你若认为自己不行，大脑就懒得去思考。所以提醒孩子，空间立体思维能力没什么了不起，只要你相信自己的能力，并千方百计多下些功夫，多动脑思考，就一定能提高自己的空间立体思维能力，把相关知识学好。“世上无难事，只要肯登攀”毛泽东主席这句诗表明的就是这个道理。

九、呵护孩子的创新能力

每个小婴儿，来到人世间，他们都秉承了人类几百万年进化的特征，都有着人们难以想象的潜在能力。这些潜能能否得到发挥，关键是父母的教养方式。一旦父母能顺应孩子的天性，支持满足孩子好奇的探索，孩子就会创造出让人称奇的成就来。

邱虹云被清华大学校长王大中院士誉为清华“爱迪生”，这一桂冠的获取得益于他父亲对他“破坏行为”的呵护。

邱虹云小时候在家里就是个“破坏狂”，父亲给他买来玩具，他三下五除二就把玩具拆了。他的父亲邱名丹非但不批评训斥孩子的行为，还给“破坏狂”做坚强后盾。每当小虹云拿着一个个玩具又拆又装，大“搞破坏”的时候，父亲总是饶有兴趣地坐在一边看，并时刻准备着儿子“搞不定”的时候亲自出马。

随着年龄增长，邱虹云求知欲越来越强，家中的闹钟、半导体收音机、收录机……全成了他拆卸的对象。邻居惊讶地问：“好好的东西弄坏了不可惜吗?”父亲邱名丹却只是笑笑：“有失必有得嘛!”

为了支持儿子的“破坏”行为，邱名丹在阳台上给儿子开辟了一块试验基地，让他可以不受干扰，自由自在地从事自己的探索工作。

父亲的呵护使邱虹云创新能力不断提高，邱虹云在中小学阶段便有300多件小发明问世。1996年，邱虹云以威远理科第一名的优异成绩考取清华大学。从大学一年级起，他连续4年参加清华大学“挑战杯”科技大赛，均获大奖；曾被评为“清华学生十杰”。他有三项发明获国家专利。

创新能力，在孩子未来升学和就业中，无疑是极其重要的。怎样培养孩子创新能力？邱虹云的事例给人以启示。

每个小婴儿，来到人世间，他们都秉承了人类几百万年进化的特征，都有着人们难以想象的潜在能力，都具有极强的好奇心、想象力和创新潜能，这些潜能能否得到发挥，关键是父母的教养方式，是父母对待孩子表现好奇心、想象力，探究事物“破坏”行为的态度，是呵护还是打击。一旦父母能顺应孩子的天性，支持满足其好奇的探索，孩子就会创造出让人称奇的成就来。

遗憾的是，父母大多是用成人的思维方式、成人的眼光、成人的标准要求孩子，看待孩子的行为，以家长的权威禁止、干涉孩子的探索活动，制止孩子的“破坏”行为，因为这些“破坏”行为给大人添乱，制造麻烦，毁坏物件。人们还没有领悟出邱虹云的父亲邱名丹“有失必有得”这句富有哲理话语的深刻道理。心理学研究发现，屈服在父母权威下的儿童，很容易接受权威性的主张，他们循规蹈矩，避免尝试新的试验，内心有一种压抑感，更不会有创造性的表现。

当然，孩子“破坏”行为中，有的是发泄不满的撒野故意毁坏行为，放任孩子撒野故意毁坏行为是绝对不可取的。这就需要父母用心分辨清楚，是孩子满足其好奇心的探索行为还是撒野故意毁坏行为。不用心区分两者，而是用成人的观念，以个人的好恶，凭自己的情绪去衡量孩子的“破坏”活动，去看待孩子的行为，并强行制止和训斥，那么，就会压抑孩子的天性，摧残一个未来的创新者。

十、不可轻视孩子意志力的培养

英国大作家狄更斯指出：“顽强的毅力可以征服世界上任何一座高峰。”美国学者兰克·哈多克所著《意志力决定成败》一书中提出“意志创造人”。意志是人的最高领袖，意志是各种命令的发布者，当这些命令被完全执行时，意志的指导作用对世上每个人的价值将无法估量。

苏格拉底是古希腊著名的大哲学家、大教育家，他教学生的方法总是别出心裁。

开学第一天，他对学生们说：“今天，我们只学一样东西，就是把胳膊尽量往前抬，然后再尽量往后甩。”他示范了一下，结果，所有的学生都笑了。

“老师，这还用学吗？”一个学生打趣道。

“当然，”苏格拉底很严肃地回答道，“你不要觉得这是件简单的事，其实它是很困难的。”学生们笑得更厉害了。

苏格拉底一点也不生气，他宣布说：“这堂课我就教大家好好学这个动作。学会以后，从今天起，每天你们都要把它做 100 遍。”

10 天后，苏格拉底问：“谁还在坚持做那个甩手动作？”大约 80% 的学生举起了手。

20 天后，苏格拉底又问：“谁还在坚持做那个甩手动作？”大约 50% 的学生举起了手。

3 个月之后，苏格拉底又问道：“那个最简单的甩手动作，有谁在坚持做？”这一次只有一位学生举起了手。他，就是后来成为古希腊大哲学家、思想家的柏拉图。

坚持，是世界上最简单，也是最困难的事情，只有那些即便一件简单的事都能坚持做到底的人，才可能有所成就。坚持精神就是人的意志力，是成就任何事业的必备条件。

英国大作家狄更斯指出：“顽强的毅力可以征服世界上任何一座高峰。”美国学者兰克·哈多克所著《意志力决定成败》一书中提出“意志创造人”。大脑是你在这一世界上取得成功的唯一源泉。在你的大脑中，储藏着取之不尽的财富。意志是人的最高领袖，意志是各种命令的发布者，当这些命令被完全执行时，意志的指导作用对世上每个人的价值将无法估量。

孩子学习要取得好成绩，不仅要有好态度、好习惯、好方法，还必须具有较强的意志力。

当孩子身体不适时，或是雨雪天路难走时，就要有意志力坚持上课，否则就会耽误课程；学习中出现难题，百思不得其解时，就要坚持刻苦钻研或去请教，否则就会“欠账”，给今后学习造成障碍；课上分心走神时，就要有意志力战胜自己，不懈怠，不然一些新知识就会漏掉；进入毕业复习时，有大量习题要做，容易疲劳，没有意志力就不可能振奋精神高效复习；学习成绩下降时要用意志力战胜悲观失望的情绪，静下心找出原因和对策。

任何事物变化都是量变到质变的统一，微小量变的积累也会引起质的变化。没有一定的意志力，孩子就不会全力以赴投入学习，就不可能有好成绩。父母重视培养孩子意志力，是促进孩子成绩优秀的重要条件。

宋耀如被称为“宋氏家族第一人”，他养育了宋蔼龄、宋庆龄和宋美龄“宋氏三姐妹”及宋子文、宋子良、宋子安三兄弟。为了孩子的成长，宋耀如和妻子倪桂珍制订了“斯巴达—基督教”教育模式：训练他们成为具有基督教精神的斯巴达勇士。在孩子蹒跚学步时鼓励他尽情玩耍，稍大一点，就进行“沐于大麓，烈风雷雨而不迷”的意志训练。宋氏六姐弟之所以成为中国近代史上有重大作为的人，父母对他们意志力的培养发挥了重要作用。

为了促进孩子取得好成绩，父母要把培养孩子的意志力渗透到平时学习生活中。一方面，为孩子选择培养意志力的名言、格言、警句，让孩子明确意志坚强的人，无论做什么事都要有始有终，坚持到最后。另一方面，对孩子的小病、小痛，不过分渲染，鼓励他带病学习；劝导孩子在风、雨、雾、雪天，战胜困难坚持到校不旷课；教导他在饥饿、劳累、委屈、失意情况下振奋精神，顽强拼搏；开导孩子面对学习中的压力、竞争、难题、困惑不退缩，不屈不挠，以不懈努力，顽强意志去战胜它们。让孩子成为意志坚强、顽强拼搏、勤奋学习的好学生。

十一、不可忽视孩子的自理能力

美国权威儿科博士詹姆斯告诫家长们：“处处对孩子包办代替，这不是在帮助孩子，而是在坑害孩子。”苏联教育家马卡连柯也提出：“一味抱着慈悲的心肠为儿女牺牲一切的父母，可以算得上最坏的教育者。”

某大学一位即将毕业的物理系高才生，因成绩出类拔萃，学校要选送他到美国某名牌大学深造。谁知，该学生一口回绝，说什么也不愿出国。拒绝的原因说来令人难以置信：他不会洗衣服、不会买东西、不会烧饭、不懂得与别人交往。也就是说，他根本无法独立生活。大学四年中，他的衣服鞋袜都是妈妈定期到学校取回去清洗。

这事真让人感到不可思议，为什么学习成绩佼佼者，却在独立生活方面表现的如此无能？细心想想，不可思议的背后有其必然性，自理能力差是其根本原因。

孩子自理能力差，并非个别现象，而是比比皆是。为什么如此多的孩子自理能力差？根源在于父母为孩子“代劳”的现象。譬如，洗衣服、整理床铺、购买用品、整理文具、管理时间、安排学习任务、解决同学纠纷、填报升学志愿等。这些本应当是孩子自己做的事，父母担心影响孩子学习，却事事包办，处处代劳。

世间有些事是可以代替的，比如代人买东西、代人打扫卫生。但是，正如不能让人代替吃饭，不能代替照相一样，自理能力也是不可替代的。实践出真知，孩子的自理能力必须是在亲身自理实践中获得。

父母担心影响孩子学习，将孩子应当做的事包办代替，实际上却剥夺了孩子提高自理能力的条件，是“好心办坏事”。

美国权威儿科博士詹姆斯告诫家长们：“处处对孩子包办代替，这不是在帮助孩子，而是在坑害孩子。”苏联教育家马卡连柯也提出：“一味抱着慈悲的心肠为儿女牺牲一切的父母，可以算得上最坏的教育者。”

孩子自理能力差，就不能合理地安排学习时间，不能科学安排各学科的精力投入，办事丢三落四、顾此失彼，不会独立处理同学间关系，不能合理解决学习中的矛盾，遇到紧要事情时候手忙脚乱、手足无措。自理能力差实际上会严重分散孩子的精力，制约孩子的学习进步。

美国心理学家鲍里斯·塞德兹先生提出，他决不为儿子做任何他自己可以做到的事情，因为那样会使孩子失去实践机会，等于在对他说：“我不相信你的能力、勇气。”更重要的是会严重损坏他的独立人格。孩子长大后没有独立的人格，不可能有出色的成就。

为了孩子长远发展，为了孩子的未来，父母应该理智地放弃对孩子的包办代替，放手、放心让孩子学习管理自己的生活和学习，提高自理能力，让孩子在实践中去学习、去摸索，探求经验提高能力。就是一时吃些亏，也没啥了不起，经验教训会让他变得聪明起来，经验教训会教会他把事办得更好，会让他成为一个具有很强自理能力的人。

十二、关注孩子的自制力

北京师范大学心理学教授、中国家庭教育学会理事陈会昌提出："小时候的智商和自我控制能力，哪一个对将来生活幸福程度的预测力更大呢？不是智商，而是自我控制力。"

德国音乐家巴赫从小非常喜欢音乐，很想去汉堡听一位管风琴大师的演奏，可巴赫住的地方离汉堡有90多里路，巴赫很穷没钱坐车去汉堡。为了听演奏会，他只好带上干粮徒步上路。走累了便在田野里休息一会儿，天晚了就在农舍屋檐下的草堆中睡上一夜。他经常这样步行往返。顽强地自制力支持巴赫不懈求学，最终使他成为著名音乐家。

自制力是成就事业的重要条件，也是孩子学习优秀的极重要因素。一些孩子聪明伶俐，就是管不住自己，上课注意力分散，做作业精力不集中，学习只有三分钟热情。

北京师范大学心理学教授、中国家庭教育学会理事陈会昌提出："小时候的智商和自我控制能力，哪一个对将来生活幸福程度的预测力更大呢？不是智商，而是自我控制力。"

世界著名成功大师拿破仑·希尔曾对美国各监狱的数万名成年犯人做过一项调查，发现了一个惊人的事实：这些不幸的男女犯人之所以沦落到监狱里，有90%是因为他们缺乏必要的自制力，也就是说，他们未能把精力用在积极有益的方面。

什么是自制力？就是能把自己的欲望和行为控制在理智之下，努力做应该做的事，不管多难多累也要做好；同样，能够克制自己的欲望，不做不该做的事，这都是意志力的表现。

自制力对于每一个人都至关重要，就像是一部汽车，只有动力系统，能跑得起来，但不能称为“完整的汽车”，还必须具备有效的刹车系统，该停时就能立刻停下来。只有这样的汽车，才敢开到马路上去。要是没有刹车系统，或刹车系统不灵，汽车硬要开出去，非出事故不可。

在学习实践中，有自制力的孩子，能有效抵制各种外界诱惑和情绪冲动，理智地去安排自己的行为，学习专注投入，能“管住自己”。

自制力差的孩子，不能抵制外界诱惑和情绪的冲动，只能靠外界的管制和约束。他们冲动的情绪胜过理智，是情绪和外界诱惑的“俘虏”，“管不住自己”。

自制力的高低是如何形成的？怎样培养孩子的自制力？

自制力高低有先天因素，也受后天家庭不同教养方式的影响。很多研究发现，自制力形成主要是在学前阶段。当幼儿的认知能力，如想象力、内部语言等得到发展时，他们也相应地发展了抵制诱惑、抑制情绪冲动和延迟满足的能力。这种认知调节和自我控制能力大概在5～7岁发展最快。这一阶段不同的家庭教养方式，对孩子的自制能力高低起着决定性的作用。

例如，小孩子冬天要吃冰淇淋，大人不买就哭闹，这时就要给孩子讲明冬天吃冷食不好的道理，并采用转移注意力的方式，使他的欲望延迟满足，逐渐培养孩子的自制力。反之，孩子以哭闹要挟，父母无节制地满足他，他就凭情绪做事，很难培养自制力。

假如您的孩子自制力差怎么办？提出三点建议：

励志教育

针对孩子要强好胜的天性，利用励志名言和名人励志故事，鼓励孩子树立理想。美好理想是行动的巨大动力，孩子有了理想，就会自觉约束自己。再者，利用孩子见闻中的实例，讲明自制力差的严重后果，警示孩子管住自己。

奖惩严明

为了培养孩子的自制力，父母与孩子协商制定学习和生活的“规矩”。做得好就表扬或奖励，做不好要惩戒。行为科学研究表明，人们做出某种行为之后，其结果决定行动者会不会再次做出相同的行为。若感到“愉悦”“有益处”，就会重复相同的行动。父母的表扬或奖励是令孩子愉悦的，他会管住自己积极去做好。如果孩子违犯“规矩”受到惩戒，他会感到“没意思”“倒霉”，就会力争不再违犯“规矩”。

换位思考

父母要教孩子设身处地站在别人的角度，反思自己的行为给别人带来的感受和心情，也就是培养共情心。例如，上课不专心，作业不认真，老师会怎样想；个人的事做不好要劳驾父母，父母会如何想。研究表明，经常采用换位思考法教育的孩子，行为自制力比较高。

第三章
培养孩子学习习惯的方法

我国研究高考状元的第一人王极盛教授在他的《高考状元的家教秘密》一书中总结提出：“好习惯决定好成绩。孩子有良好的生活习惯、学习习惯必定促进学习成绩的提高。良好习惯的作用远远大于一时的考试成绩。习惯是在生活中逐渐培养起来的，家庭对孩子小时候的习惯培养起着根本的作用。”

一、少成若天性，习惯成自然

俄罗斯教育学家乌申斯基提出：“习惯是我们存放在神经系统中的道德资本，你有了好的习惯，一辈子就享受不尽它的利息，你有了坏的习惯，一辈子就偿还不尽它的债务，坏习惯能以它不断增长的利息让你最好的计划破产。”

一根矮矮的柱子，一条细细的链子，可以拴得住陆地上最大的动物——重达千斤的大象。也许你不会相信，但这是无可争议的事实，一切都源于“习惯”。

原来，在大象还是很小的小象时，驯象师们便用一条细铁链将它拴在柱子上。由于身体幼小，小象的力量尚不足以挣脱铁链，所以，虽然它们一开始总是拼命挣扎，到最后总会安静下来——它们明白了，无论怎么努力，那条链子都是不可挣脱的。

渐渐地，小象长大了，长成了力大无比的庞然大物，但是它们依然无法挣脱链子，不是因为不能，而是因为它们从来不曾尝试过，甚至连这种想法都不曾有过。因为在它的观念里，它认为这样是绝对不可能的，虽然，轻轻一拽铁链便会断掉。

细链子拴大象的故事，揭示人和动物成长中的共性——少成若天性，习惯成自然。动物是如此，人也是如此，孩子们读书更是如此。

对大量优秀生和差生的调查比较表明，学习成绩优劣，学习习惯起着至关重要的作用。

俄罗斯教育学家乌申斯基提出：“习惯是我们存放在神经系统中的道德资本，你有了好的习惯，一辈子就享受不尽它的利息，你有了坏的习惯，一辈子就偿还不尽它的债务，坏习惯能以它不断增长的利息让你最好的计划破产。”

大部分考入北大、清华等名校的孩子们，他们在小学低年级时就培养了良好的学习习惯。“习惯实际上已成为天性的一部分”，孩子一旦形成良好的学习习惯，根本用不着父母督促，父母需要关心的是他们的心理和身体健康。一位考入清华大学的孩子家长在介绍经验时说：必须下决心从小培养孩子良好学习习惯，好习惯形成了，就等于成功了一半。

诸多差生形成的主要原因，是父母忽视了对孩子良好学习习惯的培养。这些孩子学习凭情绪，凭心血来潮，三分钟的热情，做事随心所欲。尽管父母时常苦口婆心地劝告、唠叨，甚至训斥、打骂，为他们的学习操碎了心，也是无济于事。

为什么习惯有如此大的作用？这是因为，婴幼儿来到人世间，对他来说，一切都是未知的，一切都要从头学起。事情应怎样做，是通过模仿成人，通过成人教导，通过自己尝试学来的，是成人对他塑造的结果。孩子一旦形成一定的观念和行为习惯，他就会认为，事情就应该这么做。就好像小象无法挣脱细铁链，即使长大了力大无比，也不去尝试挣脱，少年时期形成的习惯，就像是人的天性一样，根植于心。良好习惯如此，不良习惯同样如此。

众多心理学研究表明，幼儿和小学阶段是孩子行为习惯形成的关键时期，错过这一关键时期再培养良好习惯，将花费更长时间，且效果不一定明显。

孩子形成良好学习习惯，关键在于孩子小学初期父母的引导、培养。那么，孩子初上小学，主要应该培养哪些好的学习习惯？

学习自理的习惯

一是自我管理起居时间；二是管理好自己的书包；三是定时完成家庭作业。

规范书写的习惯

强调写字姿势，严格纠正漏字、错字、别字现象。数学计算规范化，严格计算步骤。

课前预习的习惯

课前预习，增加听课针对性，提高课堂学习效率。课前预习十分有益于提高自学能力。

课上专注的习惯

听课是学习最重要的环节。上课必须专心致志，并主动参与课堂教学。

及时复习的习惯

根据遗忘规律，新学知识的遗忘是先快后慢，先多后少。学习新知识后要及时复习。

独立作业的习惯

不依赖父母，依靠自己独立思考，查找资料去完成。

阅读好书的习惯

阅读好书是提高阅读理解能力，扩展知识储备，提高文化素养的重要途径。

孩子一旦形成良好学习习惯，以后学习就会形成“自动化”的动作，“不用扬鞭自奋蹄”。

二、注重培养孩子良好的学习习惯

我国研究高考状元的第一人王极盛教授在他的《高考状元的家教秘密》一书中总结提出：“好习惯决定好成绩。孩子有良好的生活习惯、学习习惯必定促进学习成绩的提高。良好习惯的作用远远大于一时的考试成绩。习惯是在生活中逐渐培养起来的，家庭对孩子小时候的习惯培养起着很大的作用。”

1978 年，75 位诺贝尔奖得主在巴黎聚会。记者问一位荣获诺贝尔奖的科学家：“请问您在哪所大学、哪所实验室里学到您认为最重要的东西呢?”出人意料，这位白发苍苍的学者平静地说：“是在幼儿园。”记者又问：“在幼儿园学到了什么呢?”学者回答说：“学到把自己的东西分一半给小伙伴；不是自己的东西不要拿；东西要放整齐；饭前要洗手；午饭后要休息；做错事要表示歉意；学习要多思考；要仔细观察大自然。从根本上说，我学到的全部东西就是这些。”这位学者的回答，代表了与会科学家的普遍看法，他们认为终生所学到的最主要的东西，是幼儿园老师给他们培养的良好习惯。

我国著名学者周士渊指出：“世界上最可怕的力量是习惯，世界上最宝贵的力量也是习惯。”训子千遍，不如培养一个好习惯。

我国研究高考状元的第一人王极盛教授在他的《高考状元的家教秘密》一书中总结提出：“好习惯决定好成绩。孩子有良好的生活习惯、学习习惯必定促进学习成绩的提高。良好习惯的作用远远大于一时的考试成绩。习惯是在生活中逐渐培养起来的，家庭对孩子小时候的习惯培养起着很大的作用。”

学习习惯分成基本学习习惯、拓展性学习习惯和个性化学习习惯。小学阶段主要培养的是基本学习习惯，就是学习自理、认真听讲、规范书写、预习和复习、独立完成作业等习惯。拓展性学习习惯，就是合作学习、查找资料等习惯。中学阶段更多的是需要拓展性学习习惯和个性化学习习惯，个性化学习习惯就是通过梳理知识关系、建立结构图来记忆等习惯。

父母如何培养孩子良好的学习习惯，有几点建议：

父母示范、树立榜样

俄国教育家乌申斯基曾说：“榜样对儿童的心灵是一股非常有益的阳光，而这种阳光是没有任何东西可以代替的。”

日本教育家福泽谕吉说：“家庭是习惯的学校，父母是习惯的老师。”父母是孩子最天然、最亲近的榜样。比如，父母爱读书，把学习读书看成是一件快乐的事情，孩子在父母感染下，也会成为爱读书的人。

行为训练、持之以恒

英国教育家洛克曾说："儿童不是用规则教育可教育好的，规则总是被他们忘掉。你觉得他们有什么必须做的事，你便应该利用一切时机，甚至在可能的时候创造时机，给他们创造练习的机会，使这些练习在他们身上固定起来。这样可以养成一种习惯，习惯一旦养成以后，不用借助记忆，便会很容易地、很自然地发生作用了。"

没有训练就没有习惯。习惯必须经过长期的、反复的训练才能形成。美国心理学家拉施里的动物记忆实验研究表明，一种行为重复21天就会变成习惯动作，而重复90天就会形成稳定的习惯。就是说，一个习惯的形成，一定是一种行为能够持续一段时间，他们的测算是21天到90天。关键在头3天，决定在1个月。过了这决定性1个月，孩子就能够养成初步的习惯，好习惯就是这么一步步训练出来的。

制定规则、坚决执行

有位妈妈，她上五年级的儿子学习很不专心，写一个小时的作业要站起来至少7次，一会儿打开冰箱吃点东西，一会儿打开电视看动画片开始了没有。这位妈妈对孩子说："孩子，你是很聪明的，你如果努力肯定会学习得很好，但是我刚给你看了一下，你学习一个小时就停下7次做别的事，是不是有点多啊？"孩子马上有点不好意思，自己都没意识到站起来7回。

妈妈又以商讨的口气说："孩子啊，我看你写一个小时的作业站起来3次就差不多了吧？"儿子想妈妈挺宽容的，还让站3次呢，就说："3次就3次"。妈妈说："军中无戏言，如果能做到，那当天晚上6点的动画片，你可以随便看。"儿子一听很开心。妈妈又说："有奖励就有惩罚，如果你超过了3次，当天晚上的电视包括动画片就不能看了，行不行？"孩子总是过高地估计自己，于是就一口答应了下来。

一个星期下来，儿子有3天做到了，就大摇大摆地看电视，很是自豪，但有2天没做到，那两天到了6点钟，心里就痒痒的。妈妈就说："男子汉，说话算话，说什么都不能看"。这一对比感受，孩子以后在写作业的时候就非常注意了，知道站起来只有 3 次，得省着点用，一个多月后，孩子写作业的时候基本上就不站起来了。

这位妈妈培养习惯的成功之道，叫“加减法”，即：培养好习惯用加法，改掉坏习惯用减法。希望孩子有什么好习惯，就鼓励他、引导他，让他的好行为不断出现，出现的次数越多，好习惯越牢固。对坏的习惯用递减法，就是说他的坏行为比原来次数减少，就可以奖励他。

必要强制、严格要求

要养成良好的学习习惯，既需要孩子的意志力，也需要父母的意志力。比如，孩子做作业磨蹭就用小闹钟定好时间，到时间就提醒他，没做好也不能再拖延时间。训练要有狠劲，不见实效不收兵。不要一见孩子求饶掉眼泪就心软。改正不良习惯形成良好习惯是要经过痛苦的磨炼。

及时评价、奖惩严明

培养孩子良好学习习惯，要坚持奖惩严明。比如，孩子能静下心来读书，就充分肯定、夸奖；孩子做作业聚精会神、按时规范完成，可以奖励小礼物或让他放心大胆看会儿电视节目；如果孩子学习文具杂乱放置，不认真整理，就取消购买生日礼物；上课不专心的毛病不改，就取消原来商定的外出旅游项目等。通过孩子切身体验，以不同感受触动其思想，逐步形成良好学习习惯。

三、引导孩子独立、主动思考

大科学家爱因斯坦说过：“要是没有能够独立思考和独立判断的有创造力的人，社会的向前发展是不可想象的。”“思考、思考、再思考，我就是凭这成为科学家的。”

很久以前，有一位拥有万贯家财的大富翁，知道自己得了不治之症，所剩的日子不多了，他打算把遗产交给自己的独生子。

可这个时候，独生子正好到外地做生意，短时间内无法回来，而大富翁又担心自己的遗产被贪婪的仆人所侵占，于是他就立好遗嘱以防万一。

富翁对仆人说："如果有一天，我撑不下去，闭上眼了，但我儿子还没回来，你就把这份东西交给我儿子。"

果然不出富翁所料，还没等到独生子返乡，他就去世了。

独生子回到家后，仆人就把遗嘱转交给富翁的独生子。而仆人早在富翁交给他遗嘱后，他就擅自篡改成对自己有利的内容。独生子拿到遗嘱一看，上面竟写着："我所有的财产之中，可以由独生子任选其中的一项，其余的则全部送给多年服侍我、陪在我身边的仆人。"

仆人心想自己就要成为大富翁了，得意地问独生子："老人家留下这么多的财产，你就好好地挑一样值钱的吧，我不会吝啬的！"

独生子想了想之后说："我决定了。"

仆人着急地问："你尽管说吧！你挑选的是什么值钱的东西？"

独生子大声地说："我选的就是你！"

就这样，这个聪明的独生子立刻化险为夷，轻而易举就从仆人的手中把父亲的所有财产全部要了回来。

这个独生子就是靠他的智慧，靠他高超的思维能力化险为夷，实现了父亲的遗愿。

思维是智力的核心，人的智力高低主要表现在思维能力上。美国成功学大师拿破仑·希尔说过："思考能拯救一个人的命运。"世界上有作为的人，都是善于和勤于思考的人。

当代孩子们，智商低下者实属极个别，但为什么孩子们学习成绩却有高低之分？原因有诸多方面，其中思维是否具有独立性、主动性就是极重要的因素。

著名电视节目主持人杨澜讲过一个她亲身经历的故事。课堂上一位教授从兜里掏出一张一美元的钞票，高高举起，涨红了脸大声说："谁能提出一个问题，任何一个问题，我就奖励他一美元。"

教授是美国人，在北京外国语大学任教，他讲的是历史与宗教，他讲完了，问大家有什么问题，谁也不吱声，他请大家提问，因为不然的话他无法知道大家听懂了多少。但还是没人举手，教授有点不耐烦了，不，应该说，他愤怒了。他认为这是中国学生对他的不尊重。

“没有哪一种知识是提不出问题的，难道我讲的每一句话都无懈可击吗？是你们压根儿没听进去还是愚不可及?”他的另一拳头敲打着桌面。课堂的气氛紧张了，学生们吓坏了，一个个不知所措。

从这个事例中看出，众多孩子由于应试教育模式影响，习惯于你讲我听，被动地接受知识，不知怎样提出问题，更不会主动提出问题，缺乏思维的独立性、主动性。

缺乏思维独立性、主动性的危害不可小视。生理学、心理学研究证实，人的大脑有这样的运行规律：当人在学习中提出问题的时候，大脑会自动搜索答案，从而提高学习效率；如果人不善于独立思考，表现懒散，大脑就认为正在做的事情一点儿都不重要，也就不会重视你所做的事情。因此，思维的依赖性、被动性压抑智力的发挥。只有善于独立思考，发挥思维的主动性，才能调动智力潜能，实现最好的学习效果。

孩子们学到的抽象理论性知识，必须独立深刻思考，才能真正领悟吃透。思维有依赖性、被动性，就不可能真正掌握知识，更谈不上活用知识。有人说“重复是学习的母亲”，其实“深思是学习的父亲”。“重复是学习的母亲”讲的是新学知识，必须复习才能加深印象，由短时记忆转化为长久记忆。“深思是学习的父亲”讲的是学习抽象的理论性知识，必须经过深入独立思考，才会真正理解把握，把其转化成自己的知识。

为什么一些孩子常说，“上课我听懂了，做题还是不会”“知识学过了不久就忘记”。其原因就在于新学的知识没有经过独立深刻思考，没有转化为自己的知识，因此不会灵活运用，时间长就会忘记。

为什么一些孩子学习很用功，而成绩却不如人意。原因也在于他缺乏独立主动的思考能力，没有真正把握知识，只是靠简单的重复记忆和大量练习来学习，在学习中“用手学”而不是“用脑学”。每天只是完成了大量的作业，而没有独立、主动、深刻的思考，这样的学习必然是事倍功半。

大科学家爱因斯坦说过：“要是没有能够独立思考和独立判断的有创造力的人，社会的向前发展是不可想象的。”“思考、思考、再思考，我就是凭这成为科学家的。”

父母要关注孩子思维的特点，引导孩子改变思维的依赖性、被动性，形成独立、主动思考的习惯，这是他发挥智力潜能之必须，是深刻理解知识之必须，更是未来适应社会需要之必须。

四、不可小视孩子爱读书的习惯

孩子大量阅读书籍，不仅能开阔视野、增长知识、提高阅读理解能力、培养自学习惯，更有益于巩固课本知识，对各学科学习都起到极大促进作用。

进入高二后，丁丽雁的父亲来到学校，无奈地提出女儿要退学。班主任周老师也很纳闷，丁丽雁学习十分努力，但成绩却很差。

丁丽雁的父亲告诉班主任，女儿小学时学习就很努力，在班内成绩也优秀，但初中成绩就降为中等水平，初三时她拼命复习才得以考入高中。进入高中后，学习越来越吃力，每天累得筋疲力尽，由于劳累过度甚至患了神经衰弱，各种压力使她精神几乎崩溃。父母曾带她找心理医生进行智商和心理测试，结果都属于正常。为了孩子的心身健康，父母向学校提出退学。

丁丽雁学习一直很努力，为什么各个时期却表现出很大差距，以至到高二再也不能坚持学习？

为此，班主任将丁丽雁与本班成绩优秀学生，进行了对比性走访调查。结果发现：成绩优秀学生家中，都购买或借阅了大量的书籍，从婴幼儿读物到成人读物都有，家长普遍反映孩子从小就爱读书。

丁丽雁家中却只有一些学习辅导书。丁丽雁父母反映孩子学习很认真，却很少看课外书。

问题的症结就在这里：孩子是否有爱读书的习惯与学习成绩直接相关。

孩子爱读书，大量阅读书籍，不仅能开阔视野，增长知识，提高阅读理解能力，培养自学习惯，更有益于巩固课本知识，对各学科学习都起到极大促进作用。大量阅读也促进孩子道德素养提高，“一本好书可以影响人的一生。”

丁丽雁主要是缺乏大量课外阅读，导致阅读理解能力差，学习课本知识缺少相关知识的支持，致使学习越来越吃力。有专家研究证明：一个学生的课外阅读量只有达到课本的4~5倍的时候，才能形成语文能力。进入高中学习后，知识的深刻性、抽象性大大增强。各学科知识都必须在已有相关知识基础上，进步深刻理解、准确把握。没有大量阅读基础，各种知识匮乏，阅读理解能力，是导致丁丽雁成绩差的主要原因。

无论中考、高考试题，绝大多数是从课外信息中提取素材的，即“理在书内，题在书外”。考生应具备相当的获取、解读、运用信息的能力，这些能力的获得仅靠课堂学习是远不够的，必须通过大量阅读和学习实践探讨来实现。

许多重点大学的自主招生，都会考察知识面是否广博。就业竞争也是学习能力的竞争。孩子将来就业，真正和学校所学专业相一致的为数不多，即使从事本专业工作，众多新知识出现，也必须具备学习新知识的能力。爱读书不只是孩子学习成绩提高的重要因素，也是将来职业竞争的重要影响因素。

犹太民族只有两三千万的人口，却出现了包括爱因斯坦在内的众多科学界、商界、文学界优秀人才，为人类创造了巨大的精神财富。美国人有一句玩笑，说全世界的钱在美国人的口袋里，而美国人的口袋在犹太人的脑袋里。

犹太人的孩子生下来就要在圣经上舔一下封面，让孩子知道书是甜的。犹太人重视学问、重视智慧、重视教育，在这些传统文化的影响下，以“书的民族”著称的犹太人，对读书有一种特殊的爱好。

书籍是人类智慧的结晶，是传统知识的载体，是人类进步的明灯。用家庭教育专家孙云晓的话说，“对于一个孩子来说，养成阅读的习惯等于在他的心里装了一台成长的发动机。”

父母要孩子成为学习的佼佼者，必须培养孩子爱读书的习惯。怎样培养孩子爱读书的习惯？有以下几点建议：

树立学习榜样

小孩子是好模仿的，父母爱读书，就为孩子树立了榜样。父母每天抽出一定时间，和孩子一起看书，交流书中的故事、读书心得，就会提高孩子读书的兴致，慢慢养成孩子主动找书看的习惯。

创造良好环境

人是环境的产物。父母可常带孩子去书店、图书馆、阅览室等地方，让孩子与书多次接触。家庭读书环境是养成孩子读书习惯的必要条件，为孩子买或借一些图文并茂、有趣味的书籍，让孩子有书可读。孩子的房间可有专用书柜，随时放上孩子喜欢的书、父母希望孩子阅读的书。

激发读书兴趣

孩子是喜欢听故事的，父母先从讲故事入手，并告诉他书中有更多的故事，教他自己读书看故事，并鼓励他讲故事给父母听。对孩子读书行为充分肯定和鼓励，孩子为了得到更多赞扬就会主动去看书，逐步形成爱读书的习惯。

为了孩子成才，培养孩子爱读书习惯，是父母引导孩子学习的一大要务。

五、纠正孩子磨蹭拖拉的习惯

一位科学家说：“时间最不偏私，给任何人都是一天 24 小时。时间也最偏私，给任何人都不是 24 小时。”从某种意义上来说，恰恰是时间的不同利用，决定了人一生的价值。

程丽丽是小学三年级学生，每天早上从起床到出门，本来 50 分钟完全能做好的事，她磨蹭到一个半小时，因此她时常迟到。

上初二的李小明，做作业时不是咬指甲、啃橡皮，就是玩手机，本来两小时能完成的作业，他磨蹭到三个多小时，妈妈催他睡觉，他厌烦地回答："着什么急，作业还没完成哩。"

已是高中生的邓飞，上课五分钟了，课本还没拿出来，思想还没集中，老师提问，他不知所措。一个聪明伶俐的小伙子，成绩却是倒数几名。

郑吉星学习努力，立志考入名牌大学。由于平时养成办事拖拉的习惯，当年高考答题时间不够用，理综试卷白白丢失了39分，语文、数学也是草草收场，结果只考上一所二本学校。大学毕业后，他参加公务员竞聘考试，还是由于试题没答完，落了个"名落孙山"。爱磨蹭、做事拖拉的孩子，每天忙忙碌碌，成绩却总是不理想。磨蹭拖拉的习惯，给孩子造成一系列苦果，制约其学习成绩的提高。

不知您的孩子是否存在这些现象：

（1）听课、看书、做题磨蹭拖拉，心身不能快速高度集中，大脑不能进入最佳状态，思考不仅缓慢，而且不能深入。

（2）浪费时间，不能快速准确完成作业，不能探讨出解题规律，也没有时间阅读其他书籍。

（3）时间无端消耗，不能抽出时间锻炼、休息，不能保证晚上充足睡眠，学习时精神不振、疲劳倦怠，不能专心致志，学习效率低。

也许有人会问，孩子为什么会出现磨蹭拖拉现象？其实是事出有因：

（1）缺乏时间观念。小孩子由于生活经验缺乏，没有时间观念，办事没有紧迫感。

（2）易受环境影响。小孩子自制力差，管不住自己，外界有风吹草动，他就好奇观看。

（3）知识没掌握。知识一知半解，不能准确掌握、灵活运用，做题十分吃力，耽误时间太多。

（4）不会安排学习时间。办事没计划、没安排、随心所欲，耽误很多时间。

（5）受情绪影响。人们对没有兴趣的事，总是采取消极应付的办法。有厌学情绪的孩子为了不挨批评，就以磨蹭来应付家长。

在“钟表王国”瑞士的温特图尔钟表博物馆内的一些古钟上，刻着这样一句富有哲理的格言：“如果你能跟上时间的步伐，你就不会默默无闻。”

心理学家发现了帕金森时间定律：不同的人做同样的事所耗费的时间差异惊人。一个工作效率高的人，即使同时应对几件事也能应对自如，紧张有序；而一个行动迟缓、推三阻四的人，往往一事无成。两者的区别究竟在哪里？其实就在于前者养成了高效做事的习惯，而且掌握了做事最简捷的方法。而后者只是习惯拖延，事情总是做不完，所以时间也总是不够用。

一位科学家说：“时间最不偏私，给任何人都是一天24小时。时间也最偏私，给任何人都不是24小时。”从某种意义上来说，恰恰是时间的不同利用，决定了人一生的价值。

美国成功学大师拿破仑·希尔提出，时间是你自己可以握在手中的最宝贵的财富，请认认真真地、合理地安排时间，不要平白无故在无聊的事上消耗一分钟或哪怕一秒钟，千万别忘了不珍惜时间就相当于不珍惜自己的生命。

能否改变孩子磨蹭、拖拉习惯，不仅关系到学习成绩高低，也关系到将来社会竞争中，是优胜还是被淘汰。

怎样纠正孩子的磨蹭、拖拉习惯？提出几点，不妨一试。

培养孩子把握时间的能力

要克服磨蹭拖拉习惯，前提是让孩子树立时间观念。孩子做事时要求他集中精力全力以赴，事情做好了就让他去玩耍，或看电视，或打球，让他感受到抓紧时间做事和磨蹭拖拉的好坏。

指导孩子学会排除干扰

父母要引导孩子学习时把玩具等物件从书桌上拿走，减少诱惑。孩子一些影响专心的习惯动作，父母可以通过与孩子协商，引导孩子逐步减少。

教会孩子科学安排时间

一是父母要身体力行，做事情要雷厉风行讲究效率。二是用名人惜时如金的事例给予启发。三是帮助孩子制定作息时间表，每天按时间表做事，做得好就赞扬，违反了就惩戒。

启发孩子保持良好情绪

多与孩子谈论他的进步，他的优点；在他遇到困难时多鼓励支持，让他满怀信心；在休息时谈论一些趣闻，让孩子保持愉悦的心情；孩子作业太多，就帮他分清轻重，合理处置。

讲明感受实施间接惩罚

平心静气地告诉他："看到你磨蹭拖拉的习惯，我们很担心，这样下去，再用功也不会有好成绩，一切希望都会落空。"改变磨蹭拖拉习惯，坚持必要惩罚，比如出现磨蹭拖拉行为，就要取消看电视节目，取消周末准备看电影的约定，取消周日春游的计划等。

学会运用自然后果惩罚

和他协商好，明确规定多少时间去做多少事，不要更多地唠叨，时间到了就停止，如果作业没完成让他挨批评，以提醒孩子下次注意。这种自然惩罚法，比父母一味催促好得多。

六、帮孩子战胜马虎大意

马虎大意，实际上是思想方法和行为方法问题。帮孩子纠正马虎大意的毛病，就要引导孩子端正思想方法和行为方法。父母要找出孩子马虎大意的具体原因，针对不同原因采取不同的纠正方法。

期末数学考试结束，常玉成心情很好，他认为数学试卷题目都不难，自己答题又很顺手，应该会得高分。可等到试卷发下来，他却是洋鬼子看戏——傻了眼。本来有把握做好的试题，一道题是小数点点错了位白白丢了12分，一道题计算错误又丢了10分，还有一道题是没有看清楚要求，丢了9分，结果只得可怜的69分，差点儿不及格。常玉成的马虎大意造成的苦果，让他痛心疾首。

父母看到孩子学习马虎大意，总是千叮咛万嘱咐，提醒孩子学习要认真细心，但总是收效甚微。

其实，孩子学习马虎大意，不是反复叮咛嘱咐就能解决的，帮孩子分析马虎大意的根源，找出纠正的方法才是良策。

孩子学习出现马虎大意有以下原因：

心急意躁

做作业时心急意躁，只盼望做好后去玩耍，没看清题目条件和要求，就急急忙忙动手做，结果不是少标点就是缺步骤，不是少写一个字就是少写一个数。考试时只担心时间不够用，心急火燎，没审准确题目就匆忙下笔，结果是丢三落四、漏洞百出。

心不在焉

学习不专心，精神不集中，不去认真审清题目要求，凭想当然答题，做好后懒得仔细检查，完成任务了事。平时如此，考试时想认真细心做题，也是身不由己，因为习惯成自然。

情绪紧张

总担心考试考砸了，一进考场就心情紧张，当出现意外情况时，比如题目难度大，或题量大，或出现没见过的题型，更是紧张得不知所措，思维严重受阻。由于高度紧张，思想不能专注，精力不能集中，答题时试题条件看不清，要求看不到，顾此失彼，错误迭出。

视觉障碍

由于生理和心理发育的制约，精力、视力不易集中，看题跳字，看书跳行，看数出错，相近的字或是字母混淆不清。阅读理解能力较低，答题看不清题意，或是审题只看细节忽视全局，或是注意全局，忽视细节，造成失误。

马虎大意的毛病可不是小事。2010 年高考，考生张萧在解答文综试卷时，当监考老师提醒还差 2 分钟准备交卷时，他才发现试卷背面还有一道 45 分的大题没做，因此他没能达到一本大学分数线。2012 年中考，数学本来是陈如雁的优势学科，考场上她自以为答完题后，就得意地等待交卷，到离交卷只有 5 分钟时，她才发现试卷背面的试题，她急的捶胸顿足，但也后悔莫及，因此没能进入重点高中。

马虎大意，实际上是思想方法和行为方法问题。帮孩子纠正马虎大意的毛病，就要引导孩子纠正不当思想方法和行为方法。父母要找出孩子马虎大意的具体原因，针对不同原因采取不同的纠正方法。

心急意躁导致的马虎大意

对待心急意躁导致的马虎大意，主要是引导孩子静下心来，让他在做题之前做几次深呼吸，或是暗示自己“心要静下来”“心急要出差错”，并引导他做好后细心检查有无错误。考试急躁出错，就用他的试卷，让他细心找出错误的原因，提醒他马虎大意造成的危害。坚持一阶段，可以逐步纠正心急意躁导致的马虎大意。

心不在焉引起的马虎大意

心不在焉引起的马虎大意，主要是孩子缺乏学习动力。为了纠正孩子心不在焉问题，根本上是给他讲明学习与个人将来的关系，让孩子做学习的主人，引导他提高主动学习的态度和责任心。父母要提醒孩子心不在焉导致马虎大意，会严重制约成绩，成绩不佳影响前途。用这一系列的因果联系，敦促警示他纠正错误。

情绪紧张产生的马虎大意

父母主要是减轻孩子的心理压力，教导他不要将分数看得太重，为他讲明情绪高度紧张会影响思路，影响考场正常发挥的道理。让孩子在考试前休息好，考场上放松紧张的神经，保持适度紧张状态。引导他把考试可能出现的困难情况多考虑一些，并想好应对的措施，做到有备无患。

视觉障碍形成的马虎大意

确定孩子有视觉障碍，解决的途径是进行视觉训练，比较简易的办法是进行朗读和抄写练习。注意任务千万不要过重，出错误不要批评，进步了要鼓励。如此训练一阶段时间，就会逐步纠正过来。再者就是引导孩子尽可能用多种感觉器官学习，比如多听、多想。

七、警惕孩子“聪明反被聪明误”

“聪明反被聪明误”的做法，抑制孩子的聪明才智，耽误孩子的前程，等他幡然悔悟，已经是无可挽回。青春不会再来，人生不可能“彩排”，父母要警惕孩子此种做法，以免毁掉孩子一生。

古时候有一位员外，请了一位私塾先生，教他儿子识字写字。私塾先生在一张白纸上，写下“一”字，教那个小孩说：“这个字念一”。后来先生又写了“二”字，教那个小孩说：“这个字念二”。那个小孩子挺聪明，自己在二字上又划了一横，然后说：“先生，这是不是念三？”“没错，很好！”先生夸奖说。

这个孩子认为自己学会写字了，就让员外辞退了那位私塾先生。

过些日子，这位员外家来了一位姓“万”的客人，员外为了显示儿子有学问，就让儿子去写那个“万”字。谁知，儿子写了好长时间还没写好。员外就去看怎么回事，只见儿子在白纸了写了许多横道道，看到员外来了，忙说：“别着急，我刚写到两千，还没写到万字哩。”

这一故事讽刺了那些自作聪明的人。古典名著《红楼梦》中有句名言“聪明反被聪明误”，针砭了那些自作聪明反被聪明所害的人。

用这句名言说明一些孩子的学习情况，也是入木三分、恰到好处，不妨“晒一晒”这些现象：

某同学初中读书时自恃聪明，初一、初二不努力，到初三才下功夫学，就考入高中。他如获法宝，到高中时，仍然坚持“这一法宝”，高一、高二不肯努力，等到高三再“显身手”。可到高三无论怎么下功夫也赶不上了，方知“失算”，没显露一手，反倒“大露其丑”，后悔晚矣。

课上学习知识，一听就懂，认为就这么简单，并不去深入思考，不去真正理解消化，结果造成知识学习上的“夹生饭”，等到学习后面知识时，出现许多“绊脚石”，前后知识不能衔接。考试稍微变化知识角度，就茫然不知所措，长此一往，越学越吃力，成绩“江河日下”。

解答习题，能很快推测出答案，答题时就“偷工减料”，不按规范写，少写步骤，长此以往形成习惯。到升学考试，由于“偷工减料”而分数大减，还感到莫名其妙，“题目都答得正确，为何分数却这么低?”

独行其是，上语文课做数学题，上历史课看物理书，不按老师安排去做。升学复习时，没有掌握基础却好高骛远，去猎奇偏题、难题、怪题。等到升学考试一看题目，方知误入歧途，哑巴吃黄连——有苦说不出。

不肯独立认真完成作业，抄袭他人作业答案，以应付老师，自以为得意。待考试却“露了马脚”，方知自己害了自己。平时考试弄虚作假，耍小聪明，以虚假分数骗得父母高兴，等到升学考试却“原形毕露”，自毁前程。

以上这些学习现象，抑制了孩子的聪明才智，耽误了孩子的前程，等他幡然悔悟，已经是无可挽回。青春不会再来，人生不可能“彩排”，父母要警惕孩子此种做法，以免毁掉孩子一生。

孩子“聪明反被聪明误”的现象是怎么形成的？父母应怎样预防此类现象?

“聪明反被聪明误”现象的形成，与父母不当教养方式有关。

父母重视孩子智力开发，却忽视非智力因素的培养，尤其是自制力、求实精神、吃苦耐劳精神的养成。孩子智力好却缺少自制力，不肯下苦功，玩小聪明，投机取巧。

只关注孩子的分数，缺乏对孩子树立理想的教育，忽视孩子学习动力的培养。孩子学习没有目标，缺少内在动力，所以就动歪脑筋，以应付父母。

缺少指导孩子树立自主学习的意识，对孩子学习只采用督促、监督的办法，不懂得如何调动孩子学习的主动性、积极性。孩子被迫学习，不去想怎样才能学得更好，只会要小聪明，玩小伎俩。

由于优生优育，如今孩子们真正智力低下者寥寥无几。学习成绩较差者，基本上是学习懒散、拖拉、消极应付者；是自以为是，“聪明反被聪明误”者。

父母要预防孩子“聪明反被聪明误”，需注意以下几方面：

培养良好的学习习惯

从孩子上小学起，就注重良好学习习惯的培养：上课专注听讲；作业独立规范完成；课前预习课后复习；考试后认真总结等。

重视非智力因素养成

引导孩子从小树立人生理想，为了理想和追求去主动学习。有意让孩子在生活实践中磨炼意志力、自制力和战胜困难的精神，引导孩子为实现理想和追求不懈努力。

调动内在学习动力

设法培养孩子自主学习的意识，调动孩子学习积极性、主动性，让孩子懂得对自己前途负责的道理，使其形成认真勤奋的学习态度。

引导学习落到实处

父母引导孩子学习，不要空洞的唠叨，不要无用的责备；要坚持检查他的课本，看是否有认真的标注；检查作业是否规范认真，出错误是否认真纠正；检查考试试卷，是否仔细找出失分原因。不可含糊，不可迁就。

八、学习优秀生的八大学习习惯

优生和差生的区别，是怎样形成的？智力因素、学习动力、学习能力不同，当然是重要条件，学习习惯不同更是举足轻重的因素。

谁都希望孩子成为优秀生。那么，成绩优秀生和差生的区别，是怎样形成的？智力因素、学习动力、学习能力，当然是重要条件，学习习惯更是举足轻重的因素。下面提出优秀学生的八大学习习惯：

课上学习专心致志的习惯

上课聚精会神地听讲，专心致志地思考加工知识，积极参与教学过程。学习是一系列复杂的心理活动过程，是精力高度集中的脑力劳动，只有集中精力专心致志，才能有效激活大脑存储的相关信息，才能使大脑进入快速运作状态。优秀生之所以优秀，首先是上课全身心投入，不受任何外来因素和内在因素的干扰，学习效率高，收获大。

课前预习、课后复习的习惯

充分利用时间，把将要学的新知识认真预习。通过预习了解要新学知识的内容，做到心中有数，提高课上学习效率，培养自学能力。

每天对所学知识坚持进行回忆，将新学知识梳理巩固，加深对知识的记忆、理解，发现问题及时弥补，以达到巩固扩展知识的目的。

独立思考、深刻钻研的习惯

独立思考，认真规范完成作业。老师批改作业后及时查看，找出做题出错的原因，纠正错误，提高解题能力。

深刻钻研，加深对知识的理解、记忆，把握知识间的内在联系，把易混淆的概念严格区分开来，逐步探索出各种习题的解题规律。

科学用脑、讲究效率的习惯

坚持劳逸结合，各学科交叉学习，保持大脑始终处于思维活跃、思路畅通状态，充分发挥大脑潜能。

学习有计划、有条理，紧张而有秩序。分秒必争珍惜时间，讲究学习效率。

一心向学、勤于动笔的习惯

无论是读书、看报、看电视、旅行乃至做一切事情时，都能把注意力的“光圈”调到与学习相关的“目标”上去，利用所有闲暇时间直接或间接地做与学习相关的事。

“不动笔墨不读书”，无论是课堂听课还是课下读书，都勤于做笔记，“好记性不如烂笔头”。多动笔勤于记录，既加深知识的理解，又有利于记忆。

善于思考、勤于请教的习惯

“多思出智慧。”对于没有理解的知识要善于刨根问底，务求甚解，将知识学深学透，绝不放过任何的知识疑点。

学习出现疑难，主动请教他人或查书本、资料，绝不留下知识的疑点和漏洞，给以后的学习留下“后患”。

大量阅读、善于自学的习惯

喜欢读书，将阅读作为一种乐趣。通过大量阅读获取知识，打开眼界，提高了阅读理解能力和写作能力。

喜欢自学，善于自学，在没有任何人要求下，主动探求知识，将获得知识作为一种享受。

勤于反思、适时调控的习惯

善于反思自己的学习行为，在学习方法、解题思路、各学科状况、精力安排等方面，能发现问题并及时调控。

考试后认真分析经验和教训，反思学习中的不足，找出更好的对策，实现进一步提高的目的。出现思想负担、精神压力时，能自动调控合理解脱，实现心理平衡，必要时请教老师和家长帮助，保持心情舒畅，专心投入学习。

九、制约孩子学习进步的不良习惯

不良的学习习惯违背学习规律，它像无形的枷锁，抑制孩子的才干，压抑其智慧，制约孩子学习成绩的提高。尽管孩子学习很努力，也是事倍功半，高消耗、低效率。

孩子成绩优劣，学习习惯起着举足轻重的作用。许多孩子成绩差，并非是智力因素，而是不良学习习惯造成的。下面提出制约学习进步不良习惯的表现，警惕您的孩子是否存在此类现象。

上课走神不专心

上课不能静下心来快速进入状态，易受外界干扰和内心干扰，思想上易开小差，爱做小动作，不能专心听课。不明白课堂学习在学习中起着关键作用，认为课堂听课无关紧要，只要课下完成作业就行了。结果是课上没有理解知识，课下花费几倍的功夫也难以弥补。

作业敷衍不规范

认为做作业是完成老师、家长布置的任务，做作业马虎、敷衍，字迹潦草，计算无步骤。甚至抄袭他人答案，或让他人代做作业。此类做法根本达不到做作业的目的，只是浪费时间。

忽视预习和复习

课前不预习将要新学的内容，听课是被动盲目地接受，前后知识联系不清楚，重点难点不能准确把握，所学知识大打折扣。

认为老师没留复习的作业，课后就不知及时复习。新知识不及时复习，时间一长就会遗忘，考试前再复习费时费力效率低。

只知用功不用心

学习新知识不能有效加工消化，只满足于生吞活剥、死记硬背，不懂探求知识的规律；满足于完成作业，不研究答题规律、方法和技巧；不能有效地反思自己的学习行为，同一个答题错误一犯再犯；学习方法陈旧不知改进，他人学习经验不注重吸收；各学科学习不知统筹安排，凭个人好恶学习，顾此失彼，形成拉腿课。学习是用手而懒得用脑，只会用功不会用心。

学习被动靠督促

学习靠父母、老师的督促，没有自觉性，父母督促还嫌唠叨；哪学科老师督促紧、个人对哪学科有兴趣，就认真做哪学科的作业，其他则应付；平时不用功，考前“临阵磨枪”搞临时突击。被动学习只能是高消耗、低效率。

学无恒心凭情绪

学习凭情绪，凭三分钟的热情，情绪好时就学到深夜，情绪不好就什么也不想干；学习知识满足于一知半解，遇到困难就“绕道走”，不求甚解；每天学习时间不定，要完成的任务不能按时完成；该复习的东西不能及时复习，应记忆的东西不能记忆。

学无计划缺条理

各学科学习无计划，随心所欲盲目乱抓；个人支配时间没有统筹安排，想起什么就做什么；学习任务无轻重缓急之分，凭情绪、凭喜好。每天忙了什么，时间到哪里去了，自己也不清楚。

不善请教懒思考

虚荣爱面子，不能理解的知识，搞不懂的疑难问题就置之不理，羞于向老师或同学请教，碍于面子不懂装懂。

每次考试后只关注分数高低，分数高则喜，分数低则忧；不知认真总结成功的经验和失误的教训，“被同一块石头绊倒两次”，同类错误以后同样再犯；不能从试卷分析中找出自己学习的不足，明确努力的方向。

这些不良的学习习惯违背学习规律，它像无形的枷锁，抑制孩子的才干，压抑孩子的智慧，制约着学习成绩的提高。尽管孩子学习很努力，也是事倍功半，高消耗、低效率。假若您的孩子确实存在以上某些表现，他也许习以为常，但需要您引导他引起警惕，要想方设法克服这些不良学习习惯，否则它会将孩子的美好愿望化为泡影。

十、教孩子科学用脑

人的大脑有它特有的运作规律，违背大脑的运作规律，就要受到惩罚。引导孩子科学用脑，才能更好发挥其大脑功能，实现高效学习。

李娜娜在初三阶段，为了中考取得好成绩，每天争分夺秒奋力拼搏，到接近中考冲刺时，她却感到大脑非常疲惫，每天昏昏沉沉，学习效率极差，父母和她都心急火燎，到医院诊治，也没有多大效果。

丁小诚在进入高中后，下决心要在三年后考入名牌大学，他十分勤奋，放弃一切休息和娱乐时间，抓紧学习。到高三后，不知为什么，他每天晚上难以入睡，常做让人烦心的梦，学习没精神。

这俩孩子其实是没有科学用脑，是患了神经衰弱的表现，这是长期用脑过度的结果。

人的大脑有它特有的运作规律，比如，大脑需要休息，才能更好地发挥其功能；用脑过度，大脑神经长期处于紧张状态，会导致大脑兴奋与抑制功能失调，造成神经衰弱；大脑和身体经常交流，如果身体很懒散，大脑就会认为你正在做的事情一点儿都不重要，大脑也就不会重视你所做的事情；心情和学习效率成正比，心情越好，学知识就越快；消极情绪会抑制大脑专注能力、解决问题能力等。

父母引导孩子学习，需要引导孩子科学用脑，才能更好发挥大脑功能，实现高效学习。怎样引导孩子科学用脑？

劳逸结合

大脑长时间连续工作会疲劳，疲劳是大脑皮层的一种保护性抑制，当大脑疲劳时，如果得不到应有的休息，疲劳就会积累，产生保护性抑制，这时大脑强迫性的兴奋过程与保护的抑制过程就会发生矛盾，这种矛盾如果持久地继续下去，不仅会使学习效率降低，而且还会引起神经衰弱。孩子学习要坚持劳逸结合，学习劳累了可以做做家务、进行体育锻炼或是到室外适当活动放松，使大脑处于良好运作状态。

交叉轮作

长期从事一种脑力劳动会形成大脑疲劳。当学习对象发生转换时，大脑皮层的兴奋区和抑制区也随之转换，多种活动互相轮换，可以使大脑皮层各个区域得到轮流休息。良好的休息是健脑之道，真正的休息在于人的行为不断改变。马克思在从事社会科学研究工作时，当他感到疲劳时，他以解数学题的方法来使大脑休息。

专心致志

当专注学习时，会引起大脑皮层相关工作区神经元的兴奋。此时，这个工作区就在整个大脑皮层中占了优势，形成优势兴奋灶，其他工作区的神经元呈现抑制状态。专心致志使人思维敏捷、深刻，能大大提高学习效率。如若学习时心不在焉或是被其他杂事纠缠，学习效率就会很差。

心情舒畅

大脑思维和人的心情、情绪密切相关，当人心情舒畅、情绪适度兴奋时，大脑会反应敏捷、思维灵活、思路畅通。反之，当人处于苦恼、疲劳、高度紧张状态时，大脑皮层负责思维的区域就会受到不同程度的抑制，会干扰人的正常思维。调整好自己的心情和情绪，保持心平气和的心态，是高效思维的重要条件。

自我激励

心理学研究表明，在智力同等的情况下，自我效能感较高、自信心强的人，取得的成绩会更好些。精神因素对大脑的功能和效率影响甚大，精神动力会使大脑高效工作，尤其表现在困难的、复杂的工作上。

补充大脑营养

保证大脑的营养供给，也是科学用脑的重要方面。鸡蛋、鱼、核桃、新鲜水果、蔬菜、植物油，这些是大脑的健康“食谱”。呼吸新鲜空气、适量的体力劳动或室外活动也是补充大脑营养的方法，是保证高效学习的条件。

适量运动

当大脑感到疲劳时，参加短时间体育运动，可以转移大脑皮层的兴奋中心，使原来高度兴奋的神经细胞得到良好的休息。脑组织所需氧气和营养物质的供给又完全依赖于血液循环、呼吸和消化系统，体育锻炼在很大程度上改善了这些系统的功能，提高了它们的工作效率，从而促进了脑部血液循环，改善了脑组织的氧气和营养物质供应，使脑组织的工作效率显著提高。

第四章
提升孩子学习成绩的良策

孩子学习取得优秀成绩，是多种因素综合作用的成果。课堂上高度专注、认真求实完成作业、学习用功又用心、发挥能动性探求知识的规律和学习规律等因素，是诸多因素中最直接决定学习成绩的因素。如果忽视了这些最直接的因素，即使学习努力刻苦，成绩也不会尽人意。

一、帮助孩子制订学习计划

“行成于思，而毁于随”“预则立，不预则废”。孩子的时间和精力都是有限的，怎样在有限时间内根据学习任务，合理安排时间和精力，实现学习的高效率，取得优异的成绩？这就需要制定切实可行的学习计划。

百无聊赖地坐在书桌前，对着一摞厚重的课本、参考书、习题册，呆望了一会儿，随手捡出一本习题册，从中挑出一道题，忙碌半个小时没做出结果，没好气地再把它丢到书堆中去，再捡一本课本，读了一段感到没意思随手又丢掉……

您的孩子是否出现过这类情况？这就是学习没计划的表现。学习没计划，盲目乱抓、顾此失彼，时间浪费不少，成绩很不如人意。

“行成于思，而毁于随”“预则立，不预则废”。孩子的时间和精力都是有限的，特别是进入中学学习的孩子。怎样在有限时间内根据学习任务，合理安排时间和精力，实现学习的高效率，取得优异的成绩？这就需要制定切实可行的学习计划。

孩子学习有无计划，有着重大区别：学习有计划的孩子办事有条有理，分得清轻重缓急，能合理安排学习任务，时间和精力得到有效利用。他学得轻松，学得高效，学习成绩好。一些成绩优秀孩子，也许没有书面计划，但他对学习却有精心的安排，认真执行着不成文的学习计划。

学习无计划的孩子随心所欲，想起什么就干什么，办事无条理、无轻重缓急。每天忙忙碌碌，感到时间紧张，但又不知忙了些什么，学习成绩总不理想。

父母要引导孩子明确目标，学习有计划，合理安排时间，有效支配精力，正确布局各项学习任务，在有限时间内有条不紊地、紧张而有序地做好每一件事，实现高效学习。制定合理的学习计划，是促进孩子学习进步的重要方面。怎样制定学习计划？有以下几点建议：

从实际出发

学习计划要依据孩子的实际情况，可采取学期计划、周计划等形式。无论是哪种形式都要明确学习的任务、完成任务采取的方法、具体时间安排。父母要引导孩子坚持合理安排时间和精力，最大限度提高学习效率。

计划要适度

计划制定的目标太高实现不了，势必影响孩子的情绪；目标太低也不利孩子发挥能力，坚持适度为宜。

关键在落实

制定计划只是一种形式，关键是对计划的落实，没落实等于一纸空文。计划的落实主要靠孩子的自制力，靠自我监督、自我约束。

父母依据孩子的学习计划，适时提醒、监督落实。计划能否真正落实，这是对孩子志向和毅力的考验，也是对父母耐心、恒心的检验。当然，根据具体情况变化，恰当调整计划，也是必要的，但最终以学习不断进步为立足点。

二、孩子学习的“主阵地”在课堂

课堂学习是师生集体智慧相互传递的场所，是学生快捷获取知识的重要方式。掌握系统的科学知识，把握知识的内在联系和规律性，这些主要是在课堂上老师引导下实现的。

春秋时期，有位楚国人到郑国去卖珍珠，他把珍珠装在匣子里，匣子装饰得很华贵。一个郑国人来到市场，看到装珍珠的匣子很华贵，就买下匣子把珍珠退还给卖者。

这种“买椟还珠”的现象，在孩子们学习中并少见。这些孩子课堂学习不专心，课外做大量作业，忙得团团转；节假日请家教辅导，搞得疲惫不堪，结果学习成绩却不如人意。他们不明白，学习的“主阵地”在课堂。

从古代的私塾开始，课堂教学是中国延续几千年的学习方式。老师课堂所教是系统的学科知识，是人类几千年知识的结晶；老师所讲内容，无论深度还是广度都超过了教材本身；老师的教学方法是凭多年经验，让学生以最少时间最大限度获取知识；课堂学习又是师生集体智慧相互传递的场所，是学生快速获取知识的重要方式。世界各国课堂上课的方式不尽相同，但课堂学习是各国青少年学习知识的主要途径。

课外做作业相对于课堂学习只是辅助方式，是复习、巩固和扩展课堂所学知识的必要手段。若上课不专心，只是关注课外作业，其实是本末倒置。

由于种种原因，孩子出现“拉腿学科”，父母为了帮孩子弥补学科拉腿现象，让孩子到社会辅导班补习的确有一定作用。但课外辅导班只是一种弥补手段，绝不能代替课堂学习。

一些孩子或家长误认为只要上了辅导班，就会有好成绩，这是错误的观念。就好像认为小孩子不吃三餐而靠吃零食才能健康发育一样。掌握系统的科学知识，把握知识的内在联系和规律性，探索各种类型习题的解题规律和技巧，这些主要是在课堂上老师的引导下实现的。

孩子课堂学习不认真，认为上辅导班才能获得好成绩，也是一些学生设法应对父母的“花招”，是为自己不努力学习找的借口。从实际情况来看，上课不专心，而热衷于课外辅导班，考入重点大学的有几人？父母应提醒孩子，务必重视课堂学习，学习的“主阵地”是课堂。

明确课堂学习是“主阵地”，应当提醒孩子怎样做？

做好课前准备

课前将课本、作业本、笔记本、文具准备好，更要紧的是上课就要迅速进入状态，没有进入状态，人脑就不能有效处理各种信息，或处理信息能力会大大减弱，会造成学习效率低下。

身心高度专注

听课时做到专心致志，积极动脑思考。课堂上分心是学习的“大敌”。从生理上讲，只有专注方能激活大脑皮层，只有激活大脑皮层才会有效接受、加工信息，只有真正理解的知识才能转化为自己的知识，加工理解越深刻，记忆越牢固，运用越自如。

勤于动手动脑

标注出老师讲到的重点、难点，记录没有听懂的知识、老师扩展的知识、同学们提出的新学习方法和解题思路。

课堂上主动参与

上课主动回答问题，上讲台展示，动手实验。主动参与者势必大脑时时处于激活状态，能积极思考，善于发现问题、提出问题，学习收获大。

孩子学习的“主阵地”在课堂。父母要细心观察您的孩子是否轻视课堂学习，而只是重视做作业、重视请家教。是否犯了类似“买椟还珠”的错误。

三、怎样引导孩子高效完成作业

父母每天唠叨、督促，只是外在动力，关键是调动孩子学习的内在动力。与其每天唠叨，不如和孩子协商来个“约法三章”，实现孩子自我约束、自我激励。

谈起孩子做作业，一些父母就犯愁：孩子边做作业边摆弄小物件；边写作业边看电视、听音乐；一小时能完成的作业，磨磨蹭蹭两个小时也做不好；到假期就疯玩，临开学了才着急，潦潦草草应付了事；父母提醒，他当“耳旁风”，说多了甩一句“唠叨个没完，烦不烦”。遇到这种情况，哪个父母不愁？是谁谁不着急？

只发愁、光着急无济于事，分析原因，找出办法，才是良策。

孩子做作业出现类似情况，不只是他的过错，主要是因为他们生理、心理尚未完全成熟，导致自我约束力低，缺乏时间观念，是好动、好奇、贪玩等心理特征决定的，也是小学初期没有培养出良好学习习惯决定的。当然也有的孩子对知识一知半解，做作业费力心烦，或者是厌学，无奈的做作业，采取磨蹭敷衍的对策。

面对孩子这种情况怎么办？怎样引导孩子高效完成作业？

调动孩子内在积极性

为了让钟表走动，人们给钟表装上电池或是上好发条，形成钟表走动的内在动力，谁也不会时时用手去拨动钟表的指针促使它走动。孩子的学习也同此理，父母每天唠叨、督促，只是外在动力，关键是调动其内在动力。给孩子讲明学习是自己的事，谁也不能代替，学习成绩好差，将决定他将来的前途，决定他一生的苦乐荣辱。运用名人或周围人的经验教训，让他领悟其中道理。

及时抓住孩子按时高质量完成作业的点滴表现，加以赞扬，父母的肯定和赞扬是孩子调动内在积极性的关键。

实施日常学习制度化

与其每天唠叨，不如和孩子协商好来个“约法三章”，什么时间、多长时间完成课外作业，达到什么程度。孩子按制度做得好就表扬、奖励，若违背制度就惩罚。例如取消周日去动物园的计划，取消周六晚上看电影的安排等，让孩子实现自我约束。

利用自然惩罚的方法

上小学六年级的李伟明与母亲商定每天饭后一个小时内完成作业。一次由于受电视节目的诱惑，时间到作业还没完成，妈妈下令停止不许再做，结果没有完成作业，挨了老师批评。一次教训之后，他再也不敢懈怠了。

上小学四年级的郑澜澜和妈妈商定饭前半小时完成作业。一天，她非要和小朋友去玩跳绳，妈妈就没按时去做饭，等到郑澜澜玩跳绳回来很晚了，妈妈一直等待她回来后再做饭，结果全家很晚才吃饭，原来说好的晚上去看电影的计划也泡汤了，这让郑澜澜深刻吸取了教训。

坚持定期检查制度

为了增强孩子自制力，父母和孩子一起商定定期检查制度。每周末父母坚持检查孩子作业情况：书写规范程度、老师的批改、孩子对错题的更正。每次孩子考试，就让孩子拿出试卷，除看分数外，主要是让孩子说明自己考试的经验，失误的教训，认真仔细、丝毫不含糊。父母切不可凭情绪办事，制度定了，父母和孩子要共同遵守，再忙也要坚持。父母严格，孩子自然不敢懈怠。坚持一学年，孩子就会形成习惯。

不可干扰替代孩子

孩子做作业时，父母不宜在他身边品头论足、指手画脚，那样孩子会无所适从，思维也会受干扰。当然，在孩子遇到困难时，父母要给他必要的启示。

有的父母看到孩子做作业很吃力，怕孩子完不成作业受批评，就直接告诉孩子答案，或是代替孩子做。这不仅使孩子产生对父母的依赖性，更重要的是达不到孩子做作业的目的，一些曾代替孩子做作业的父母，最后都受到孩子成绩一塌糊涂的惩罚。

父母的愿望是实现让孩子高效完成作业的目的，以达到像爱因斯坦所说那样：“学校所规定的作业会被当作一种礼物来接受。”

四、孩子的课外学习与作业

认为课外学习就是做好老师布置的作业，完成作业就有好成绩，这是不妥当的。课外学习包括预习、复习、探讨学习规律、考后总结反思、留心相关知识信息等。

高考成绩公布后，着实让牟玉婷的父母迷惑不解：女儿每天做作业那么认真，为什么高考成绩却那样令人失望？

牟玉婷经过几天苦恼后，静下心来反思考试答题情况，感到那样的分数其实并不冤枉，因为答题中失误太多了，比如：外语试题某 12 分的大题，类似的习题就练习过，出题变换了角度，就不知怎样应对；文综试卷政治部分某大题的材料，来自曾在报纸上普遍登载的一个热点话题，自己却没看过，不了解该热点的背景；语文和数学考试时间安排失当前松后紧，结果几个分值很高的试题，因没时间只能草草收场。牟玉婷把这些失误羞愧地告诉了父母，父母才恍然大悟。

为什么会出现这些失误？问题的原因在哪里？

这些问题的实质是没有处理好课外学习与做作业的关系。一些父母和孩子认为，课外学习就是做好老师布置的作业，完成作业就会有好成绩。从牟玉婷高考失误看出，这种观点是不妥当的。

孩子上中学后，老师布置的课外作业只是课外学习的一部分，要在考试中取得好成绩，孩子课外学习是多方面的。主要包括：

注重课前预习

一些孩子忽视课前预习，导致听课有很大的盲目性，知识重点抓不住，前后知识联系不上，听课效率低。

课后及时复习

任何知识学习后必须及时复习才能加深印象，否则很快就会遗忘，等到考试前再复习就会费时费力且效果差。

探索学习规律

学习规律包括知识自身规律和答题规律。各学科知识都有其内在规律，要从知识的前后联系中、从知识的系统中，研究探索出知识间规律，才能真正把握知识，将知识融会贯通。任何习题都存在着同类习题的一般解答技巧和规律，只有用心探讨，才能掌握做题的规律、技巧和注意事项。

考后总结反思

每次考试后总结经验和教训，查找自己知识的缺陷及解题的失误，找出对策。认真分析时间的安排、答题策略是否合理，实现在考场上的较好发挥。

留心多方知识

利用图书馆等各种条件，广泛留心学习与教材相关的知识，扩大知识面；尽量多了解知识运用的角度；留意他人的学习方法、解题技巧，切实充实自己，提高学业水平。

广泛关注信息

进入初三和高三之后，孩子要学会关注报纸杂志上的升学考试信息和方法指导，要关注时政、重大科技成果、社会热点话题，搜集新的题型、新的出题角度。

牟玉婷只是认真做好作业，但她忽视预习、复习，不善于反思自己的学习情况，知识面狭窄，不认真探讨答题规律和技巧，考试相关信息不明确，高考出现大失误是必然的。孩子课外学习绝非只是完成作业，尽可能地多掌握知识，尽快提高能力才是根本。

五、教孩子探索学习规律

"功到自然成"这句俗语只是说对了一半。不善于探求、利用学习规律，即使学习很用功，成绩也不会优秀。引导孩子探求学习规律，是提升学习效率，提高学习成绩不可忽视的因素。

相传有一年，我国木匠的始祖鲁班接受了建筑一座巨大宫殿的任务。

这座宫殿需要很多木料，鲁班就让徒弟们上山砍伐树木。他的徒弟们用斧头砍伐，做工效率非常低，远远不能满足工程的需要，眼看着工程期限越来越近，这可急坏了鲁班。

鲁班决定亲自上山察看砍伐树木的情况。上山的时候，不注意被山上长的一种野草将手划破了。鲁班很奇怪，一根小草为什么这样锋利？于是他摘下了一片叶子细心观察，发现叶子两边长着许多小细齿，用手轻轻一摸，这些小细齿非常锋利。他明白了，他的手就是被这些小细齿划破的。

后来，鲁班又看到一条大蝗虫在一株草上啃吃叶子，两颗大板牙非常锋利，一开一合，很快就吃下一大片。这同样引起了鲁班的好奇心，他抓住一只蝗虫，仔细观察蝗虫牙齿的结构，发现蝗虫的两颗大板牙上同样排列着许多小细齿，蝗虫正是靠这些小细齿来咬断草叶的。

这两件事给鲁班很大启发，他想，如果把砍伐木头的工具做成细齿状，不是同样会很锋利，砍伐树木不就容易了吗？于是他请铁匠帮助制作带有小细齿的铁片，然后到山上试验。鲁班和徒弟各拉一端，只见他俩一来一往，不一会儿就把树锯断了，又快又省力。锯就这样发明了。

鲁班通过事物的规律发明了锯，实现了快速伐木，保证工程顺利完成。任何事物都有其规律，学习文化知识同样有其规律。善于探求、掌握学习规律，就会事半功倍。

“功到自然成”这句俗语只是说对了一半。不善于探求、利用学习规律，即使学习很用功，成绩也不会优秀。引导孩子探求学习规律，是增进学习效率，提高学习成绩不可忽视的因素。学习有哪些规律？这里提出几条：

从学习上找到快乐

古人总是把学习与吃苦联系起来，“头悬梁、锥刺骨”“书山有路勤为径，学海无涯苦作舟”，提倡奋斗精神是可取的，但学习的最高境界，并不是感到学习在吃苦。古今成大才者，其成功的原因是在学习上找到了快乐。他们认为学习是快乐的，把学习与快乐连在一起。学习让人获得知识，满足了好奇心、求知欲；学习能开阔眼界、提高能力使人获得成就感；努力学习得到赞誉，满足了自尊心，因此学习变得快乐。

快乐情绪让人身体舒畅，让大脑处于兴奋状态。在学习中找到快乐的人，一进入学习状态大脑就会兴奋，迅速激活相关信息，会学得高效，乐此不疲。

善于加工消化知识

学习课本中的概念、原理、公式，需要对概念加工消化，实现真正的掌握。这里主要提出解剖法、例证法、比较法三种加工消化方法。

解剖法。将概念、原理、公式，按其语法或是符号、数字构成，分解为几部分加以剖析，理解其含义，而后进行综合，实现对其准确把握。

例证法。用具体直观的相关事例，理解加工抽象概念、原理、公式。例如，学习数学立体几何，可以用房屋和桥梁的结构来理解，这样变抽象为具体，也便于掌握抽象知识。

比较法。将相反、相近的概念、原理、公式进行比较、界定，找出其区别、共同点及易混处，掌握了一个就掌握了另一个。例如，物质失去电子的作用叫氧化，反之，物质得到电子的作用叫还原。

重复深思把握知识

众多知识要靠理解把握的，死记硬背是不可取的。常言道“重复是学习的母亲”，其实“深思是学习的父亲”，新学知识要靠多次重复、深入思考才能转化为自己的知识并灵活运用。没有重复就不会有深刻印记，没有深入思考就不会转化为自己的知识。父母要引导孩子学过新知识后及时复习、深入思考，将书本知识转化为自己的知识。

整体系统掌握知识

新知识学习后，按知识的系统从整体上梳理清楚，分清整体上分为几大部分，各部分都有哪些知识点，明确知识点之间的联系。整体梳理清楚，既便于理解把握知识，又便于提取应用知识。知识梳理还能发现自己掌握知识有无遗漏内容，以便查漏补缺。

抓住知识内在联系

知识间内在联系，课本上没有直接体现出来，就需要孩子通过深入思考来把握理解，如，高中《政治生活》中国家、民主、政党、民族、国际关系之间的内在联系。知识间的内在联系，是中考、高考考查的重要内容。

分辨易混淆知识

各学科中都存在易混淆知识，这些易混淆知识往往是学习的难点，又是多年升学考试中最易出题考查的内容。

比如，相近字的混淆。戊、戌、戎、戍四个字；己、巳、已三个字，这些字之间经常错用。

又如，概念的混淆。物理知识中压力和重力，热量和热比；化学知识中点燃、燃烧与加热，加热、高温与煅烧；地理知识中寒流与寒潮，荒漠与沙漠。要对其认真比较，严格分清区别。概念明确、印象深刻自然不会错用。

从个别中找出一般

任何具体习题中，都包含解答同类习题的共同之处，父母引导孩子注重从解答具体习题中，找出解答同类型习题的一般技巧、规律、注意事项。学会举一反三，正确迁移，灵活变通。做题正确固然重要，更重要的是探求解题规律性和方法技巧。

六、孩子高效学习的原则

萧伯纳提出：“世界上只有两种物质：高效率和低效率；世界上只有两种人：高效率的人和低效率的人。”

期盼孩子身心健康、成绩优秀，是每一位父母的心愿。怎样让孩子实现两者统一？诺贝尔文学奖获得者、英国现代杰出的现实主义戏剧作家萧伯纳提出："世界上只有两种物质：高效率和低效率；世界上只有两种人：高效率的人和低效率的人。"考入北大、清华等名校的孩子，他们并非学得苦累不堪，关键是他们会学，学得高效。

总结考入名校孩子的经验，提出一些高效学习的原则，希望能为您引导孩子高效学习助一臂之力。

相信自己的原则

每个人的大脑都拥有同天才一样的脑容量，每个人都具有成为天才的潜能。坚定的自信心是开发大脑潜能的重要条件。自信是事业成功的前提和基础，自信能坚定意志，调动自身的能力，实现高效学习。父母时刻告诉孩子，自己是一个有能力的学习者。

主动学习的原则

成为一位主动的知识探求者，才能调动大脑的潜能。一心向学，处处留心，只要认为应当掌握的，就毫不犹豫地认真学；听到或读到任何有用信息，大脑就立刻对这些信息进行处理，让这些信息成为自己知识的一部分，如此才能获取比他人更多的知识。

身心投入的原则

大脑是在激活的状态下加工处理信息的，大脑激活的越快、激活程度越高，对信息的处理越高效。学习只有全身心投入，才能快速激活大脑中储存的相关信息，才能反应敏捷、思路畅通，加工处理信息才能快速准确。

充分准备的原则

学习是普通还是出色，取决于学习前准备的质量。准备是学习技巧中最有价值的一部分。准备既有物质准备又有精神准备，主要的还是精神准备。精神准备包括：精神放松没有过度的兴奋，也没有焦虑和不安；对完成学习任务充满信心；迅速从其他活动中转移到要学的内容上来。充分准备能对大脑进行预热并快速进入学习状态，尽快激活大脑相关信息。

认真求实的原则

父母要提醒孩子，无论是读书、听课还是做题，都要坚持认真求实。书没读懂重新读，吃透书中知识；听课没理解重新钻研，将书本知识转化成自己的知识；做题深入思考、理清思路、严格规范，用心探讨答题的要领、规律。认真求实，贵在自我严格要求。

分清轻重的原则

当学习内容多、任务大时，要分清轻重缓急，理出先后顺序，保证主要和最急迫任务的完成，先抓主要任务，坚持统筹兼顾。设置一个学习计划时间表，按照任务量大小和内容的急缓程度合理运用时间，在众多任务面前就掌握了主动权，既防止了盲目乱抓浪费时间，又保证了有条不紊的完成任务。

严格自律的原则

自律和自控是无可替代的。相对于自律和自控来说，学习技巧是第二位的。如果孩子自己具有较强的自律、自控能力，就能战胜困难、排除干扰，实现既定目标。不良学习习惯、不当的欲望，是学习中最大的拦路虎。用自律、自控能力去战胜拦路虎，自己就是实现理想的成功者，否则只能是望洋兴叹的失败者。

取人之长的原则

古今中外一切成功者都是虚心学习者，向老师、同学学习，从影视、报刊、网络中学习。取人之长补己之短，不仅是他人的学问、他人的经验，他人的优秀语言都要学。虚怀若谷、虚心好学，自己的知识、才干、经验才会时时长进。

持之以恒的原则

“滴水穿石”是人生的真理。要取得成功就得有“滴水穿石”的精神。

坚持比才能、天赋更重要，没有坚持，所谓的才能、天赋就没有实际意义。世上众多事情都是“始者众多，终者盖寡”。有成就者凤毛麟角，就在于能持之以恒者甚少。知识学习拼得就是一股耐力、一种毅力、一种持之以恒的精神。

劳逸结合的原则

大脑长时间连续工作会形成疲劳，长期疲劳就会效率低下，甚至会致病。父母需警示孩子坚持劳逸结合，学习累了到室外活动活动放松身心，或进行体育锻炼，或做做家务劳动，或放松玩耍。学就学得专心，玩就玩得痛快，使大脑始终处于良好运作状态。

七、用功＋用心才会有好成绩

> 知识的规律性、知识间的内在联系、解答习题的方法技巧、学习时间学习精力的安排、考试的经验策略等，必须由孩子自己用心、再用心去思考研究，这是学习能动性的表现。

每年高考分数下来，一些考生看着可怜的分数心如刀绞。这些孩子平时学习用功、刻苦，为什么高考成绩却是如此不如人意？这个疑惑困扰着众多学生，也困惑着家长。其根本原因是，这些孩子没有悟出这样一个道理：用功≠用心，用功＋用心才会有好成绩。

也许有人会问：什么叫用心？孩子学习不就是多下功夫吗？其实不然，用功不等于用心。

一些孩子做了大量课内练习和课外作业，但他只考虑完成老师交给的任务，只看老师的批语和更正答案，到底为什么会出现错误，他是不关心的，认为这不是学习任务。每次考试结束，他关注的是分数，分数高就兴奋，分数低就沮丧，为什么会丢分，他是不在意的，这就是学习只用功不用心的典型表现。

为什么学习要用心？这是因为，高中学习不同于小学、初中，知识本身更深刻，能力要求更高，知识的规律性和内在联系更加强，解答习题的能力要求更高。而知识的规律性、知识间的内在联系、解答习题的方法技巧，主要不是老师教会的，而是靠自己用心探讨、总结的。另外，高中阶段学习课程大量增加，孩子学习时间和精力都是有限的，这就要求必须用心分析思考，如何科学调控时间和精力，达到高效学习的目的。

知识的规律性，知识间的内在联系，解答习题的方法技巧，学习时间、学习精力的安排，考试的经验策略，必须由孩子自己用心、再用心去思考研究，这是学习能动性的表现。

那些只满足于认真完成作业，只知用功的孩子，是不可能做好这些的。这就是为什么只知用功不知用心，高考分数不如人意的根本原因。

父母怎样引导孩子学习用心？有以下几点建议：

学新知识要用心

父母需教导孩子学新知识要用心加工消化，没有深入加工消化，就不可能转化成自己的知识，更不可能运用自如。为什么一些孩子上课听懂了，一到做题就束手无策？为什么阶段考试能得较好成绩，到综合考试时分数却是十分不如意？其关键是知识没有真正理解消化、融会贯通。

探求技巧要用心

要做到高效、准确答题需掌握解题规律和方法技巧，这些单凭老师教是不够的，只有自己在解答习题实践中多探索多领悟才会掌握。探索的方法就是从解答具体的习题中，找出解答同类习题的一般规律来。答题不仅是得出正确答案，更重要的是从解答习题中找出答题的技巧和规律性，并进行有效迁移。

善于总结要用心

为什么几次做题都犯同样的错误？为什么试题稍有变化就出错？关键是不善于用心总结。当作业出现错误时，当考试出现失误时，都要善于用心总结。通过总结分析出失误的原因和解决问题的措施；通过总结找出经验和方法，以实现不断提高。

学会考试要用心

为什么有的孩子平时成绩一般，升学考试时却成为“一匹黑马”；为什么一些孩子平时成绩很好，升学考试成绩却十分不如意？这就是考场发挥问题，也是是否会考试的问题。孩子平时考试切不可只看分数，关键是要从每次考试中，用心找出考试的技巧、方法，总结出答题顺序、时间安排、心理准备、应对意外等经验来，这样才能实现更好地考场发挥。

勤于反思要用心

从知识学习上，要勤于反思各学科有哪些不足，应当怎样去安排各学科的学习；从学习方法上，要勤于反思自己学习方法是否对路，怎样采用更科学的方法；从思维方法上，要勤于反思理解知识方法是否得当，答题思路是否对头，能否扩展新的思路。勤于反思，及时查找学习中的不足，适时调控自己的学习进度，才会实现学习的高效率。

只知用功不知用心学习的孩子，学习知识一知半解；答题不懂得探讨规律；经验教训不能有效吸取；考试没有掌握方法要领；各学科学习盲目乱抓；学习方法不能改进；即使他再用功，考试分数也不会理想。

孩子学习，不用功固然不可取，只用功不用心也不行，只有用功＋用心才会有好成绩。

八、注重孩子非智力因素培养

一个智力水平较高的人，如若他的非智力因素没有得到很好的发展，往往不会有太多的成就。相反，一个智力水平一般的人，如果他的非智力因素得到很好的发展，就可能在事业上的取得成功，做出较大的贡献。

陈子亮自幼聪明伶俐人见人爱，大家都说他将来一定是个人才。可上学后，他爸妈谈起他的学习却是一脸愁容。

别看陈子亮聪明伶俐，学习起来却是一身的懒筋惰肉：上课无精打采；做作业敷衍“磨洋工”；雨雪天他说路不好走就旷课；学习遇到困难就“绕道走”；语文考试得个 52 分，他妈问他怎么回事，他理直气壮地说：“还有比我分数更低的哩。”

临近中考时，他爸妈心急火燎，他却不当回事，真是“皇帝不急太监急”。

类似陈子亮的情况不少，这些孩子成绩差，并非是智商低，而是他们非智力因素发展，压抑了他们的聪明才智。

什么是非智力因素？非智力因素是指自信心、意志力、自制力、兴趣、抱负、需要、情感、性格、动机、耐力、习惯、适应能力、世界观等。

一个智力水平较高的人，如若他的非智力因素没有得到很好的发展，往往不会有太多的成就。相反，一个智力水平一般的人，如果他的非智力因素得到很好的发展，就可能在事业上取得成功，做出较大的贡献。

我国著名数学家张广厚，在小学、中学读书时智力水平并不出众，他的成功与良好的非智力因素有关。他曾说：“搞数学不需太聪明，中等天分就可以，主要是毅力和钻劲。”爱因斯坦也曾说：“成功 = 智力因素 + 非智力因素”。

我国科技大学少年班学生程新，21 岁被爱因斯坦的母校——瑞士苏黎世联邦工业大学录取为研究生，其母亲在讲述他成长经验时说：“若用一句话回答程新怎样成才的，那就是志气和毅力。”

为什么非智力因素如此重要？这是由非智力因素的作用决定的。

动力作用

非智力因素中抱负、需要、情感、态度，体现了一个人的向往和追求，在向往和追求的驱动下，孩子学习积极性才高，求知欲才旺盛，注意力才会更集中，自制力也更强，智力才能得到较好发挥。

定向作用

非智力因素中的兴趣、动机、目标，引导孩子把精力和注意力集中于学习活动中，全身心投入，克服干扰，并为之不懈努力，以取得优秀成绩。

巩固作用

非智力因素中的信心、自制力、意志、耐力，使孩子保持勤奋向上的精神状态和战胜困难刻苦学习的积极性。

弥补作用

俗话说“勤能补拙”。众多科学家的智商并不是很高，然而，他们在造福人类的人生目标引导下勤奋努力、不懈奋斗，为人类发展做出了杰出的贡献。

如何培养孩子非智力因素？

高度自信心的培养

自信是成就任何事业的前提和基础。培养自信心主要靠父母鼓励孩子独立去做事，在他有困难时给予必要帮助。创造条件让孩子通过努力获得成功，让他体验到成功的乐趣，看到自己的能力，认识到自己的本领，从而树立自信心。

浓厚兴趣的培养

有人总结世界上数百名诺贝尔奖获得者的成功因素，得出其中之一就是他们对所研究的科学事业有浓厚的兴趣。带孩子参观博物馆、科技馆，阅读科技书籍，以直观、生动、鲜活的物品、图片，引导孩子形成学习兴趣。细心观察发现孩子某方面的兴趣爱好，并利用直接兴趣培养间接兴趣。

坚强意志力培养

如果把成功比作大厦，那么顽强的意志、坚韧不拔的毅力，就是成功的柱石。原子说创造者道尔顿说：“如果我有什么成绩的话，那不是我有才能的结果，而是勤奋和毅力的结果。”多给孩子讲述名人故事，如居里夫人在极端艰苦的条件下研究镭的事迹；张海迪与疾病做斗争顽强学习的事迹。以名言警句激励孩子。利用登山、走远路方式磨炼孩子意志力。有的父母让孩子握冰并计算时间来培养其意志力。

心理素质的培养

心理素质是在外界压力下身心逐步适应来提高的，好比阿拉伯人长期适应在50度高温的沙漠上自由行走一样。让孩子适当经受一些挫折、失败、委屈，逐步提高孩子的承受能力。孩子有进步就充分肯定，引导他从中获得感悟。

优秀性格的培养

爱因斯坦说：“优秀的性格和钢铁般的意志，比智慧和博学更重要，智力的成熟很大程度上是依靠性格的，这点往往超出人们通常的认识。”父母是孩子模仿的榜样，父母的言谈举止都会为孩子性格发展打下深刻烙印。父母应以身作则，以良好的性格影响孩子。父母对孩子既严格又民主的教养方式，易让孩子形成热情、活泼、独立、自信、开朗的性格。当孩子出现优秀性格表现时，父母要及时充分肯定加以强化，促进优秀性格的形成。

九、智商、情商与学习成绩

人们在对智商和情商的研究中，得到两个数字：一个人的成功，智商因素占20%，情商因素占80%。

曾国藩是中国近代史上有重要影响的人物。然而他小时候的天赋却不高。

一天，他在家读书，有一篇文章重复了不知多少遍还在朗读，因为他还没有背下来。这时候他家来了一个贼，潜伏在他的屋檐下，希望等他睡觉之后捞点好处。可是等啊等啊，就是不见他睡觉，他还是翻来覆去地读那篇文章。等到最后，连那个贼都背诵下来了，曾国藩还在背。那个贼大怒，跳出来说："这种水平读什么书"然后那贼人将文章背诵一遍，扬长而去。

那个贼人的智商显然比曾国藩高，但他也只是令人厌恶的贼，而曾国藩却成为被世人钦佩的历史人物，其根本原因就是曾国藩的情商是贼人所望尘莫及的。人之所以成才，智商固然重要，但情商更不可小视。

周新和崔健从小是好朋友，又是邻居，两人从小学到高中都是同学。周新自小聪明伶俐，特别讨人喜欢，他的父母十分关注孩子的早期智力开发，他上小学前就能认识上千个汉字，能背诵几十首唐诗，邻居们都说，周新今后一定能考入全国名校。

崔健看上去并不聪明，他的父母都是工人，没有时间，也没有能力让孩子上早期智力开发班，邻居们都没看好崔健。

进入中学后，学校的管理不同于小学。这种环境下，周新自恃聪明，学习就不那么专心了，老师要求严格他就认真学，否则就应付了事。进入高三复习阶段，大容量的综合复习，让每个学生都感到吃力，周新也不例外，他经受不了辛苦和劳累，就偷懒敷衍，成绩一天不如一天。父母看在眼里，急在心里，催促他抓紧时间学。"反正我能考上大学"，这就是周新给父母的答复。

崔健自知大脑反应不如周新快，他看到父母每天辛辛苦苦上班、忙家务，为了供自己上学省吃俭用，便暗暗下决心，要以自己的好成绩来报答父母。进入中学后，他学习特别专心，不受任何外界环境的影响，并且十分主动、勤奋。

高三复习面临大容量的综合练习，崔健记住了数学家华罗庚的告诫"勤能补拙是良训，一分辛苦一分才"。他下功夫研究高考大纲和考试说明，努力探求知识的规律和解题方法，根据实际统筹安排时间，争取高效复习。夏日蚊虫叮咬他没当回事，过春节他独自静心遨游在知识的海洋。

父母心疼地嘱咐他别累坏了，“我年轻没问题”，这是崔健给父母的回答。

高考结果，着实令邻居们费解，周新只考入一个低档次的二本大学，而崔健被北京一所名牌大学录取。

据《妇女生活》杂志报道，杨璐在四岁便荣获“故事大王”称号，五岁时开始创作童话和寓言，并在报刊上发表。不满五岁已上小学，并被授予“中国勤学好儿童”的称号，进入中学后还是奥数冠军。母亲刘颖以此为荣。

杨璐的父母高度重视对孩子智商的培育，却忽视了女儿情商的教养，造成了他们噩梦一样的悲剧：2012 年 4 月的一天早晨，情商低经不起挫折打击的杨璐，留下一封遗书出走，离家后试图自杀，多亏民警帮助，才保住了一条命。

为什么高智商的周新，高考成绩远远落后于崔健？关键是周新远不及崔健情商高。为什么成绩优异的杨璐因为一点挫折走上自杀的道路？这也是她情商低的表现。

什么是智商？智商主要是指一个人具有的数字、空间、逻辑、词汇、创造、记忆等能力。智商主要反映人的认知能力、思维能力、观察能力、计算能力等，是人的理性能力。

通常而言，正常儿童的智商在 70 ~ 130，约占儿童总数的 95%；智商在 70 以下的称为智障儿童，约占儿童总数的 2%；智商在 130 ~ 140 的称为超常儿童，约占儿童总数的 2%；智商在 140 以上的就是人们常说的神童，约占儿童总数的 0. 5%。

什么是情商？就是指一个人在情绪、意志、同理心、自制力、耐受挫折、自我激励、人际关系驾驭等方面的品质和能力。

人们在对智商和情商的研究中，得到两个数字：一个人的成功，智商因素占 20%，情商因素占 80%。

从当代中小学生的学习情况来看，孩子们成绩优劣，主要因素不是智商而是情商高低，是孩子们情绪、自制、意志、抗挫折能力高低，或者说，是孩子的非智力因素高低。

一些智力高的孩子，他们缺少理想和追求，经不起网络和灯红酒绿的诱惑，意志力差，学习不专心，经不起挫折，行为懒散，这就是他们学习成绩一塌糊涂的根源。

十、重视孩子的感觉学习

必须重视孩子的感觉学习，这是促进其学习与发展的重要方面。这种感觉学习不但是知觉的基础，是思维能力发展的基础，更是智力发展的基础。

人们常看到，一些儿时好动、顽皮的孩子，长大后很出色，正如北方俗语所说“费小子是好的，叼丫头是巧的”。为什么会如此？这与孩子丰富的感觉积累密不可分。也就是说，他们很善于感觉学习。那么，什么是感觉学习？

感觉学习是人体通过视觉、嗅觉、味觉、触觉、平行觉、本体觉等感觉接受来自外环境，包括自身（内环境）的信息，由传入神经输入脑干网膜系统进行过筛，进一步传达至大脑，大脑对信息进行加工、分析，向效应器（机体）发出指令，机体的器官或组织做出有效的反应的过程。

人的感官有外感官和内感官，眼睛、耳朵、舌头、鼻子、皮肤为外感官，内视觉、内听觉、内感觉为内感官。内视觉就是在大脑里看到；内听觉就是内心听到；内感觉包括内心找到气味、味道、冷热、粗滑等的记忆，包括自身感觉、空间感觉和内心感受等。

感觉学习是通过视觉、听觉、味觉、嗅觉、触觉，去看、听、尝、闻、感触认识事物，这些通过感官得到的感性认识，是学习抽象理论知识的前提条件，一些孩子学习之所以吃力，并非其智商不佳，而是他感性认识积累太少，以至于不能理解书本知识。

除了外感官学习，就是内感官学习，即通过内视觉、内听觉、内感觉去学习。任何学习，没有这些内感官的参与，即没有对外部感觉的回忆、想象、过滤、整理，他是不可能真正学会抽象知识的。

感觉学习最重要的一方面，就是去亲身感悟、体验、感受、领略。这一过程是任何人也无法替代的，是深刻认识事物、增长经验、增进才干所必需的，也是孩子成长所必要的。

初中生柳志文，进入初中后数学成绩一直不佳，心里很苦恼。爸爸看到这种情况，指点他在数学学习中细心感悟，找出学数学的感觉，经过一个阶段的努力，他的数学成绩有了显著的进步，他高兴地告诉爸爸："谢谢您，我找到学数学的感觉了。"

杜梦婷平时学习很努力，就是考试成绩总是不理想，她妈妈提醒她，认真去反思、感悟，去找到考试的感觉。逐步地，她考试成绩越来越好，期末考试后，她把成绩单给妈妈看，妈妈兴奋地拍拍孩子的肩膀，"到底是找到了考试的感觉。"

身体是人类学习能力的"根"，"根"不牢固，则一切学习皆成虚幻。而视觉、听觉、嗅觉、味觉、触觉及平衡感六种感觉则是身体向外探索的"门"。它们决定着人的大脑、神经系统及各个感官互动、协调的程度。人的大脑功能分化及神经系统，正是在这些感觉基础上逐渐发展起来的。

因此，必须重视孩子的感觉学习，这是促进其学习与发展的根本基础。这种感觉学习不但是知觉的基础，是思维能力发展的基础，更是个体智力发展的基础。

现今的孩子一进学校，就被汉语拼音、汉字、阿拉伯数字，这三套符号系统包围着。符号学习是必要的，但符号学习并不能标出人对事物的认识和理解，好多东西是无法用数字标出，甚至用语言也是说不清的。比如说考试之前的心理状态，没有人能够用符号精确地表达出来，即使是使用语言，也只能是一种感觉。"还可以""把握不大"，虽然这种状态对考试影响非常大，但谁也无法通过符号学习去调整，只能靠感觉调整。

父母要重视孩子的感觉学习，引导孩子多用外感官去感受外界事物，尽量增加感性认识，为理解理论知识提供支撑；多用内感官去回忆、想象、过滤、筛选感性认识，更好地加工消化理论知识。在重视符号学习的同时重视感觉学习，让您的孩子在学习生活中，不断提高能力、增长才智，您的孩子就会如虎添翼，成为学习的佼佼者。

十一、孩子成绩是倒数几名还有希望吗

无论是什么原因造成了孩子学习成绩是倒数几名；孩子有无希望成才；关键在于父母的教育引导方式。“孩子的命运掌握在父母手里”，这是真理。

一位年轻的母亲，千方百计地找到了日本著名的教育家铃木镇一，跟他说：“你认为所有的孩子都是小提琴家，而我的孩子已经练了几年了，也没有长进，你若能把他教好，我就服了你。”

铃木跟着那位母亲到了她家，那孩子只有五六岁。母亲让孩子把小提琴拿出来，演奏一段给铃木听。男孩一看是铃木大师来了，心中发慌，吱吱呀呀拉了一段，比青蛙叫好不到哪里去，还不如平常的水平。

母亲拉长了脸。谁知铃木像发现新大陆似的，一把搂住孩子说：“你拉得太好了，太动听了，你再拉一段给我听听。”

孩子激动的脸都红了，接着又拉了一段，比第一段好一些。母亲在一边看得目瞪口呆。

拉完了，铃木又是鼓掌又是表扬。待铃木要走的时候，孩子已完全沉浸在自己是小提琴神童的感觉里了。母亲送走铃木的时候，说：“铃木先生，我真的不懂，你怎么能在孩子面前说假话呢？明明是我儿子拉得那么难听，你还夸奖他？”

铃木回答道：“你要知道你孩子的心灵已经受伤了，我是在治他的心病。你有没有发现，我第一次夸奖他时，他的眼睛一亮，这说明孩子受到震动，心灵开始转变了，感觉找到了。”

后来，铃木专门辅导这个孩子。不到两年，这个孩子就举办了独奏音乐会。

不是聪明的孩子要夸奖，而是夸奖使孩子更聪明。在适当的时机，适当的场合，可以无中生有、小题大做、无限夸张，以唤起孩子的自信心。

像上文中孩子的母亲一样，许多学习成绩倒数几名的孩子，父母为其学习不知操了多少心。孩子成为倒数几名还有希望吗？答案是肯定的。

孩子在校学习，多种原因都可能使孩子成为倒数几名：新入学不适应；学习不专心，不用功；厌学，应付敷衍；生病耽误了学习；学习方法不对头；新转学不适应；学习障碍等。

其实，各班级孩子成绩总会有前有后。不同层次学校不同班级，倒数几名也是大不一样的，北京四中学生班级最后一二名，比有的学校的班级前一二名还要好。

无论是什么原因，造成了孩子学习成绩是倒数几名，孩子有无希望，关键在于父母的教育引导方式。“孩子的命运掌握在父母手里”，这是真理。爱因斯坦说过：“孩子生来就是天才，但往往在他们求知的岁月中，错误的教育方法扼杀了他们的天才。”

父母想把孩子培养成什么样的人，就把孩子看成您所希望的样子，用正确的教育方式一步步把孩子塑造成才。因为父母说的每一句话，都会在孩子心里留下印痕，孩子都会把它看得很重要，并且一步一步往父母所希望的方向要求自己。

面对孩子是倒数几名，父母怎样“扭转乾坤”？

接纳孩子、尊重孩子

犹太民族是世界上家庭教育最成功的民族。犹太人家教制胜之道就是接纳孩子、尊重孩子。

无论是何种原因使孩子成为差生，父母都要接纳他、理解他，从父母的目光里、语言中、神情上暗示他，他是好孩子，父母信任他。从行动上多发现孩子的进步、长处。让他感受到父母对他的爱和信任，这对孩子进步起着基础性作用。

支持孩子、鼓励孩子

自尊、好强、好胜是孩子的天性。由于某些原因，孩子成绩落后了，他一次次努力后仍未得到提高，这时，孩子会处于消极的心理状态。孩子会放弃各种努力，采取消极方式应对父母的批评。这就是心理学上提出的“习得性无助”。“习得性无助”的孩子，其天性受到压抑和摧残。

这种情况下，父母的支持和鼓励尤为重要。父母要设法促其成功，让孩子看到希望，看到自己的能力和本领。

面对期中考试班内最后一名的女儿，钱玉琳的妈妈没有唠叨，没有埋怨，而是告诉女儿：“家长会上，老师说你很有能力，只是没有发挥出来，我相信我女儿是很棒的。”妈妈的鼓励让女儿看到了希望，她下决心努力学习，经过一番拼搏，期末考试钱玉琳前进了18名。

指导孩子、帮助孩子

学习方法不对头，或是有疑问不敢请教，或是知识不理解又不能深入思考等，都是制约孩子进步的原因。孩子毕竟不像成人一样成熟，许多事不知如何妥善处置，这就需要父母给予具体指导，如教给学习方法，教会总结反思，教会学习中找规律，帮助孩子求得老师帮助，帮助孩子减轻思想负担，对孩子的学习障碍进行有针对性的训练等。

“条条大路通罗马”，这句话对孩子发展来说也是非常恰当的。孩子文化成绩不佳也可另辟蹊径，可以向体育、音乐、舞蹈、象棋、机器人设计等方面发展。“天生我才必有用”，父母要多动脑，指导孩子扬长避短，让孩子的才能更好地发挥出来。

十二、请家教的利弊

> 是否需要请家教、进辅导班，应当从孩子的实际出发，从孩子的意愿出发，从有利于促进孩子学习出发。盲目跟风，既浪费了钱财，又对孩子学习起不到积极作用。

迎合望子成龙心理，各种名目的家教、辅导班应运而生。请家教、进辅导班似乎成为一种时尚。要不要给孩子请家教、要不要让孩子进辅导班，这成为众多父母费心考虑的事。

孩子要不要请家教、进辅导班？还是从家教和辅导班盛行的原因谈起。

升学的压力，驱使一些父母给孩子请家教，送孩子进辅导班，以图孩子有好成绩，促成了课外辅导行业的兴起；一些大学毕业无法如愿就业的学子，只好暂时找一个谋生的方式；在校大学生、研究生作为实习的方式，在节假日从事家教，也可获得一些经济收入；办家教、辅导班不菲收入的诱惑，让一些在业或退休教师找到一条生财之道。

那么，给孩子请家教、让孩子进辅导班，到底有利还是有弊？

客观上讲，在孩子学习中，某学科成为制约总体成绩的“拉腿课”时，请家教或进辅导班进行补救是可取的；由于转学、生病等原因，某学科知识内容衔接不上，请家教或进辅导班也是行之有效的；参加奥数或其他竞赛，进辅导班得到指点，有益于获得好成绩；学校没有开设，而孩子又感兴趣的音乐、美术、舞蹈、书法、琴棋、武术等，进辅导班学习，发挥孩子的特长，有利于孩子发展。

请家教、进辅导班，老师面对的人数少或是一对一指导，是有针对性授课，教给孩子的学习方法，对于弥补孩子的知识缺陷，提高孩子学习自信心，有不可否认的作用。

但是，若只看到请家教、进辅导班带来的效果，就盲目跟风，认为只要请了家教、进了辅导班，孩子就可以成绩优秀，就可以考上重点中学或大学，那是不现实的。没有具体分析孩子的实际情况，将请家教、进辅导班绝对化，带来的就不是收获，而是苦果。

请家教、进辅导班不是万能的，绝非是“灵丹妙药”，盲目跟风，只能是有害无益。

课堂教学，是教师按知识内在规律和学生学习规律进行系统教学，而家教、辅导班只是部分知识补充。学生学习的“主餐”在课堂，请家教、进辅导班毕竟只是“吃零食”。如果忽视“主餐”靠“吃零食”，想让孩子身体强壮是不可能的。也就是说，孩子忽视学校课堂学习，靠请家教、进辅导班，要培养出优秀生是不现实的。

由于跟风，一些父母过于看重给孩子请家教、进辅导班，认为是孩子快速提高成绩的捷径；认为别人家孩子这样做了自己不这样做，就会吃亏、受损失；认为花了钱为孩子创造好的外界条件，孩子成绩就自然会好。在跟风影响下，一些孩子也认为请家教、进辅导班，就会自然而然成为学习的高才生。有的孩子成绩不佳，不怪个人不努力，反倒埋怨家长没让进辅导班。

高中生张睿看起来聪明伶俐，但就是上课不注意听讲，作业敷衍，班主任找他谈话，提出他即使再聪明，长此以往也不会有好成绩。班主任问张睿为什么那样做时，他毫不在乎地回答说："我在家请着家教哩，我会有好成绩的。"学校开家长会，班主任把张睿的情况反映给他妈妈，没料到他妈妈撂给班主任一句话："张睿在家请着三个家教，老师你就放心吧。"

尽管老师们多次提醒教育，张睿仍然我行我素，学习不努力，不肯下功夫。高中三年后，在可怜的高考分数面前，张睿母子俩才傻了眼，高中入学和他同等水平的同学，高考成绩都进入一本或二本线，而他却刚够调档线，只有 345 分。

张睿的事例绝非个别，在请家教、进辅导班之风影响下，一些孩子在学校学习马马虎虎、毫不在意，企图通过请家教、进辅导班来获得好成绩，考入好学校。岂不知这种错误认识害了多少人。

再者，孩子本来在学校学习紧张，周日家长再跟风让孩子进辅导班，无怪乎有的学生提出"我知道家长让我进辅导班是为我好，可上学有写不完的作业，节假日还要参加辅导班，给我一点属于我的时间好吗?"有的孩子在校萎靡不振，上课时无精打采，恐怕也跟孩子学习疲惫不堪有关吧。

为了孩子学习，请家教、进辅导班无可非议。问题是要具体分析孩子学习的实际情况，是否需要请家教、进辅导班。如若是孩子自己不努力或是孩子认为没有必要，切不可盲目跟风。若是孩子错误认为请家教、进辅导班，自己不努力也会有好成绩，或是请家教、进辅导班成为孩子的负担，导致孩子疲惫不堪，反而影响学习。

是否需要请家教、进辅导班，应当从孩子的实际出发，从孩子的意愿出发，从有利于促进孩子学习出发。盲目跟风，既浪费了钱财，又对孩子学习起不到积极作用，那可是"赔了夫人又折兵"。

第五章
关注孩子心理健康的途径

学习是复杂的智力活动，心理状态在学习中至关重要。能否保持孩子心理健康、乐观向上的精神状态，是能否保证高效学习的重要因素。孩子处于成长时期，面对学习中从未遇到的新情况，出现影响心理健康的问题是难免的。怎样保持孩子心理健康、乐观向上，以实现其专心致志地学习，是父母务必要关注和解决的。

一、教子要紧紧抓住“根”

澳大利亚一位教育家提出：“如果一个生命的根出了问题，那么所有这些都不必谈了。在早期教育中，任何一个孩子都可能是这个世界的一个亮点，也可能是这个世界的一个暗点，他可能成为对这个世界有价值、有贡献的人，也可能成为这个世界的罪人。关键在于生命之根的教育。”

2011 年 6 月《生活报》报道：大学毕业后在哈尔滨某银行工作，且正在北京某高校就读在职研究生的李竹，与朋友合伙开办了一家美容院。因资金紧张，李竹向母亲借了 120 万元。由于经营不利不能及时还款，母亲催还款催得紧，母女俩关系变得紧张。2011 年 6 月 4 日，李竹通过制造种种假象，用轿车将母亲撞死。她残忍地杀害自己亲生母亲，被缉拿前还整天如同“没事儿人”一样。母亲辛辛苦苦把女儿拉扯大，自己却落到如此悲惨下场。

2007 年 9 月《三秦都市报》报道：出生于陕西省勉县，就读湖南省湘潭大学金融专业 2007 级的研究生杨怀保，从少年时代起，就身担学子和孝子两重角色。父亲残疾，母亲重病，他既要搞好学习，又要照顾伤病的父母及刚入学的小弟。为便于照料父母起居，大学二年级时，杨怀保将父母和小弟从勉县带到湖南省湘潭市。上学要花钱，全家要吃饭，面对一家人的吃住花销，他在读书之余，不停地找工作，最忙时同时兼 7 份职，每天如陀螺一般，不敢有半刻停顿。2007 年他获得“全国道德模范之全国十大孝老爱亲模范”的殊荣。

同是在读研究生，又同是 80 后，为什么李竹、杨怀保的人生却有如此天壤之别?

澳大利亚一位教育家提出：“如果一个生命的根出了问题，那么所有这些都不必谈了。在早期教育中，任何一个孩子都可能是这个世界的一个亮点，也可能是这个世界的一个暗点，他可能成为对这个世界有价值、有贡献的人，也可能成为对这个世界的罪人。关键在于生命之根的教育。”

有人提出，假如把孩子比做一棵树的话，树冠是孩子的智力，代表着孩子头脑中所学到的知识和学会的技能。树干是孩子的身体，只要家长按正常的生活方式给孩子以物质营养，就会按自然规律成长。而树根是孩子的心灵，代表着孩子心灵的发育成长，是孩子的生命之根。如果树根出了问题，树冠也就无法枝繁叶茂，树干也无法长成参天大树。

望子成才是每个父母的心愿，众多父母都把注意力集中在孩子的学习上，认为孩子只要学习好了，就一定能成才。

清代著名的诗人、画家、书法家郑板桥告诫后人说：“读书中举中进士做官，此是小事，第一要明理做个好人。”教子明事理，教子心中有他人，教子做个好人，这是教育孩子的关键，是引导孩子学习的根本。杨怀保父母对孩子的教育，就是注重培养这个“根”。

紧紧抓住了这个“根”，才会把孩子培养成“这个世界的亮点”“成为对这个世界有价值、有贡献的人”，成为杨怀保那样的人生楷模；如若忽视了这个“根”，孩子就会成为“世界的一个暗点”“成为这个世界的罪人”，成为李竹那样的罪人。

“以我为中心”，这是人在婴幼儿时期一个必然经历的阶段。“以我为中心”是婴幼儿心理发展的限制使他不可能考虑他人。

同是经历“以我为中心”时期孩子，以后发展成为助人为乐、造福他人、造福社会的好人，还是成为损人利己、危害他人、危害社会的坏人，取决于孩子生活的环境，取决于抚养他的人给予什么样的教育。父母在引导孩子学习中，能否把做人的教育，把心中有他人的教育放在首位，不仅关系到孩子的未来，也关系到家庭的未来，更关系到国家的未来。

一位高考状元曾说：“父母最关心的是我怎么做人，他们教育我要做一个正直善良的人。”无数名人的成长经历都证明了，“浇树先浇根，育人先育心”。

育心的教育，要贯穿于生活、学习的点点滴滴之中，父母不仅要做出表率，在生活中引导孩子事事想到他人，也要在学习中，时时注重育心教育：学到力学，要给孩子讲牛顿的事迹；学到动物学，就要讲到达尔文的事迹；学习中国现代史，就要讲周恩来，从小立志，为民族奋斗不息的事迹……

二、育人要育“心”

综观古今中外，那些有成就、有贡献者，一般都具有共同的特点，那就是有爱心，有雄心，有坚定的自信心，高度的责任心，不懈的进取心。

2006年5月30日凌晨1时许，海南澹洲中学高三年级的陈彪，手持水果刀，趁家人都已睡觉，走进朝夕相处的表妹房间，残忍地向表妹连捅七刀。将表妹杀死后陈彪想自杀，但没有自杀的勇气。随后，制造了自杀的现场。

当警方审问他为什么要杀死表妹时，陈彪说道，他上小学时成绩还不错，上中学后成绩越来越糟。表妹学习好，家人常拿他与表妹比较，每到这个时候他心里就很不是滋味。高考临近，他非常害怕，因为高考给他造成了很大的压力，与表妹的优秀相比，他心里很自卑，于是产生了杀人动机。“杀死表妹就可以不参加高考，别人也不会怪我，实在是不想面对高考。”当谈到杀死表妹的动机，陈彪一脸的木然，甚至是不屑一顾。陈彪走到这一步，显然是父母只重视了孩子文化学习，没有关注孩子的心理，没有注视孩子心灵培育的结果。

2013年4月，上海复旦大学医学院研究生林森浩，投毒杀害同为医学院研究生的室友黄洋。1997年5月，北京大学化学系94级的男生王晓龙，“铊”投毒杀害同班同学江林。林森浩和王晓龙，可谓是学习的高才生，但他们的嫉妒心理，使他们做出令人切齿痛恨的事。

综观古今中外，那些有成就、有贡献者，一般都具有其共同的特点，那就是有爱心，有雄心，有坚定的自信心，高度的责任心、不懈的进取心。

为什么这样说？因为无论学习知识，还是从事专业工作，人的爱心、雄心、信心、责任心、进取心就是人的“心”，人的“灵魂”，正是这颗“心”，这个“灵魂”驱使、激励和支持他们，进而成就了他们。

人具有爱心，爱他人、爱国家、爱社会，才能为回报父母、报效国家而不懈努力。没有这颗爱心，就是有再高的智力，再高的文化水平，也会成为损害他人、危害国家、危害社会的人，林森浩、王晓龙之类就是证明。

浙江瑞安的蔡笑晚，其长子蔡天文，宾夕法尼亚大学最年轻的终身教授之一；六女蔡天西，22 岁获美国哈佛大学博士学位，28 岁成为哈佛大学副教授。蔡笑晚六个孩子，个个成为令人向往的人才。他在《我的事业是父亲》一书中说："鼓励孩子们从小立志，是我教子的第一步。我的六个孩子个个都有小名，依次是孟子、孙子、荀子、润子、曾子、西子，全是用中国古代名人的字号。有人说我给孩子取的名字狂妄，但是我就要用这些不平凡的名字来激励他们从小立志。"

蔡笑晚教子从小立志有雄心，是他教子成功的第一步。正是这坚实的第一步，六个孩子个个成为英才。忽视对孩子立志的教育，孩子没有远大志向，就可能会沉醉于玩手机、上网、赶时尚这些事上。

几乎所有教人成功的书籍，都提到自信心对人取得成功的作用。从生理和心理学意义上讲，我们的大脑是一部神奇的学习思考机器，它受控于我们的信念，当我们正在做某事时，如果我们认为这件事一定能做好，大脑就会进入"专注状态"，从而发挥出它的潜能，不遗余力地寻找办法把事情做好。相反，如果认为一定无法做好这件事，大脑就会停止寻找做好该事情的办法，转而去寻找解释为什么做不好的理由。孩子没有自信心，在他看来学习中任何困难都是一座不可逾越的大山，就会望而却步，即使他有再好的智力，也不可能成为真正的人才。

责任心是指敢于负责、勇于主动负责的态度。责任心强，再大的困难也可以克服；责任心差，很小的问题也可能酿成大祸。培养孩子责任心，父母要严格要求孩子从小不能依赖父母，凡是自己能做的都自己去做。孩子只有从小就养成对自己的事情负责的良好习惯，才有可能逐步学会对家庭、社会负责。责任心是发愤图强的基础，责任心出勇气、出智慧、出力量，责任心是成功的基石。

有人认为孩子学习成绩优劣的关键在智力。不可否认要想进入名牌大学必须具有较好的智力，但就大多数在校学生而言，学习成绩优劣的首要原因不是智力差别，而是他们的学习态度、他们的进取心。

孩子的学习是否具有进取心，对学习成绩有决定性的影响。孩子具有进取心就会一心向学，其注意力会高度集中在学习上，会千方百计去努力。如果没有进取心，那么他的学习是被动的、无奈的，他的精力和思想没有在学习上，每天忙碌也只是应付老师和家长。

“浇树要浇根，育人要育心”。父母引导孩子学习，就要紧紧抓住孩子的“心”，抓住“灵魂”。培养孩子自幼有爱心，从小树雄心，坚定自信心、具有责任心和进取心，才是引导孩子学习的“灵魂”。

三、关注孩子的心理健康

著名思想家、教育家赫·斯宾塞的快乐教育告诉我们，“要知道如何教育孩子，首先要知道孩子在什么样的状态下学习最有效。”孩子的学习状况不仅与孩子的生理健康状态相关，而且与其心理状态也直接相关。

21世纪以来，中小学生心理健康状况，日益引起世人注意。据中国心理学会提供的数字表明：中国至少有3000万青少年处于心理亚健康状态，自杀成为青少年人群的头号死因。《青年报》公布的数据表明：有5.85%的孩子有过自杀的计划，1.71%的孩子自杀未遂，更有24.39%的孩子曾有“活着不如死了好”的想法。这些触目惊心的数字提醒家长，孩子的心理健康要切实注意。

什么样的孩子才是心理健康的孩子？生理、心理学专家们认为，心理健康的孩子心情愉快，有求知欲，有调控自己情绪的能力；保持进取的心态，会与周围人交往，懂得分享与合作，尊重别人；自信，接纳自己，有自制力，能积极面对生活中遇到的问题，适应环境；具有良好的生活习惯，规律健康的生活。

世界卫生组织对健康所下的新定义是：“健康乃是一种生理、心理和社会适应都完满的状态，而不仅是没有疾病和虚弱的状态。”这就告诉我们，一个人的心理健康也是身体健康的重要方面，切不可忽视孩子的心理健康问题。

从现实情况来看，种种心理问题困扰着为数不少的孩子们：学习焦虑、人际交往焦虑、考试焦虑、孤独倾向、自责倾向、适应不良、强迫现象、逆反心理、自卑心理、妒忌、忧郁。这些心理问题若得不到有效关注，就会导致生理疾病，影响孩子学习和生活。

著名思想家、教育家赫·斯宾塞的快乐教育告诉我们，“要知道如何教育孩子，首先要知道孩子在什么样的状态下学习最有效。”孩子的学习状况不仅与孩子的生理健康状态相关，而且与其心理状态也直接相关。

生理学和心理学无数研究表明，人的智力活动与人的心理状态直接相关联，如果人情绪良好、精神振奋，他的智力就会得到充分发挥，会反应灵敏、思路畅通、思维深刻，学习效率高；如若处于焦虑、厌烦、无信心、恐惧状态下学习，就会心神不专、反应迟钝、思路受阻，学习效率低下。关注孩子心理健康是引导孩子提高学习成绩的重要环节。

面对孩子们易发生的心理健康问题，父母该怎么办？首先从影响心理健康的原因谈起。影响孩子们心理健康的原因大致有：

家庭方面：溺爱孩子，对孩子百依百顺，孩子任性，受不得一点儿委屈；家长作风，不让孩子说话，甚至拿孩子当出气筒；对孩子学习期望过高，心急意躁，给孩子过大精神压力等。

学校方面：孩子学业负担过重，考试频繁，学生间竞争激烈，造成学习焦虑。

个人方面：心理素质差，受不得委屈，经不起挫折和失败；不善于与同学交往，性格孤僻；自尊心、要强心盛，心高而手低，心大而能力小；虚荣心盛，身材不佳，容貌不佳，成绩不佳就自卑；不知如何与异性交往等。

针对孩子们心理健康问题的实际情况，父母应怎样做以保持孩子心理健康？

坚持家庭民主

把孩子看成具有自尊心、独立意识、独立人格的人。尊重孩子的意见，倾听孩子的想法，接纳孩子的过失。民主和谐的家庭氛围是孩子身心健康的重要条件。

关注情绪变化

孩子的情绪直接反映他的心理状态，不良的情绪是心理健康出现问题的标志。父母平时要多关注孩子情绪的细微变化，及时发现问题并做好开导工作。

多与孩子交流

孩子阅历有限，生活经验不足，处事能力低，但他们好强心极盛，实现心理平衡能力低，这就不可避免出现心理问题。若孩子出现心理问题，父母要帮助分析问题出现的原因，教给孩子具体处理问题方法，指导实现心理平衡的方法，振作精神投入学习。

期望值要适当

每个孩子都有自己的学习基础，特有的悟性和接受能力，孩子间必然有学习成绩的高低差别。就像非要潘长江与姚明比身高一样，父母一定要孩子是班内的尖子生，这实是强人所难。父母对孩子期望值要适当，切忌苛求孩子，要多鼓励孩子的进步，让他循序渐进逐步提高。

与老师多沟通

有些由于学校因素形成的心理问题，父母就要加强与老师联系，了解事情的原委，和老师商讨帮助孩子解决问题的方法。

心病要用心来治，孩子出现心理健康问题，切不可用训斥、责骂、冷淡的方式来处理问题，那样只能推波助澜，加重心理问题。为了孩子健康成长，学习进步，父母应切实关注孩子的心理健康。

四、重视与孩子的心理沟通

意大利著名儿童教育家蒙台梭利提出："许多父母总是认为孩子最喜欢的是玩具，其实，孩子真正喜欢的是父母每天能和他交流、沟通。孩子需要父母的关心、接纳和倾听，最为重要的是需要与父母进行情感上的交流。"

2010年，浙江某中学，一位成绩优秀、相貌标致的女中学生，在一次体验中，检查出身患一种将严重影响自身形象的疾病，她得知后深受打击。父母知道女儿心里痛苦，却感到无从劝导，认为过几天就没事了。没想到女儿陷入绝望，趁父母不注意喝农药自杀，父母发现后送医院抢救无效身亡。父母痛不欲生，十分后悔没有多开导开导女儿。

成绩优秀、相貌标致的宝贝女儿，因一时想不开走上黄泉路，让父母十分痛心，这是忽视两代人心理沟通带来的惨痛教训。

不知是您是否注意到：有的家庭两代人之间"心心相通"，父母与子女好似朋友，"无话不谈"，家庭和谐幸福，其乐融融，孩子学习成绩都较好；有的家庭两代人之间"格格不入"，父母与子女之间"话不投机"，常带有点火药味儿，孩子学习成绩一般都较差。

同是两代人，同是亲情，为什么会形成有天壤之别？关键是两代人能否有效心理沟通。

有人认为，在家中孩子听话不就好了吗，怎么还要心理沟通？这要从两代人心理沟通的必要性谈起。

父母与子女曾生活在不同年代、不同的环境中，对诸多事物有不同的看法，也就是"代沟"。"代沟"的存在，势必要求两代人进行心理沟通，以达到相互理解。

刚上学的孩子，由于涉猎不深，缺乏社会经验和处事能力，缺乏实现心理平衡的能力，许多事不知怎么办，不知如何处理各种关系，会形成"烦心与苦恼"，这就需要父母为子女指点迷津。孩子的许多想法，父母的诸多心理，都需要两代人之间经常沟通才能彼此理解。

又是什么原因使两代人不能沟通？从父母方面来看，父母认为辛辛苦苦把孩子拉扯大，孩子就得听大人的话，以家长权威来压制孩子的看法。也有的父母认为孩子吃穿不愁，只管上学无忧无虑。其实，他们不了解孩子成长中遇到的“烦心事”。

从孩子方面来看，自己长大了，不需要一切听从父母，自己提出不同看法，就被训斥、责骂，这让人接受不了。既然如此，那就干脆“什么也不跟你说，也省得再训斥我”。他在心目中筑起一道“防火墙”，父母的话一听就烦。

两代人不能进行心理沟通，孩子有心里话只能向朋友诉说，心里苦闷向同伴讲，甚至相当一部分孩子通过网络游戏或找网友获得精神寄托。社会上、网络上不良信息的诱惑，使孩子荒废学业，走向歧路。孩子有苦恼、忧虑的事，得不到父母的开导，就难免出现本节开头提到的令人心寒的事。

意大利著名儿童教育家蒙台梭利提出：“许多父母总是认为孩子最喜欢的是玩具，其实，孩子真正喜欢的是父母每天能和他交流、沟通。孩子需要父母的关心、接纳和倾听，最为重要的是需要与父母进行情感上的交流。”

苏联教育家赞科夫提出：“了解儿童，了解他们的爱好和才能，了解他们的精神世界，了解他们的欢乐和忧愁，恐怕没有比这一点更重要的事了。”

那么，怎样实现两代人的有效沟通？

美国著名儿童心理学家海姆·吉诺特发现，之所以有一些孩子能够跟父母和睦相处，而另一些却总是跟父母“背道而驰”，一个最根本的区别就在于父母跟孩子沟通的方式。

教育家陈鹤琴先生提出：“孩子幼小的心灵极易受到挫伤，任何粗暴武断的教育方式都是不合时宜的，只有用温和的方式，才能走进孩子的心灵。”

沟通是一门科学，更是一门艺术。只有掌握一定的方法和技巧，才能取得好的效果。

平等交流是有效沟通的桥梁

平等交流要求父母放下架子，“蹲下身子”和孩子谈话，有事和孩子协商，学会向孩子道歉。如果父母居高临下，以教训人的口气，自以为是的语言和孩子沟通，孩子就感到不平等，认为受到压迫，就不能听进父母的话。平等就是耐心、静心倾听孩子的诉说，哪怕是错误的、荒唐的都要听。只有做到平等沟通，孩子才认为您重视他，才会和您交心，有心里话才对您讲。

欣赏鼓励是有效沟通的润滑剂

没有哪一个孩子愿意生活在一个充满否定的世界里，渴望承认和肯定是孩子的本性。就是成绩再差的孩子，也有他的长处和优点，父母应当善于发现和挖掘他的闪光点，进行肯定和称赞。对孩子而言，被赏识是一件身心愉悦的事。他认为父母看得起他，他有心里话才对父母讲。

尊重维护是有效沟通的保障

不要以为孩子年龄小就不需要被尊重。实际上，孩子们都有很强的自尊心，一样需要维护自己的尊严。尊重信任孩子，意味着爱护他们善良美好的心灵。尊重孩子就不要过多干涉孩子的生活，就是要给予孩子自由的空间。父母要学会尊重孩子的隐私，保护他们的秘密，这是他们心理发展的需求。

讲究方式是有效沟通的途径

美国语言学家艾伯特·梅瑞宾提出了一个著名的沟通公式：沟通的总效果 =7% 语言 +38% 的声音 +55% 的表情。可见肢体语言作为沟通工具的重要作用。一个微笑、一个眼神、一个拥抱，都是和孩子沟通的有效方式。文字语言沟通同样重要。写一封信、发一个短信、用 QQ 聊天，这些都是很好的沟通方式，既可以避免与孩子正面交锋，也给孩子和自己一个回旋余地。

五、切实解决孩子的心理困扰

心理困扰像病毒一样，侵蚀着孩子们的心灵，危害着孩子们身心健康，干扰着孩子们的人际交往，影响着孩子们正常学习。不解决这些心理困扰，就不能使孩子身心健康，更谈不上专心学习。

高三第一次模拟成绩的公布，对于袁航来说是当头一棒。他真没想到，高一、高二时自己在班内成绩一直是前五名，这一次模拟成绩竟然落到班内三十多名。他曾听老师讲过，高三复习和高一、高二学习不同，高三是大综合复习，是对知识和能力的全面检验。

“看来是我不行。”一种不祥之兆袭上心头，自己要考名校的理想面临落空，这对于立志要考取名牌大学的袁航来说，无疑是一个沉重打击。从此他学习精神不振、身心不专，再也看不到过去那种精神焕发、全力以赴的状态了。

袁航的爸爸看在眼里，急在心头，他与任课老师沟通、分析情况，才知道并不是袁航没有实力，而是这次考试出现了大失误才“考砸了”。孩子不能理智地思考，认为是自己能力差，考名牌大学的希望破灭，造成了沉重的自卑感，而自卑感导致他学习状态消沉。

周日，在公园散步时，爸爸和袁航平心静气地一起探讨了考试情况，经过深入分析，找出了袁航一模考试失误的原因，爸爸明确提出袁航自卑感形成原因及危害，这让儿子猛然顿悟。

爸爸给袁航指明了方向，“打足了气”。袁航重新振作精神、努力拼搏。当年高考后，儿子欢天喜地地把复旦大学的录取通知书，送到了爸妈面前。

和袁航一样，许多中小学生确实存在着令人担忧的心理困扰。诸如自卑心理、抑郁心理、焦虑心理、不当性心理、逆反心理、嫉妒心理、强迫心理、厌学心理等。

这些心理困扰像病毒一样，侵蚀着孩子们的心灵，危害着孩子们身心健康，干扰着孩子们的人际交往，影响着孩子们正常学习。不解决这些心理困扰，就不能使孩子身心健康，更谈不上让其专心学习。

如何解决孩子们的心理困扰？这要从心理困扰形成的原因谈起。孩子们形成心理困扰主要来自自身因素和家庭因素。

自身因素包括：遗传疾病等原因造成的生理发育先天不足；先天相貌不佳；先天智力偏低等，这些是生理原因。

成长过程中，面临学习、生活和交往中从未遇到而又必须面对的现实，孩子们缺少阅历没有经验，有时会不知所措，就不可避免出现心理矛盾、心理困扰。比如，期望成绩优秀，实际成绩不佳；想与老师多交往，却又不知如何做好；学习努力但成绩却不如人意；想多交朋友，自己却没经验；想在班内多表现自己，自己又不知怎么把握机会；想做好事帮同学，但经验不足把事办砸了，引起同学误解等，都会形成孩子的心理困扰。

家庭因素包括：父母视子女为掌上明珠，天长日久，形成了“唯我独尊”的心理，而在学校与老师、同学交往时，会碰到不少麻烦，不能事事顺心随意，形成心理困扰。

父母对子女过分保护，事事包办代替，剥夺了孩子发展能力的机会，使孩子严重缺乏独立思考、独立做事的能力。在遇到诸如怎样更好让自己成绩优秀；怎样与异性交往；如何使自己受到老师和同学的欢迎；与同学间发生误会怎样处理等问题时束手无策，形成心理困扰。

像袁航的爸爸那样，正确帮助孩子解决心理困扰，才能保障孩子身心健康，帮助孩子提高学习成绩。

如何帮助孩子解决心理困扰？

正确认识成长中的孩子

中小学生已具有成人意识，但不具备成熟的心理条件和生活经验，他们事事都想成功，但又常常会犯错误。遇到新情况不知怎样应对，出现新问题容易心烦意乱。父母要允许他们办错事、说错话，并在他们需要的时候，为他们出谋划策，做他们的心理支柱。

改变孩子的错误认知

美国心理学家阿尔伯特·艾利斯认为“人们的情绪困扰是由人们不合理的信念所造成的。”大多数心理困扰，是孩子们不正确的认知所致，父母要指导孩子以合理的信念代替不合理的信念，建立科学合理的自我认知，才能最大限度地减少不合理的信念给孩子带来的心理困扰。

帮助孩子学会心理调适方法

父母要指导孩子学会自我心理调适、实现心理平衡的方法，比如，换个角度思考问题，辩证看问题，想自己高兴的事，及时转移、暂时回避不愉快的事，深呼吸、闭目养神、放松身心，欣赏音乐，进行体育锻炼，散步谈心等。父母应教孩子掌握一些转移情绪、宣泄痛苦、发泄愤怒的心理调节手段。

寻求帮助实现妥善解决

寻求帮助是现代人所应具有的积极态度。父母要引导孩子面对困扰时寻找支持，可以和老师、家长、长辈谈谈，求得开导和指点。心理咨询也是有效方式。孩子可以通过心理咨询化解自身的心理困扰，解除心理负担。父母可告诉孩子不要随便压抑自己的情绪，一定要给自己的坏情绪找到合适的释放渠道。比如找父母倾诉，找个适当地方发泄，找个开心的场所转移不良情绪等，以还给自己一个好心情。

六、亲子互动与孩子学习成绩的关系

著名教育专家李子勋认为“良好的亲子关系是教育的根本”。“亲情永远是孩子成长的动力。”家庭教育专家孙云晓也提出：“好的亲子关系，就是好的家庭教育，什么时候和孩子的关系是好的，你的教育就是成功的。”

当看到孩子令人失望的分数时，当听到老师说您的孩子成绩下降时，作为父母您会有什么反应？会怎样做？还是从两个孩子的事例谈起吧。

娄胜杰在小学时是个成绩很好的学生，父母也感到放心。进入初中，学校管理方式不同了，他就“解放了”，在他人引诱下，他一心扑在游戏上，成绩直线下滑，初一期末家长会上，老师告诉他妈妈：“你孩子成绩是班内倒数第七名。”

“你这不争气的东西，给我丢人现眼。”娄胜杰放学回家，妈妈连说带骂好一顿训斥，餐桌成了“审判台”。

为了监督儿子，妈妈请娄胜杰同班的孩子，帮她盯着娄胜杰，有“越轨”的行为就报告给她。在家中娄胜杰妈妈每天盯着儿子做作业。“你就是不专心”“真是个不可造就的东西”，看到儿子走神，妈妈劈头就来这么几句。妈妈从来不给儿子好脸色看，“看到他就来气”要强的妈妈总是这样说。

你有政策我有对策。娄胜杰和妈妈打起“游击战”，每天想方设法去打游戏机，在学校就“磨洋工”。

后来，执行“监督”任务的同学，给娄胜杰妈妈说“我不能帮您的忙了，太影响我学习了。”这事让娄胜杰无意中发现了。“敢情让人监督我，太让我寒心了。”娄胜杰自那以后，更加消沉下去。进入初二，成绩退到班内倒数第二名。

上小学不久在一次家长会上，郑晓明的老师告诉他的妈妈：您孩子反应比别的孩子慢，学习起来非常吃力，他刚上小学的考试就险些不及格，您要做好心理准备。

郑晓明的妈妈听后很难过。儿子问妈妈，“为什么我和我的同桌一样努力，考试的时候我却没有他考得好，是不是我很笨啊？”妈妈说：“你再努力一点点，你就会和他一样好了。可能是他课后学习的时间比你多吧。”

期末考试，孩子得了 83 分，成绩提高了很多，可是排名还是中等偏下。郑晓明问妈妈：“我还是不够努力吗？我的同桌考了满分。”

“孩子，你这学期学习和他们一样努力了，可能是上学期的影响还有一点点吧。我很高兴，半个学期进步了 20 多分，你真的太棒了。”孩子高兴起来，告诉妈妈哪个同学退步了，哪个同学进步了。

郑晓明在小学很快就要毕业了，成绩已经稳定在班内 10 名左右。妈妈告诉郑晓明，初中以后你可以和很多优秀的孩子在起学习，那里的最后一名都很优秀。

郑晓明问妈妈："我能进那所学校吗?"妈妈说："孩子，你可以试试，进不进去也没关系。看看我的儿子全力以赴会是什么结果。"后来，郑晓明真的考入了那所学校。

妈妈为了奖励孩子的成功，带他去看大海。海风习习，孩子望着海边嬉戏的海鸟有一些陶醉。忽然一个海浪卷来，那些美丽的小鸟轻轻拍打几下翅膀，惊慌地逃离了海浪的冲击，而那些海鸥就显得很笨拙，它们忽闪了好几下翅膀才飞起来逃离了海浪。

"孩子你看，有些小鸟一生下来就很灵活，不需要费多大的力气就可以飞起来。而海鸥看上去反应迟钝而笨拙，可是孩子，最终能飞翔天空穿越重洋的却只有海鸥。"

孩子似乎明白了什么，从此他不再问自己为什么没有他的同桌学习好的问题。因为三年后，他的成绩已经是年级前几名；再一个三年后，他已经是清华大学的学生了。

读了两则事例，您有什么想法？为什么两个孩子的变化会有如此大的差别?

著名教育专家李子勋认为"良好的亲子关系是教育的根本。""亲情永远是孩子成长的动力"。家庭教育专家孙云晓也提出："好的亲子关系，就是好的家庭教育，什么时候和孩子的关系是好的，你的教育就是成功的。"正是两位妈妈亲子关系的各异，造成了截然不同的结果。

孩子成绩差，或是成绩下降，父母若以打骂、训斥、冷漠的方式对待孩子，会使孩子处于苦闷、沮丧等不良的心理状态中。打骂、斥责、冷漠，给孩子带来的心理反应是学习让他受到这些"待遇"，让他受气受罪，他只会更加不爱学习、讨厌学习。孩子在高压下被迫去学，不可能真正进入学习状态。这种情况下，孩子思考的不是如何去学好知识，而是思考怎样对付父母。

郑晓明为什么会从一个"反应比别的孩子慢的孩子"成为一个清华大学的学生？关键是两代人亲密的亲子关系，是妈妈尊重孩子、赏识孩子、鼓励孩子的做法，让郑晓明从父母那里得到指导、支持，很好地发挥了自己的潜能，专心、用心去学习，达到了意想不到的好效果。

心理学和生理学研究证明，人们在心情舒畅、情感融洽的氛围中，头脑清醒、思维敏捷、悟性高超、办事高效、智力潜能得以最好的发挥。

大量调查研究证明：成绩优秀者，一般情况看，他们和父母关系都比较和谐融洽。大多成绩差者，他们和父母都缺少良好的思想沟通，甚至是格格不入。这就是不同的亲子互动关系，在孩子学习上表现出的不同结果。

精心致力于良好的亲子关系，尊重、赏识孩子，维护孩子的自尊心，满足孩子的好胜心，让孩子以平和愉悦的心态去学习，当好孩子学习的“减压器”“加油站”，这正是成功父母给人们的启迪。

七、尊重孩子的天性

古人云：“顺之者昌，逆之者亡”，虽然讲的是社会大势，其实，孩子的发展岂不也是同理？顺应孩子天性者，孩子快乐、健康、成才；违背孩子天性者，孩子或是无德、无才、无能，或是与父母对着干：逆反、顶撞、出走、自残。

有的父母管教孩子、引导孩子学习很省力，孩子乐意听父母的话，两代人亲密无间，孩子学习很努力；而有的父母管教孩子、引导孩子学习却是很费力，孩子横竖不听，两代人谁看谁也不顺眼，孩子学习敷衍、应付。其主要区别在于父母是否懂得孩子的天性，管教孩子是否顺应孩子的天性。

何为孩子的天性？天性者，上天赋予的特性，其实就是孩子成长中表现出来的特征：好玩、好动、好奇、好胜、求知、求异，希望被尊重、理解，要求支持、关怀，渴望思想独立、行为自由，这些都是孩子们的天性。

孩子们这些天性是先天遗传的结果，是后天身体、心理发展的需要，是他们认识世界、发展能力、健康成长的需要。

好玩、好动是孩子们认识世界、提高能力、发展生理和心理的需要；好胜、希望被尊重，是维护其自尊心、好强心，形成健康人格所必需；好奇心、求异、求知欲，是其探索世界、认识世界的动力；要求支持、关怀，是其身心健康发展的条件；要求理解、独立、自由，是其摆脱依赖，独立于社会，发展各种能力的必备条件。

人们常说“天命不可违”，这个“天命”不是上天的指令，神的意志，而是源于孩子们生长、发展所遵循的自然规律。

在玩中学、学中玩，是早期智能开发的根本途径。一些望子成龙心情急切的父母，让三四岁的小孩子就像小学生一样，到各种辅导班规规矩矩地学这学那，完全违背了孩子们好动、好玩的天性。这样的早期教育，使孩子没有了童年，甚至有的孩子还没上学就开始厌学，其实是把孩子毁在了起跑线上。到中学、大学后父母不在身边，孩子就“讨债”似的，拼命地玩，甚至通宵达旦地泡在网吧里。

在好胜心、要强心方面，孩子比大人要更胜一筹。他们渴望大人的夸奖、肯定、称赞，这是他们学习的动力，可有的父母偏偏吝啬对孩子的赞美，不关注孩子的进步、长处，倒是盯着孩子的缺点、短处，批评、训斥起孩子来没完没了，让孩子感到自己好像一无是处。使孩子消沉、自卑，失去学习的动力。孩子在校学习就是和父母“打游击”“磨洋工”。

好奇、求知心理，驱使孩子们什么事都想掺和都想做，这是他们树立自信发展能力的必需。可有的父母却是什么事都要包办代替，善意地剥夺孩子发展能力的机会。孩子连自理能力都没有，更不要说自制力和意志力了。孩子长大了却埋怨孩子没能力，真是冤枉了孩子。是父母用善良、辛劳压抑了孩子能力的发展。

孩子希望被尊重、理解，渴望支持、关怀。在他学习有困难或成绩下降时，在他不能处理各种关系引起情绪波动心理不安时，父母应关照、鼓励、支持他，为他出谋划策。可有的父母，两眼只盯着分数，不允许孩子失败，不是帮孩子出主意，而是埋怨、唠叨、训斥孩子，这只会起到反作用。

孩子要求尊重、要求独立、要求有自己的心理空间，可有的父母对孩子不放心，不允许孩子有隐私，事事干扰，处处插手。这种情况下孩子对父母非常逆反，父母倒说孩子是狗咬吕洞宾——不知好人心。是父母的善意打乱了孩子成长的密码。

古人云："顺之者昌，逆之者亡"，虽然讲的是社会大势，其实，孩子的发展岂不也是同理？顺应孩子天性者，孩子快乐、健康、成才；违背孩子天性者，孩子或是无德、无才、无能，或是与父母对着干：逆反、顶撞、软磨硬抗、出走、自残。

当然，以自我为中心、任性、随心所欲，也是孩子们的天性，这并不是孩子们的过错，是人和动物共有的本能表现，是孩子成长中不可避免的现象。这正是父母教育、塑造孩子的责任所在。父母必须下大力气，严格规定、赏罚分明地去教育，以消除这些现象。

父母必须明确，这些天性与前面提到的天性同样是与生俱来的，问题的关键是务必把两者区分清楚，哪些是必须尊重和顺应的，哪些是必须改变的。如若混淆或者是颠倒了两者，那就糟糕透了。

前者不去尊重而非要违背，那会将孩子教养成缺德、少才、寡能之辈；后者不去下决心消除，孩子同样会成为无德、无才、无能的人。

谨慎洞察孩子的天性，明确不同性质的两种天性的表现，顺从其天性教养孩子，才会真正地得心应手、天遂人愿。

八、不可漠视孩子的学习压力

学习压力水平与学习效率存在着显著的倒U型曲线关系。过高或过低的学习压力都不利于学习。只有适度的压力，才能使孩子们处于有利于学习的最佳状态。

学生时代是风华正茂、朝气蓬勃时代。然而，一些孩子却被诸多烦心事困扰着，其中之一就是学习压力。

什么是学习压力？学习压力是学习中所承受的来自环境的各种紧张刺激，及由此而产生的生理、心理和社会行为上的反应。

也许有人会说，"学生没有点儿压力就不会好好学习"。这话不假。汽车轮胎没有一定气压很难奔跑，但若轮胎充气过大就会爆胎。孩子们学习也是一样，压力过大就会产生不良后果。

心理学研究表明，适度的学习压力可以提高大脑的活跃程度，使孩子在学习中保持精力旺盛，注意力集中，思维敏捷，从而取得良好学习效果。但当学习压力超过了一定的限度，学习成绩就会下降。学习压力水平与学习效率存在着显著的倒 U 型曲线关系。过高或过低的学习压力都不利于学习。只有适度的压力，才能使孩子们处于有利于学习的最佳状态。

孩子们学习中，没有压力的确实存在，压力过大的也十分突出。

由《知心姐姐》杂志社组成的调查组，在广东深圳、黑龙江大庆、内蒙古鄂尔多斯等城市，进行了关于孩子学习压力的问卷调查，在被调查的 3000 名中小学生中，只有 62 人认为自己没有学习压力，而经常感觉到自己在承受学习压力的学生达到 50.88%.

在问卷调查中问及“你有学习压力时，会产生什么样的心理状态?”被调查的 3000 名中小学生中，仅仅感到心情不好的有 1872 人，占 63.78%，会有绝望感受的有 609 人，占 21.72%，产生恐慌的有 457 人，占 15.55%。

过重的学习压力易引起焦虑、抑郁等心理疾病，严重阻碍孩子智力潜能发挥，阻碍其顺利完成学业，阻碍孩子身心健康。

2011 年 11 月 14 日，香港年仅十岁的小学五年级男孩吴泽荣，因为学习压力过大跳楼自杀。

2013 年 11 月 14 日上午，在贵州省遵义市湘江河发现一具尸体，身穿航高校服，死者是遵义市航天中学高一一班学生，死者死前曾留下字条：“学习压力大”。

2013 年 12 月初，广东省某市 5 个六年级的孩子，担心考不上重点中学，而相约集体出走，后被警方找到。

2013 年 12 月 2 日，南京市心理危机干预支援中心的热线电话中，一个小学生咨询：“我想自杀，请问有什么自杀方法不痛苦?”南京市心理危机干预支援中心主任汤传芳透露，这个暑假，他们已经接到 30 多个小学生打来这样的电话，平均每两天就有一个类似的求助电话。

一个个令人心寒的事实，一个个令人震撼的消息，向世人敲响警钟，孩子们学习压力问题，切不可漠视。

孩子们学习压力来自哪里？

来自自身的压力

《知心姐姐》杂志社调查组调查发现，在被调查的3000名中小学生中，认为来自自身的有928人，占31.57%。孩子们之所以给自己施加压力，主要原因有：学习成绩不理想；基础不好，怎么努力也赶不上；作业太多，课外辅导班太多，导致学习紧张；学习不好对不起父母。

来自社会的压力

主要是升学、就业的竞争，同学之间的学习竞争和老师的要求、批评。这些竞争给孩子们以无形的压力。

来自父母的压力

一些父母对孩子要求过高，盲目攀比；父母实行所谓给孩子“减压”，替孩子做所有的事，孩子什么活都不让干，只需要学习就行。这非但没有给孩子减压，反而是施加了更大的压力，他们更会觉得学习不好对不起父母。一些父母把孩子成绩差的原因归结为孩子不求上进、不努力、脑子笨，采取的措施就是增加学习时间、增加作业、请家教，限制自由活动时间，有的还歧视、打骂。

如何预防和解决孩子们的学习压力问题？主要是提高孩子自我抗压能力和家长转变观念两方面。

从孩子角度讲

按照认知心理学的观点，外在压力只是一个方面，如何对待压力则是更重要的方面。同样的压力，心理承受力好的孩子，可能觉得没什么了不起的事；而心理承受力差的孩子，则会把压力想象得很严重，增加心理负担，甚至感觉身心痛苦。这就需要自我提高抵抗心理压力的能力。

提高抵抗心理压力的能力，首先是提高自主认识问题能力，正确认识和对待学习压力。其次是提高自主解决问题能力，学会通过求助和自我心理调整，缓解心理压力。

从家长角度讲

家长期望过高是孩子学习压力过大的重要原因，父母要从孩子的实际出发，不要把想象的目标强加给孩子。父母要引导孩子形成积极客观的自我评价。孩子学习成绩差，要帮助其找出具体原因，多给孩子以理解、关爱和支持，只要孩子努力了，尽力了就要肯定。

善于发现孩子学习上的进步，发现孩子的长处，多关注他的优势，多肯定他的成功。父母关注什么，孩子就会向什么方向发展，多关注他们的优点、进步，他们会不断努力，取得好成绩。

另外，教会孩子正确认识压力，恰当处理压力的方法，特别是学会自我缓解压力，实现自我心理平衡的方法十分重要。

九、切勿盲目对比

盲目对比给孩子带来的不是激励而是打击，不是奋进而是消沉，不是进步而是后退，不是两代人的心理相通而是心理疏远。

王卓琳和任丽丽自小是十分要好的朋友，两人又是邻居，同年出生，幼儿园、小学都在一个班，可以说是形影相随。上初中后虽说不在一个班，可友谊依旧如故。

2013 年初中组奥林匹克数学竞赛，王卓琳荣获全市一等奖，她听到邻居们赞不绝口地夸奖，自然美滋滋的。这对任丽丽来说，心里可不是滋味，几天来爸爸妈妈不停地在家里唠叨：“看人家王卓琳真是好样的”“就咱家的条件，哪一点儿不比王卓琳家强，她爸妈都是工人，可你爸爸是高级工程师，妈妈是大学教师”“你就是不努力，不给我们长脸”“你就是太爱玩，没把心思放在学习上”……

几天的唠叨，任丽丽的爸妈本以为会给孩子一个触动，好促进她努力学习。可没想到，从那以后，任丽丽往日像小山雀般活蹦乱跳的快乐劲没有了，整天精神萎靡不振，很难见到她和好朋友王卓琳在一起玩耍了。一个学期下来，期末考试任丽丽的成绩，由原来班内前十名倒退到班内三十多名。这让任丽丽的爸爸妈妈着实吃了一惊。这是为什么？夫妻俩百思不得其解。

任丽丽的爸爸妈妈夸奖王卓琳，数落自己的女儿，他们本意是想促进孩子学习，但对于争强好胜的任丽丽来说，是一个无情的打击，这让她产生“我被人看不起”“我不是个好学生”的感受，无意中伤了她的自尊心、好胜心，打击了其积极性。爸妈虽是好意，他们却没有想到会事与愿违。

不看孩子的具体实际情况，非要盲目拿别人家孩子的长处和自己孩子的短处相比，这好比是让奥运会乒乓球冠军邓亚萍和世界级篮球运动员姚明比赛打篮球，让姚明和小品演员赵本山比赛演小品一样。这不是给人难堪吗？这不明摆着是在刮孩子的脸皮，瓦解孩子的自信心吗？“别人家的孩子”，这个怪物伤了多少孩子的心。

盲目对比给孩子带来的不是激励而是打击，不是奋进而是消沉，不是进步而是后退，不是两代人的心理相通而是心理疏远。

每个孩子都有其长处也有短处，切不可以羡慕别人家的孩子怎么聪明，怎么成绩好，贬低自己的孩子。每个孩子都是一块尚未雕琢的璞玉，都有成为宝贵人才的可能。这块玉是放出光芒，还是失去光彩，就看父母是时常鼓励、激励，调动其自信心、积极性，还是有意无意地打击、压抑其自信心、积极性。到底是鼓励、调动，还是打击、压抑，不是决定于是否处于好意，而是取决于是否了解孩子的心理，做法是否科学、得当。

教育指导孩子要不要对比？对比也是教育的一种重要方法。正确的对比是与自己纵向对比和横向对比。

先来谈纵向对比。电脑大王戴尔小时候反应有点迟钝，是一个“笨得让人失望的孩子”，有一次，他带着成绩单忐忑不安地回到家里，母亲关切地问他成绩，戴尔吞吞吐吐地说：“我……这次没考好……”戴尔以为母亲要狠狠地批评他。可谁知，母亲没有那样做，而是笑着问他：“这次考试你进步了没有？”“进步了，但只是进步了一点点。”戴尔怯怯地说。“孩子，你真了不起。进步了，干吗不高兴？”戴尔心里依然不安地说：“可是，许多同学都比我考得好。”“他们考得好与你无关，只要你进步了就好。孩子，不要和别人比，要比就和自己比。”

戴尔的母亲是学习的榜样，她引导和鼓励孩子“不要和别人比，要比就和自己比”，正是这种对比让孩子看到了自己的能力，树立了信心。

再来谈横向对比。每个孩子由于多种原因各学科不会整齐划一，父母找出孩子学习好的学科和比较差的学科教孩子对比，让孩子明白，差的学科并不是自己能力不行，不是学不好，而是由于某些原因才出现了成绩差学科。

通过成绩优差学科对比，让孩子找出原因，鼓励孩子用成绩好学科的学习精神、学习态度来应对学习差的学科，相信自己，采取措施积极努力迎头赶上。

这样对比，让孩子看到自己的能力，看到不足的原因，树立战胜困难学好薄弱学科的信心和勇气，孩子哪有不进步的道理。

十、要激励孩子，切忌压抑

行为科学认为，人们做出某种行动之后，其结果决定了行动者会不会再次采取相同的行动。若他行动之后感到“愉悦”“满足”“有好处”，他就会再次采取相同的行动。若感到“倒霉”“无趣”“失望”，就不会重复同样的行动。

从前，有一位画家想画出人人见了都喜欢的画。画毕，他拿到市场上去展出。

画旁放了一支笔，并附上说明：每一位观赏者，如果认为此画有欠佳之笔，均可在画中标上记号。

晚上，画家取回了画。他发现整个画面都涂了记号，没有一笔一画不被指责。画家十分不快，对这次尝试深感失望。

画家决定换一种方式试试。他又摹了一张同样的画拿到市场展出。可这一次，他要求每一位观赏者将其最为欣赏的妙笔都标上记号。当画家再次取回画时，他发现画面又涂满了记号，都换上了赞美的标记。这次，画家很开心。

同样一幅画，为什么第一展出没有一笔一画不被指责，而第二次展出整幅画都换上赞美的标记？这是由于第一次是画家让人们提出此画的欠佳之笔，第二次却是要求找出最为欣赏之笔。也就是说，人们的着眼点不同。

任何事物都有其两方面：优点与缺点；利与弊；是与非等，就看着眼点是什么，关注的是什么？每个孩子学习中也都有长处与短处，都有优点与缺点，就看父母是着眼于肯定、鼓励其优点、进步，还是着眼于挑剔、指责其缺点、退步。

在孩子学习中，当他某一学科成绩好时，就会时常得到夸奖，他会愈加努力不断进步。当孩子某学科成绩差，就会对其心里发怵，由于时常得到的是否定，就越不乐意学，成绩只会越差。这种情况下，就十分需要父母的激励和支持，“你一定能学好”“我们相信你的能力”，在孩子看来，父母说我行，就是一定能行，他就会鼓起信心去努力学习。

当孩子学习哪怕有一点点儿进步，比如过去得45分，现在得了50分，父母热情称赞，“有进步”“好样的”“你会有更大进步的”，在激励和支持下，孩子就看到自己能力，逐步树立起更大信心。孩子被压抑的潜能，在激励下释放出来。美国心理学家威廉·詹姆斯发现，“一个没有受过激励的人仅能发挥其能力的20%～30%，而当他受到激励后，其能力是激励前的3～4倍。因而在学习过程中，激励对孩子至关重要。”

一些父母看到孩子考试成绩不及格，就会不经意地说孩子“成绩这么差”“你就是学不好”。这些话尽管是处于善意，却是暗示孩子，父母认为他没有学好的能力，看来就是自己真的不行，就是自己再努力也没有用。如果对孩子一顿打骂、训斥，孩子为了学习还要挨骂受训斥，这就越发让孩子远离学习，讨厌学习，这无形中压抑了孩子学习的能力，压抑、摧残了孩子学习的动力，只能让孩子成绩越来越糟。

行为科学认为，人们做出某种行动之后，其结果决定了行动者会不会再次采取相同的行动。若他行动之后感到“愉悦”“满足”“有好处”他就会再次采取相同的行动。若感到“倒霉”“无趣”“失望”，就不会重复同样的行动。

如果父母着眼于肯定、鼓励，在孩子有了一点儿进步后就热情称赞，他从中得到了某种“满足”“愉悦”，就会主动去努力，争取新的进步。相反，如若父母面对孩子成绩差就讲孩子“不行”“没能力”。当他再次成绩下降，父母为此打骂、训斥，那么在孩子看来，正是学习给自己带来“倒霉”“挨打受气”，他就会越发厌恶学习。

孩子某一学科的缺陷，大多并非是他学这一学科能力不足，而是在家庭和学校教育中，没有得到相应的训练，没有得到应有的激励，是父母、老师无意否定的言行，把孩子这一学科的潜能给压抑了。

由于各种原因，每个孩子学习中都难免会出现某些学科成绩差现象，面对孩子某学科成绩不佳，切忌无意中的不良暗示和不当的态度，那只会压抑孩子的能力和信心，抑制其潜能发挥，起到事与愿违的作用。

设法帮孩子找出问题的原因，提出解决的办法，积极肯定、称赞他的进步，激励他树立信心，给其以积极期望和实质性支持，这才能帮助孩子克服困难，主动努力学好此学科。

十一、给孩子以积极的心理暗示

积极的心理暗示，能激发人无意识的心理活动，使其在轻松愉快的气氛中接受教育，并不断进步。消极的心理暗示压抑人的无意识心理活动，使人消沉、沮丧。

20世纪60年代，美国教育专家罗森塔尔博士曾经在加州某中学做过一个非常著名的实验：

学期初，他把学校已经分好的快慢班学生悄悄调换了过来，然后告诉并不知情的任课老师：“快班学生都是学校精选出来的聪明学生，你们一定要好好教他们，要知道他们个个都可能是联邦未来的栋梁之材。慢班学生嘛，你就按照你平日的教学法教就行了。”老师答应了。

第一次上课，这些老师便都热情洋溢地对着“快班”学生发表了一番演讲，把学校以及自己的殷切希望告诉了这些“聪明”的学生。当然相应的，他们也把普通的态度带进了“慢班”学生的课堂上。

结果，不可思议的情况出现了，那些所谓的“快班”学生，因为受了老师的积极暗示，自信心大为提升，学习的积极性也普遍提高；而“慢班”的学生，则因受了老师的消极暗示，自信心大受打击，学习积极性也大大下降。

一段时间的测评显示，“快班”的学生成绩普遍大幅度地提高，而“慢班”学生的成绩却普遍有所下降。等到学期末测试成绩出来时，两个班的平均成绩已经相差无几了，而且最棒的那个学生居然是“快班”的，要知道他原来可是慢班中的普通一员。

这个结果震惊了教育界，也震惊了所有因为“快慢班”而自得或自卑的学生以及家长们。原来，所谓的快慢班，区别并不在于天资，也不在于成绩，只在于学生们的自信与积极性。有了它，慢班可能比快班更快；缺了它，快班可能比慢班更慢。

积极心理暗示的力量是无比巨大的。一般来讲，一个人越是相信自己能成功，其成功的机会就越多，可能性就越大。

什么是心理暗示，心理暗示为何会有如此巨大的力量？

心理暗示是人或环境以非常自然的方式向个体发出信息，个体无意中接受这种信息，从而做出相应反应的一种心理现象。

从心理机制上讲，它是一种被主观意愿肯定的假设，不一定有根据，但由于主观上已肯定了它的存在，心理上便竭力趋向于这项内容。心理暗示是潜意识对外界任何现象以及任何显意识行为的认同、接收和储存。心理暗示有积极作用，也有消极作用。

积极的心理暗示，能激发人无意识的心理活动，使其在轻松愉快的气氛中接受教育，并不断进步。消极的心理暗示压抑人的无意识心理活动，使人消沉、沮丧。

教育家陈鹤琴说：“小孩子是易受暗示的。”中小学的孩子们，他们的自我意识，尤其是对自我能力的认识，最易受到外界评价的影响，特别是父母对他们评价、对他们暗示的影响。这些评价和暗示给孩子潜意识和潜在能量以巨大影响。

孩子们的潜意识有积极的也有消极的，潜在能量既有正能量，也有负能量，既可以促进孩子发展，也可能阻碍其发展。到底是发挥其积极的潜意识和正能量，还是发挥其消极的潜意识和负能量，这取决于外界，尤其是父母给予他们什么样的评价，什么样的心理暗示。

现实生活中，为什么一些孩子学习努力、情绪乐观；而另一些孩子则学习消沉、情绪低落。很大程度上是由父母对他们的评价，对他们心理暗示形成的。

那么，怎么才会给孩子以积极的心理暗示？例如：

孩子在一旁学习，邻居来访，父母对邻居谈起孩子学习来，就有意对邻居说，“我家孩子学习很自觉。”

到亲友家作客，当谈起孩子学习来，父母也有意地称赞孩子“学习用功，很努力”，即使孩子做得不怎么好，这也无意中暗示孩子，促使他去自觉管住自己，主动去努力。

在家中摆挂一些名人自强不息、顽强拼搏的书籍、字画等，给孩子以心理暗示，要他自强不息。

孩子考试成绩下降，心情不佳时，巧妙地把成绩下降的原因归因为试题难度大，或还没有适应。

孩子一次偶然的成绩突出进步，不妨不计偶然，而称赞孩子“有能力，好样的”。

孩子体育比赛、文艺比赛或是其他竞赛获得奖品，把它放在非常显眼的地方，向他人展示孩子的成功，孩子的本领。

这些很不起眼的细节，都会给孩子一个积极的心理暗示，会促使孩子看到自己的能力，鼓起信心，不懈地向更好的目标去努力。

倘若父母不经意地做出以下行为：孩子学习有时走神，您训斥他“就知道玩，不肯好好学”；在他人面前称赞别人家孩子而批评自己的孩子；孩子考试进步了，不是夸奖，而是不以为然；孩子考试成绩下降，来一句“你就是不行”；孩子偶然一次大进步，递给他一句“瞎猫碰上个死耗子”；孩子竞选班长或团干部失败，给他个冷眼“你就不是那块料”。

这些话，在父母看来是不经意的，但会给孩子以消极的心理暗示。心理学上有个“瀑布效应”，是指说话者有意或无意，但在被说者心理会发生像瀑布一样的重大反应，由此可知父母这些暗示会给孩子带来多大的不良影响。

有位教育家曾说过，“你把孩子说成是天才，他就会成为天才，你把孩子说成是笨蛋，他就是笨蛋。”罗森塔尔效应也从另一角度告诉人们，“说你行你就行，不行也行；说你不行你就不行，行也不行。”真可谓“一句话成也，一句话败也。”

好话歹话都是说，为什么不说让孩子高兴，让孩子听了心情舒畅的话。为了孩子进步，还是经常给孩子以积极的心理暗示吧。

十二、批评孩子应讲究方法

只有夸奖的教育是“缺钙”的教育，“缺钙”的教育让孩子既不能全面看待自己，也不会有心理承受能力。西方谚语说得好：“恭维是盖着鲜花的深渊，批评是防止你跌倒的拐杖。”批评对于孩子不仅是改正缺点的必要手段，也是提高挫折能力，提升自身修养的必经之路。

“好孩子是夸出来的”，但孩子的成长不能只有夸。

法国心理学家高顿教授经过一项专题研究证实：孩子从来没有挨过批评，到处都是赞扬声，很容易变成“老虎屁股摸不得”的小霸王。不知道什么是对的，什么是错的，是非不分，这对他的心理健康发展毫无益处。这些在儿童时代难以接受批评的孩子长大后，也大多对批评抱有“敬而远之”或干脆“拒之门外”的消极态度，他会无法面对挫折，更无法适应社会的需要，这对他将来事业的成功没有积极的作用。

只有夸奖的教育是“缺钙”的教育，缺钙的教育让孩子既不能全面看待自己，也不会有心理承受能力。西方谚语说得好：“恭维是盖着鲜花的深渊，批评是防止你跌倒的拐杖。”批评对于孩子不仅是改正缺点的必要手段，也是提高挫折能力，提升自身修养的必经之路。

怎么批评可大有学问。俗话说，“良言一句三冬暖，恶语伤人六月寒。”“一句话能哄死人，一句话能气死人。”说话要讲究技巧，批评孩子也应讲究方法。

有的父母没有认识到这一点，批评孩子时信口开河，如，孩子考试没考好，当妈的就训斥说，“考试不到80分，给我丢人现眼，真是朽木不可雕”；孩子办了错事，就把孩子过去犯的“陈芝麻烂谷子”都数落出来，把孩子说得一无是处；当着邻居、亲友、孩子同学的面批评孩子；孩子犯了错，就将“笨蛋”“蠢货”等侮辱人的词乱用等。这是和打骂不同的冷暴力，这非但不能教育孩子，反而伤害孩子的自尊心，打击孩子的自信心，只会让孩子逆反，起到南辕北辙的作用。

西方教育家斯宾塞曾指出：“粗鲁而轻率的家庭管教方式，其实只有那些最卑贱最无文化者才适用。”

对孩子批评不讲究方法技巧，是相当有害的。其一，骂孩子“笨蛋”“朽木不可雕”，不仅会引起孩子逆反心理，而且孩子会认为自己是无能的，大大挫伤他的自信心，对孩子的发展是极其有害的。其二，批评时以偏概全，把孩子说的一无是处，孩子就会认为父母不以理服人，只看到过失，看不到优点，伤了他的自尊心，势必会对父母不尊重。其三，父母批评信口开河，这会造成两代人的心理隔阂，孩子会产生抵触情绪，认为父母并非对自己关心，而是拿自己撒气，孩子会给父母来个阳奉阴违，脾气暴的孩子会和父母对抗，闹得家庭不安宁。

现实生活中，有多少家庭，父母出于对孩子的关心爱护，却不讲究批评的方法，闹得大人生气，孩子赌气，“冷战不止”。

怎样批评才能更好教育孩子？下面举出几点建议：

以理服人

切勿使用骂人、损人、挖苦人的方法，那样太伤人的感情，伤人的自尊，还是以讲明道理让人信服为好。

多讲危害

对孩子的错误应从客观上强调危害，不应过多的追究责任，“上帝也会原谅青年人犯错误”，孩子毕竟生活经验少，犯错误大多是无意的或是不知如何做造成的。

就事说事

孩子一件事办错了，不要以偏概全，批评错误要维护孩子的人格尊严。

让人讲话

注意把事情搞清楚后再批评，孩子有委屈应让他讲，批评时分清前因后果，孩子才会信服。

有教而诛

平时注意教孩子什么事该怎么做，切忌平时不教，孩子不懂或无意做错事就只知批评。有言在先，有教而诛，孩子才会少犯错。

适时适度

看好场合看好火候，压住自己的情绪，批评掌握时机。不夸大也不缩小，实事求是。

讲究语言

人们常说，“良药苦口利于病”，制药厂把苦涩的药片包上糖衣，让人好接受，批评孩子可用委婉的语言、幽默的比喻点明问题实质，去触动孩子的心灵。

苏联电影《列宁在十月》中高尔基对列宁说：“你批评了人，还总让人高兴。”要教育好孩子，应向列宁学习。

第六章
引导孩子调控学习的办法

有效的学习调控，是孩子学习不断进步的重要条件。孩子学习如同部队作战部署，“运用之妙，存乎一心”。调控得当，稳操胜券；调控失当，得不偿失。学习调控包括学科调控、多种关系调控、情绪调控。孩子学习不懂或忽视调控，就会造成高投入低产出、高消耗低效果的情况。

一、引导孩子不能偏科

偏科不仅制约孩子的总体成绩，而且严重影响其学习态度，打击学习积极性、自信心。偏科直接制约孩子升学考试成绩，让理想成为泡影，也是孩子将来就业的“拦路虎”。

孩子学习出现“偏科”是难免的，但切不可轻视。某学科成绩很差，成为“拉腿学科”，尽管其他学科成绩较好，但“拉腿学科”会使孩子升学、就业的理想成泡影。为什么这样说？还是从事例谈起。

初中生魏明辰，语文是全校出名的成绩优秀，家长们都说他考上重点高中是十拿九稳的事。可那年中考语文试题较容易，考生成绩拉不开多少距离。魏明辰的科学学科是“拉腿学科”，中考科学试题难度不大，大多考生科学学科得了高分，魏明辰的科学却只得很低的分数，结果他与重点高中失之交臂。

高中生程海军，数学、物理、化学三科成绩，在全年级向来都是拔尖的，同学们说他一定会考上名牌大学。可他高考那年，高考理科综合试卷中生物试题难度大，而生物是他的“拉腿学科”。高考考场上，当他看到生物试题就蒙了。程海军的数学成绩突出，但那年高考数学试题较易，普遍分数较高，他又没表现出优势。高考总分十分不如意，面对名牌大学，他也只能是望洋兴叹。

段立军上大学时学机械自动化专业，是令人羡慕的高才生。毕业后公务员考试，同事们都认为他一定会榜上有名。可公务员考试的公共科目却是他的薄弱点，考试结果公布，在几十个竞争对手中，他无奈名落孙山。

偏科会给考学、就业造成严重障碍。孩子们学习为什么会出现偏科？原因是多样的，主要有三方面：

第一，父母引导不当。孩子上学前，父母重视某些学科知识的引导，孩子就努力学，学习进步快。父母在无意中暗示了孩子有些学科可以不重视，造成某些学科“先天不足”，成为“拉腿学科”。

第二，孩子学习情绪化。孩子对某学科老师教学方法不适应，或是对某老师有看法，就不乐意学该学科，时间一长，成为“拉腿学科”。孩子对没兴趣的学科不愿意学，学起来也吃力，越吃力越不乐意接触，成绩就越来越差。

第三，知识结构问题。婴幼儿时期缺乏某些能力训练，或是缺乏感性知识积累，课本理论性知识学习十分吃力，比如空间立体思维能力差，导致物理、数学、化学、地理学科学习困难；抽象思维能力不足，对数学、物理、政治等抽象理论性知识学习吃力，长此以往，一些学科就成为“拉腿学科”。

切不可小视偏科，它给孩子学习带来严重危害。

偏科影响学习成绩

即使孩子其他学科成绩较好，由于偏科，他的总成绩也不会好，孩子在升学考试中就会像魏明辰、程海军那样，希望破灭。

偏科影响学习态度

因为偏科，导致孩子成绩总体上不去，其情绪就会变得比较焦躁，孩子为补救“拉腿学科”付出很大努力后，依旧收效甚微，内心难免出现挫败感，打击孩子学习积极性，影响学习态度。

偏科影响自信心

自信是学习成功的前提。当孩子由于偏科，总体成绩总是在中下游徘徊时，就会影响孩子学习的自信心，学习没有自信心，学习动力也就没有了。

偏科不仅制约孩子的总体成绩，而且严重影响其学习态度，打击学习自信心、积极性。偏科直接制约孩子升学考试成绩，让理想成泡影，也是孩子将来就业的“拦路虎”。

父母引导孩子学习，要切实预防孩子出现偏科问题。假如孩子确实存在偏科现象怎么办？这里提出几点建议：

教导孩子认识偏科的危害

孩子出现偏科现象，很大程度上，是他认识不到偏科的严重危害，学习随意、情绪化造成的。父母务必提醒孩子偏科的危害，让孩子从观念上高度重视。

消除对薄弱学科的恐惧心理

孩子某学科成绩差，他对学这一学科就害怕和发怵。父母多动些心思，引导孩子战胜对“拉腿学科”的恐惧心理，如，“你数学差主要是接触的少，没更多钻研，并不是学不好。”“你语文不是学得很好吗，主要是你用功夫多，接触的多就能学好。”“事在人为，就凭你的能力，你一定能学好它。”

发现孩子的进步和闪光处

人们做事取得一定成功之后，就会树立自信心。孩子战胜“拉腿学科”也是同理，父母要善于发现孩子学习此学科的进步，比如作业正确的多了，考试多得了几分，就要抓住给予肯定和赞扬，让孩子看到自己的能力，进一步树立起学好此学科的信心和勇气。

采取行之有效的补救方法

与任课老师加强联系，和老师一起研究孩子形成“拉腿学科”的原因，找出解决的方法。并请老师给予帮忙，比如老师常和孩子接触、交谈，在学习上多关照；和孩子一起批改作业，具体指导；上课时老师有意提问孩子一些较易的问题，答对了充分肯定鼓励。通过一点一滴的进步，量变最后达到质变，最终实现消除“拉腿学科”的目的。

二、强调客观条件不可取

孩子学习成绩优秀的根本原因是主观努力。父母爱强调客观，孩子就不肯主观努力，那绝不会有好成绩。

古时候，四川某边远偏僻的地方有两位僧人，一位贫穷，一位富有。有一天，贫穷的僧人对富有的僧人说："老兄，我想去南海，你觉得怎么样啊？"富有的僧人说："你要去南海，准备好去南海的东西了吗？"

"我只要一个瓶子，一个饭钵就够了。"贫穷的僧人答道。

"其实啊，我早就想买一艘船去南海，可是没有去成。"富有的僧人听后回答说。

那位贫穷的僧人靠一个瓶子和一个饭钵就出发了。从四川到南海有几千里路，他以徒步代替车船，沿途靠一个瓶子和一个饭钵取水化缘。他越过了高山、湖泊、森林、村庄……历经了种种磨难，最终到达了南海。

第二年，他从南海回来了，并告诉了那位富有的僧人，他沿途所经过的地方，看到的奇闻轶事，到南海丰富的收获。那位富有的僧人听后，面露愧色，红着脸点了点头。

富有僧人早就有去南海的愿望，为什么始终没能如愿，而贫穷僧人却实现了愿望？事物发展变化的根本原因是内因，外因只是条件，外因通过内因而起作用。富有的僧人在那位贫僧面前之所以羞愧，就是他强调客观，未能主观上努力。孩子们学习中强调客观的也大有人在。

高一期中考试结束后，邵子臣拿着自己的数学试卷，气呼呼地找到数学老师，"老师你怎么出题这么偏，害得我考试没及格，这让我多没面子。""试题是其他老师出的，都是基础知识，怎么能说是偏呢？"老师回答他说。"不偏我怎么没及格？"邵子臣嘟囔着没趣地走了。

"这个学生怎么会这样。"办公室的老师们议论着。

其实，像这种情况并不是第一次。邵子臣时常学习不认真，却总爱找客观原因："考试出题太难了""学校上课时间太早了，害得我迟到""老师关心我太少，使我的成绩总是不如意。"是什么原因使他主观不努力，总强调客观？老师们疑惑不解。

家长会上，邵子臣的妈妈对学校和任课老师"这也不合心意，那也看不惯"一通埋怨，就是不讲自己对孩子如何教育，不讲孩子学习主观不努力。

这就解开了老师们心头的疑惑，他母亲爱强调客观，就为孩子树立了榜样，在邵子臣幼小心灵上，打下深刻的烙印，以至于孩子形成事事强调客观的思维定式。

生活中时常听到“某某学校教学质量差”“孩子的任课教师不如从前的有水平”“教室没装空调条件太差”“班主任对自己的孩子关心不够”一类的埋怨话。千方百计为孩子择校选择老师成为一种时尚。一些父母眼睛只盯着外界环境，想着法子给孩子创造好条件，而忽视怎么调动孩子学习的内在积极性。

当然，不能否认学校的校风、班级的学风对学生学习的影响，也不能否认师资水平、老师教学经验和责任心、学校的纪律，对孩子学习的重要影响，但这些毕竟都是外界客观条件。

同样的学校，同样的任课老师，为什么有的孩子学习成绩很好，有的孩子成绩却不佳？孩子学习成绩优劣，其关键在内因，在于他自己的主观努力。条件再差的学校也会出现优秀人才，条件再好的学校也会出现差生。

孩子们都是善于模仿的，父母不从主观上找原因而强调客观，那就等于教孩子看问题强调客观，从他人身上找原因。邵子臣母子俩就是实例。

父母的榜样效应，让孩子形成了错误的思维方式，他不主观努力，事事推诿责任，从不在自己身上找原因。孩子片面强调客观，是为自己不努力找借口，是为学习成绩差冠冕堂皇的找理由。而真正的优秀学生，都是十分注重主观努力的。

陈莹老师的女儿，上高中后，高一的数学老师水平低，有的同学就一味埋怨发牢骚，数学成绩越来越差。陈莹老师告诫女儿不能强调客观，要凭主观努力。她女儿就借来许多数学书籍，进行艰苦的自学，由于潜心研究，女儿真正掌握了知识，数学成绩很突出。陈莹老师的女儿考入清华大学后说：“高一数学老师水平低，促使我想法自学，提高了我的自学能力。”

当人们问及陈莹老师：“您女儿为何能有这样优秀的成绩？”陈老师讲了富有哲理的一句话：“孩子学习成绩优秀的根本原因是主观努力，大人爱强调客观，孩子就不肯主观努力，那绝不会有好成绩。”

少强调客观条件，多动脑，用科学方法引导孩子，在激发孩子学习积极性、能动性方面下功夫，这才能更好促进孩子学习进步。

三、关注孩子的自我调控

是否善于进行自我调控，对孩子学习起到举足轻重的作用。为了引导孩子实现高效率学习，父母要教导孩子静下心来分析自己的学习能力、学习安排、学习策略等方面的情况。引导孩子监控自己的学习过程，反思自己的学习行为，适时发现问题并进行有效的自我调控。

孙膑是战国时期的军事家，他与齐国的将军田忌很要好。田忌经常同齐威王赛马，马分三等，比赛时，以上马对上马，中马对中马，下马对下马。因为齐威王每一个等级的马都要比田忌的马较强，所以田忌屡赛屡败。

孙膑知道后，分析了田忌的马与齐威王的马比赛的实际情况，他对田忌说：“再同他比一次吧，我有办法使你获胜。”

赛马那天，双方下了千金赌注。一声锣鼓响，比赛开始了。孙膑先以田忌的下马对齐威王的上马，再以上马对齐威王的中马，最后以中马对下马。比赛结果，一败二胜，田忌赢了。

同样是三匹三等级的马，为什么最后田忌赢了齐威王？关键在于孙膑善于依据双方实际，进行巧妙调控。

孩子们学习也同样面临自我调控问题，他们学习时间和精力大体相同，但有的成绩优秀，而有的成绩较差，是否会正确的自我学习调控是不可小视的原因。

心理学上提出元认知概念，元认知就是个体以自身认知活动为对象的认知，是对自己认知活动的自我意识、自我体验、自我监控、自我调节。一个学生元认知水平高低，决定他对自己学习的反思、调控能力的高低。而反思、调控能力如何，又影响其学习效率和成绩。

孩子们学习知道思考理解知识、思考解答试题、思考安排学习时间，但是，自身理解知识的方法是否正确、解答试题的思路是否对头、学习时间和精力安排的是否得当，这些对思考本身的思考，也就是元认知，有些孩子却忽视了。

成绩优秀的孩子，他对自己各学科知识、各种能力情况都有清楚认识；善于反思自己听课、练习、考试等学习行为；完成各种学习任务会认真思考方法策略，以实现低消耗、高效率。

相反，一些孩子对自己知识、能力水平没有清楚的了解；不善于反思自己的学习行为；不用心思考完成学习任务的策略，认为“水大泡倒墙”。只有到升学考试分数下来才大失所望，可怜的分数对不起自己所下的功夫，好像被谁“狠狠地宰了一刀”。

可以看出，是否善于进行学习自我调控，对孩子学习起到举足轻重的作用。为了引导孩子实现高效率学习，父母要教导孩子静下心来分析自己的学习能力、学习安排、学习策略等方面的情况。引导孩子监控自己的学习过程，反思自己的学习行为，适时发现问题并进行及时的自我调控。

孩子们学习自我调控表现在以下方面：

学习计划的调整

学习有无计划，计划能否依情况适时调整，是自我调控的重要方面。孩子的时间和精力是有限的，要在有限的时间内获取更多知识，必须有合理的学习计划，并随着情况的变化，适时调整学习计划。否则必然是分不清轻重缓急，学习效率低。

学习策略的调整

学习策略包括学习重点的安排、各学科的精力投入、考试的技巧策略等。比如，数学成绩不佳，就要潜心找出原因，在数学上多下些功夫。再如，历史在一个月内要进行学业水平考试，就要抓紧时间复习历史，以取得好成绩。

学习方法的改进

有的同学只信奉“只要功夫深，铁棒磨成针”的道理，这是片面的。随着年级升高学习难度的加深，必须不断探求新的学习方法。特别是进入高中，忽视研究和改进学习方法，势必会事倍功半。思维方法是学习方法的极重要方面，理解知识的思路是否得当，解题思路是否正确，处理问题的思维方式是否妥善，这些都要善于反思。

学习错误的纠正

“人非圣贤，孰能无过”。学习过程是一个发现错误、纠正错误、不断提高的过程。孩子们或多或少都会存在着学习上的不当做法，如，轻视课后复习；忽视审题，解题步骤不规范；成绩上盲目攀比；思考问题片面性、直线化等。忽视反思错误，自以为是、固执己见，是要受惩罚的。

学习情绪的调整

喜、怒、哀、乐是每个人人生的交响曲，人的情绪直接影响学习效果。要善于调整自己的情绪，始终保持乐观、稳定的心情。要有一种“咬定青山不放松，任尔东南西北风”的态度，保持高昂的情绪，全力以赴投入学习。

四、帮孩子突破“高原现象”

学习中的“高原现象”是指学习过程中的一定阶段，出现学习效率低，学习进步缓慢，甚至停滞的现象。“高原现象”发生于由低层次学习进入高一层次学习的过渡期间。

进入高三复习阶段。丁佳薇为了取得好成绩十分努力。可半个学期过去了，她时常感到疲惫不堪，成绩踏步不前，甚至还有倒退现象。她焦虑不安，怀疑自己是否能力不行，更担心考不上理想大学。看着女儿劳累疲惫的样子，又听她念叨：“这么累，怎么成绩一点也没进步”。父母急在心头，不知如何是好。

丁佳薇的情况，是进入了学习“高原现象”的表现。心理学认为，人在复杂技能形成过程中，练习到一定时期出现练习成绩暂时停止不前，在练习曲线上出现近于平缓甚至下降的一部分线段，即“高原现象”。在各种技能学习过程中，学习者一般都要经历以下四个阶段：学习开始阶段、迅速进步阶段、“高原现象”阶段、克服“高原现象”阶段。

“高原现象”发生于由低层次学习进入高一层次学习的过渡期间。在小学、初中或是高中都可能出现。它的产生有其必然性。只不过由于各种原因，有的人“高原现象”突出，有的人“高原现象”不太明显。

“高原现象”是怎样产生的？孩子学习中出现“高原现象”怎么办？

世界上任何现象的产生都有其原因，学习中“高原现象”出现的原因主要有：

学习方法死板落后

丁佳薇进入高三复习阶段后，是在用学新知识的方法复习。她没有用心思考自己各科知识掌握情况和各种能力提高情况，有针对性进行复习。高三复习，要求对知识进行系统综合的运用，她不能很好地适应，尽管学习十分努力，成绩并没有提高。

生理、心理原因

丁佳薇只注意多用功，忽视了必要的体育锻炼和休息，出现体力不支、精力不足现象。生理与心理疲劳积累到一定程度，出现“高原现象”。如果长时间持续劳累，超过某种程度，会产生疲劳和厌倦感，表现为精神涣散、倦怠、反应迟钝，学习效率下降。

基础知识不牢固

初一、初二和高一、高二一样，学习都是阶段性的，每个阶段考试都是考核新学知识。到初三和高三，要求系统掌握知识，实现知识的综合运用。丁佳薇在高一、高二时基础知识不巩固，高三复习一时不能适应，出现“高原现象”。

意志薄弱

考前复习范围广、容量大、时间长、缺乏新意，有的学生面对困难失去信心，产生复习已经差不多的感觉。缺乏耐心急于“求战”，很容易减弱学习动机，甚至产生烦躁厌倦情绪。

知道了“高原现象”产生的原因，父母怎样帮孩子突破“高原现象”？

帮助孩子保持良好心态

父母要告诉孩子，出现“高原现象”是学习中的正常现象，不必过于担忧。孩子要调整好心态，树立必胜的信心，用自己的意志力和耐挫折能力，克服焦虑心情，沉着冷静，从容面对，采取有效措施突破“高原现象”，实现大幅度提高。

引导孩子实现劳逸结合

注意脑力和体力的平衡。“文武之道，一张一弛”，在紧张复习中，不可把时间塞得满满的，要留有休息、锻炼时间，使疲惫的身心适度放松。

教育孩子改变学习方法

孩子进入高一层次学习，学习要求更高了，就要求改变旧的学习方法，代之以新的、更有效的方法。当找到并熟练运用了新学习方法，成绩就会实现提高。

进入初三、高三复习后，父母要提醒孩子通过分析、概括、归纳、梳理等手段，使自己的知识系统化，把知识融会贯通。坚持“知己知彼”的原则，深入研究中考、高考试题特征和能力要求，研究自己各学科知识掌握的情况和各种能力情况。既要遵循老师引导，更要从自己的实际出发，合理安排时间和精力，实现高效复习。

关注孩子注重思想交流

孩子产生“高原现象”后，容易形成消极情绪。父母应加强与孩子的思想交流，站在孩子角度，耐心帮助孩子分析“高原现象”产生的原因，探讨突破“高原现象”的方法。坚持多发现孩子的闪光点，发现孩子的进步加以鼓励，激励孩子在困难面前要有顽强奋斗的精神、乐观向上的态度，让孩子相信自己的能力，告诉孩子“突破黑暗就是黎明”。

五、用心关注孩子的情绪

美国人普遍认为，乐观和积极的情绪是孩子走向成功的关键。假如一个人积极、乐观地看待人生，面对再大的困难，他也会相信事情还会有转机，他就成功了一半。保持一种积极向上的乐观态度，是拼搏获胜的关键。这是美国人教育孩子的阳光法则。

您一定有这样的体验，当心情舒畅、情绪兴奋时，思考问题会思路畅通、思如泉涌；当心烦意乱、情绪郁闷时，思考问题会思维迟钝、没有思路，这体现了人的情绪与智力活动密切相关。

孩子学习属于较复杂的智力活动，更需要愉悦的情绪、愉快的心情。不妨细心观察一下，那些平时面带笑容、精神振奋的学生，一般来说大多成绩优秀；而那些每天萎靡不振、情绪低落者，一般成绩不佳。

为什么会这样？这是情绪的作用。从解剖学来讲，情绪与智力活动都属于中枢神经活动的范围。当人情绪愉悦、信心百倍时，神经系统处于兴奋状态，会思维活跃、思路畅通、反应敏捷；反之，情绪低落、没有信心、消极苦闷时，人的神经活动就会受到压抑，表现为思维迟钝、思路受阻。

孩子情绪愉悦，有良好的精神状态，学习才会高度专注、全身心投入。这种状态下，大脑已有的相关信息就会像泉水一样涌出，身心各部分会协调动作，学习是高效的。

处于萎靡不振、情绪低落状态的孩子，不良情绪会影响他正常智力活动，学习时身心不可能专注，思维迟缓、反应迟钝，大脑相关信息很难出现，其智力活动是低效的。

孩子的情绪受到社会、学校、家庭诸多因素影响。社会、学校因素父母不可能决定，但在家庭生活中，为了孩子身心健康，为了孩子更好学习，父母应设法给孩子一个快乐的心情、愉悦的情绪。

家庭生活中父母可以用幽默的语言、笑话、娱乐活动，用欢声笑语和歌声来调节家庭气氛；“你的作文进步很大”“你这件事做得真好”“你的字写得越来越好”，父母要不吝啬对孩子的赞赏。

当孩子受挫折、失败、困难、灰心等不良情绪困扰时，不妨带孩子到田野、公园，到孩子喜爱去的地方去，从外界给孩子一个心情愉悦的环境。

当孩子在学习、体育、竞赛等中取得成功时，通过给孩子微笑，为他竖起大拇指、拥抱他、为他鼓掌等积极的身体动作表达对孩子的赞赏。

美国人普遍认为，乐观和积极情绪是孩子走向成功的关键。假如一个人积极、乐观地看待人生，面对再大的困难，他也会相信事情还会有转机，他就成功了一半。保持一种积极向上的乐观态度，是拼搏获胜的关键。这是美国人教育孩子的阳光法则。

关注孩子的情绪变化，特别是孩子的不良情绪，比如，考试出现大失误成绩下降；与同学闹矛盾；被老师批评；在某些竞争中失败等。现在的孩子大多心理素质较差，他们在某些小的挫折、打击面前会出现不良情绪，在较大的心理冲突、外界打击、重大挫折面前，更容易形成恶劣的情绪，如若父母失察就会造成重大影响。

陈小琦在初中一二年级，学习成绩都是班内前三名，进入初三复习后的第二次模拟考试，由于较大失误，他的成绩跌至班内中下等水平，眼看考某重点中学的希望将落空，又感到对不起辛辛苦苦养育他的父母，他十分绝望，趁家人不注意时喝下农药，多亏家人及时发现，才没铸成大错。

父母要用心关注孩子情绪，为孩子撑起心灵的保护伞，在保持孩子良好情绪上多用心思，保持孩子心情舒畅、情绪愉悦，孩子才会学习积极努力不断进步，父母自然也会有好心情。

六、情绪与学习

情绪这一非智力因素，在孩子学习中发挥着重要作用，情绪状态影响记忆水平，影响学习效果，影响考场水平的发挥。

影响学习的诸因素中，孩子的情绪状态是十分重要的因素。情绪是一种对智力与能力活动有显著影响的非智力因素，情绪因素在学习中发挥着重要作用。

各异的情绪为学习提供不同情绪背景

生理学和学习心理学研究证明，过低或过高的愉快、兴奋均不利于学习效率提高。痛苦、恐惧等消极情绪有害于学习，消极情绪强度越大，学习效果越差。而愤怒情绪具有自信度较强的性质，中等程度的愤怒一旦爆发出来，有可能对学习起促进作用。

不同情绪状态对学习的影响效果不同

焦虑过度往往会引起恐慌的反应，产生抑制作用，破坏短时记忆，不能快速重新组织思维活动从而妨碍学习；低焦虑又会动力不足制约学习，因而适度焦虑有助于学习效率达到最佳水平。

极强度的应激，往往使个体行为紊乱，出现不必要的动作，语无伦次、思维混乱、记忆失误等；中等强度的应激，能更好地使人发挥积极性，增进人的反应能力，使思维清晰、判断明确。但长期没有应激状态，也不能使人得到锻炼。

无论在紧张或缓和的学习情境下，情绪稳定者成绩较不稳定者为优；在紧张的学习情境下，情绪稳定者学习成绩会因紧张气氛的压迫而明显进步；情绪不稳定者却因此而退步很多。

情绪、情感影响人们的记忆水平

情绪作为一种非认知因素，对记忆效果起着重要影响作用。如果识记材料在某种情绪状态下被记忆，那么在同样情绪状态下，这些材料更容易被回忆出来。例如，当人们处于良好的情绪状态时，更容易回忆那些带有愉快情绪色彩的材料。与心境一致的材料比与心境不一致的材料更容易记忆。

人的情感对人们的记忆有重要的影响，那些记忆犹新的事都是饱含情感的。如最好的朋友、最尊敬的老师、得到的大奖励。这种曾经付出感情的事，过了许多年，也历历在目。

愉快的经验不容易遗忘，而不愉快的经验则容易遗忘。愉快的词汇（高兴、自豪、愉快、美好等）能激起人的积极情绪，而不愉快的词汇（伤心、痛苦、沮丧等）能激起人的消极情绪。

人们在情绪愉悦时就会思维敏捷、思路畅通，记忆知识和回忆知识较之忧虑、苦闷、焦躁不安时要快得多、准确得多。

情绪影响孩子的学习效果

人们的行为常常被当时的情绪所支配，而情绪影响着学习效果，其影响优劣取决于情绪的性质及强度。过低或过高的情绪水平，都不如适中的情绪水平更能导致较好的学习效果。当人处在积极、乐观的情绪状态时，人们倾向于注意事物美好的一面，不怕困难、积极进取；而当人处于消极情绪状态下则容易使人产生悲观意识，失去希望与进取精神。研究发现，心境好的学生较之心境差的学生学到了更多的知识。

情绪影响考场水平的发挥

在考场上情绪高度紧张，就会出现怯场现象，产生手脚出汗、正常思维受阻、知识不能回忆、答题没有思路等状况；而情绪过于坦然，思想不能高度集中，对信息就不能快速反应、准确加工，同样不能发挥正常水平；只有在适度的激奋状态下，人的大脑才能快速反应，准确加工信息，快速回忆、思路畅通。

父母引导孩子学习，让孩子有良好的情绪非常重要。为此，家庭生活中父母要创造一种民主和谐的氛围，使孩子处于身心愉悦的学习气氛中；父母要细心观察孩子的情绪变化，发现有不良情绪及时给予开导；孩子在学习和生活中出现失误，家长以大将风度，接纳、宽容孩子，让他在失误中领悟事理；孩子出现困惑、疑难问题，为他出谋划策；教会孩子调控自己的情绪，提高形成乐观、愉快情绪的能力。

让孩子在学习中获得快乐，在快乐中学习，是他学习进步的保证。

七、正确看待孩子成绩

“一个孩子经常被看成怎么样，经常被说成怎么样，经常被怎样对待，在不长时间内就会变成现实。”这就是著名的罗森塔尔效应。

进入初三后，第一学期期末考试成绩，李峥嵘由班内十几名下降到三十四名。她垂头丧气地回到家中，懊悔地小声对爸妈说：“这次考砸了，得了个三十四名。”爸爸没好气地回应道：“考得那样糟，真让我失望。”脾气火爆的妈妈一听，气不打一处来，摔给女儿一句：“到初三了考成这样，说你不行你就是不行……”

本来压力很大的李峥嵘，被爸妈一顿训斥，要强的心真是“透心凉”，自此她心灰意冷，一蹶不振，本来能进入重点高中的她，到中考分数只够职高水平。

高三第一次期中考试，路凯宁成绩是全班倒数第九名，她平时在班内基本居前十名左右，这次她得知成绩时如五雷轰顶。她没精打采地回到家中，爸妈看到女儿的样子，问起原因，路凯宁如实地告诉了爸妈。

她爸妈一听也愣了，但他俩很快冷静下来。妈妈安慰路凯宁说：“一次考试说明不了什么。你有能力能赶上去。”爸爸也劝道：“不能让失败打趴下，经得起失败才是好样的。”

事后爸爸耐心地帮路凯宁分析了考试失败的原因。并抽时间到学校与任课老师一起分析情况，找出对策。

在父母的鼓励、引导下，路凯宁振奋精神、专心致志加倍努力，成绩不断进步，由全班倒数九名上升为前二十几名，再到十几名，当年高考她以班内前十名的成绩考入重点大学。

为什么同是成绩下降了，两个孩子结果却是迥然不同？其中父母怎样对待孩子起着十分重要的作用。

一天，心理学家罗森塔尔来到一所学校。师生们听说大名鼎鼎的心理学家罗森塔尔来到学校，都欢迎他到自己的班级给予指导。罗森塔尔来到一个班级看了一会儿，他就点到某某、某某几个学生是天才。这几个学生听大心理学家说自己是天才，异常激动，他们回到家中兴奋地将这一好消息告诉家长。家长们不信，到学校一打听确有其事。兴奋的家长，这时怎么看自己的孩子都像是天才，照顾孩子更加精心。老师、同学对他们另眼看待，热情的帮助和支持他们。

自此以后，这几个被罗森塔尔指定为天才的学生学习非常勤奋努力，他们的学习成绩进步之快令人敬佩。

后来，罗森塔尔又来到这所学校，学校老师们问他："罗森塔尔先生，您是怎么看出这几个学生是天才的。"罗森塔尔一笑说："这几个学生并没有什么特殊的地方，我是随意点出这几个学生是天才的。"

罗森塔尔的实验说明一个道理："一个孩子经常被看成怎么样，经常被说成怎么样，经常被怎样对待，在不长时间内就会变成现实。"这就是著名的罗森塔尔效应。

都是普通的学生，心理学家指定其为天才，家长、老师、同学们都另眼相看，使这些学生进步快速。这其实是孩子所尊崇的人的肯定、鼓励在孩子身上发挥了作用。可见父母、老师对孩子的评价、态度，在孩子心灵上会有多么大的影响。

世界上任何事物的发展都不是一帆风顺的，孩子们学习也是如此。孩子某次考砸了、成绩下降了都是难免的，都有其原因，比如：考试时身体不适；试题难度大或是题量大不适应；考试时间安排失当；所学知识不系统；不适应大综合考试；忙于其他杂事或其他事干扰等。

人们常说，"失败是成功之母"。失败了总结经验、吸取教训、重整旗鼓，就可能转化为成功；反之，失败之后外界给予其心理上的打击，自己也灰心丧气、身心不专，那必然是惨败。

孩子成绩倒退了、考砸了，这不可怕。可怕的是父母的错误态度和孩子的消沉状态。面对孩子成绩下降，父母怎么办？

宽容孩子、理解孩子，允许孩子学习成绩出现下降，以一颗宽容的心去接纳孩子的失败。不仅要宽容理解，更重要的是设法促其进步。父母首先要耐心地帮助孩子找出失误根源，和孩子一起研究努力的方向。其次是父母把孩子成绩下降归结为试题难、时间安排失当等可控的外部原因。最重要的是鼓励孩子"你能行""我相信你的能力"，孩子才会重新树立自信心，以高昂的情绪投入学习。

家长如若凭情绪行事，孩子成绩下降，不问青红皂白训斥孩子为“笨”“没能力”“就是不行”，这只会让孩子恐慌不安，在孩子心目中形成自己笨、能力差，再努力也没有用的想法，大大挫伤孩子的士气和自信心，形成苦恼的心情和沉重的心理负担。

生理学和心理学研究证明，人在愉悦的心情下，思维高度灵活，做事效率高。相反人在紧张、恐惧、苦恼心情下，思维就会被压抑，反应迟钝。训斥、责骂、数落孩子的做法，无意中压抑孩子的智慧，严重制约孩子学习效果。有的曾被打骂过的孩子，一到考场心情就高度紧张，只怕考不好再经受“暴风雨的洗礼”，担心忧虑的情绪严重影响考场水平的发挥。

为了孩子学习进步，为了孩子的身心健康，当孩子学习成绩下降时，父母要调整情绪、理智思考，宽容孩子、理解孩子，帮孩子找出原因，指明努力方向，孩子才会变失败为成功。

八、孩子成绩差怎么办

武断地给成绩差的孩子以“脑瓜笨”“低能儿”“朽木不可雕”的结论，在理论上是错误的，在实践上也是极有害的。父母给孩子贬低的评价，孩子会默认自己无能、智力低下。一种无形的绳索——自卑感就会束缚孩子的心灵，压抑其智力的发挥，制约孩子学习，影响其健康成长。

顾大成因为学习成绩差，时常感到同学们看不起他。更令他心寒的是，父母经常将“脑瓜笨”“智力低”等话头摔给他，让好强的顾大成陷入了痛苦和茫然。

孩子成绩差，到底该怎么办，怎样实现“峰回路转”？先从孩子成绩差的原因谈起。

绝大多数成绩差者不是智力低下，而是其他原因：学习没动力，混光景；学习习惯差，学习一知半解，作业敷衍；自制力低，上课走神，课下贪玩；学习分心，杂事、杂念、杂思太多；基础差，前后知识不能有效衔接；不讲究学习方法，死记硬背、囫囵吞枣。智力偏态、思维错位和学习障碍，却不为人们所注意。

何为智力偏态？用通俗话讲就是“不走那道经”。大生物学家达尔文在上小学时，由于酷爱生物导致其他科成绩差，常常被老师训斥为“低能儿”。但他后来所取得的成就，却远远超过他同时代的人。这种智力偏态现象，是一些学生成绩差的原因。

所谓思维错位，就是在常人看来是思维反常，并非人们所想象的那样按部就班。大科学家爱因斯坦，是典型的用思维错位方式进行思考的人。他说他不像常人那样用文字语言思考问题，脑海里浮现的是怪异现象。思维错位并不是智力低下。

学习障碍也称学习技能发育障碍，指儿童在学龄早期，同等教育条件下，出现学习技能的获得与发展障碍。多起源于认知功能缺陷，并以神经发育过程的生物学因素为基础，主要包括阅读障碍、拼写障碍和计算技能障碍。

武断地给成绩差的孩子以“脑瓜笨”“低能儿”“朽木不可雕”的结论在理论上是错误的，在实践上也是极有害的。父母给孩子贬低的评价，孩子就会默认自己无能、智力低下。一种无形的绳索——自卑感会束缚孩子的心灵，压抑其智力的发挥，制约孩子学习，影响其健康成长。

怎样对待成绩差的孩子，实现“峰回路转”？

赏识孩子，调整期望

“你看不起你的孩子，却又望子成龙。”这话说出了一些父母的心态。看到孩子成绩差，就看不起孩子，怎么看都不顺眼，跟孩子说话没好气，甚至“眼不见心不烦”。

毕业于山东寿光一中，后考入北京大学的王一林的母亲杨桂英说：“教育最和谐的境界是赏识，父母用赏识为孩子助力，生命因赏识而美丽，赏识是开发孩子身上巨大潜能的最重要的方式之一。”孩子的头脑不是一个等待填充的容器，而是一支等待点燃的火把，家长的责任就是点燃它，让它燃烧。父母转变孩子首先是转变自己的态度，诚心诚意地接纳孩子，赏识孩子，“站在地上”想问题，从实际出发调整对孩子的期望。

有的放矢，对症下药

具体问题具体分析是解决问题的基本方法。若是孩子自制力差，就用正反两方面的事例讲明道理，再来个“无规矩不成方圆”，和孩子一起制定学习制度，督促他自觉遵守，逐步提高自制力。

孩子学习习惯差，就和孩子讲明道理，下大力气培养良好的学习习惯。

孩子学习不讲究学习方法，父母就要教给他科学有效的学习方法，并引导孩子自己探索好的学习方法。

如果孩子是属于智力偏态和思维错位，要依据他的特点，循循善诱、因势利导，发挥他的特长，把他的能力调动起来。

树其信心，促其成功

父母指导成绩差的孩子，对孩子要有耐心，帮孩子树立起自信心是最重要的。

不要吝啬赞扬，用“显微镜”发现孩子的进步和优点，然后用“放大镜”放大。对孩子的赞扬肯定，体现了父母看得起他、信任他，他“还有希望”，能鼓励孩子树立起信心。

采用“分解目标，小步走”方法，告诉孩子下一次争取超过他前面的一名同学，或是下次争取多得 5 分，这一目标孩子努力就可达到，让他看到自己的“本事”，感受到学习带来的愉悦。实现一个个小目标，通过量变实现质变，达到学习不断进步。

游戏方法，克服障碍

假如孩子是学习障碍问题，那么就采用游戏辅导方法，实现大脑神经控制功能的提升。具体方法有：①旗语游戏、听口令游戏、反口令游戏，训练听觉注意力、听觉记忆力、听觉理解力、手脑协调力、反应力等。②敲天鼓、大脑回声操、大脑反射操，刺激大脑神经系统，提升大脑神经控制能力，提升有意注意、记忆力、思维反应力。③智力游戏、猜谜语游戏、猜测侦破故事题、思维训练题，训练孩子的判断、比较、概括、推理等学习能力和认知能力。

提高学习成绩是成才之路，但绝非唯一之路，“条条大路通罗马”，“三百六十行，行行出状元”。聂卫平、姚明、郎朗他们在文化学习上未必都是优秀生，但他们在各自热爱的事业上，做出为世人称颂的业绩。“猛虎入深山才能逞威，蛟龙入大海方可称雄。”

人各有长、人各有志，扬长避短、因势利导，才能很好发挥孩子的才干。父母应善于发现孩子的闪光点，将其发扬光大，支持孩子走向不同的成才之路。

九、不妨尝试为孩子减负

北京师范大学教育学院肖川教授提出，负担过重会导致肤浅。负担过重使得一个人忙忙碌碌，疲于应付，没有足够的时间去消化、深化、细化所获得的知识，去建构属于自己心灵财富的知识。久而久之，学生变得内心麻木，机械呆板，未老先衰，暮气沉沉。

谈起孩子的家庭作业，一些父母深感忧虑。有的小学生语文作业，若干个生字要抄写十几遍；数学 $7+5=12$ 之类作业，抄写十几遍。这些烦琐、枯燥的抄写，让孩子苦不堪言。中学生学科增多，各学科老师都担心所教学科成绩不佳，不敢少留作业。中小学生过重的作业负担，成为制约孩子们身心健康、能力提升、成绩进步的一个瓶颈。

教育部基于学生课业负担过重，指示小学阶段少留或不留课外作业。一些父母却给孩子留大量的家庭作业，并强硬要求完成。课外作业让活蹦乱跳的孩子没有了笑容，时常眉头紧锁。

根据国家教育部、卫生部的调查表明：我国有 4 亿多近视患者，其中青少年已成“重灾区”，小学生中近视率在 30% 以上，中学生达 70%，大学生达到 90%。形成近视的主要原因是中小学生的用眼过度，加上睡眠不足所致。如何正确对待家庭作业，成为父母引导孩子学习的重要内容。

北京师范大学教育学院肖川教授提出：负担过重会导致肤浅。负担过重使得一个人忙忙碌碌，疲于应付，没有足够的时间去消化、深化、细化所获得的知识，去建构属于自己的心灵财富的知识。久而久之，学生变得内心麻木，机械呆板，未老先衰，暮气沉沉。

据《科学》杂志报道，基于全球学术研究的全面审查结果，研究人员对老师布置过多的家庭作业持否定态度。研究人员指出，在日本、捷克和丹麦，老师布置的家庭作业相对较少，然而学生的学习成绩却很好。美国宾州的研究人员大卫·贝克也指出："在世界上其他一些国家，例如泰国、希腊、伊朗，老师布置的家庭作业非常多，然而学生的平均分却非常低。"贝克表示："一个出人意料的后果是，那些家庭作业负担太重的孩子掌握的知识反而更少，增加家庭作业的负担只会导致家庭内部关系更加紧张，最终使整个教育层次和质量遭到破坏。"

为什么丹麦、捷克、日本的老师布置的家庭作业相对较少，学生成绩却很好，而泰国、希腊、伊朗的老师布置的家庭作业非常多，而学生的平均分却非常低？这要从作业的功能和孩子们课外学习内容谈起。

孩子们做家庭作业，其功能主要是巩固、复习、扩展知识，并相应学会不同习题的解题方法。但是，孩子们要真正学好知识，还必须在课外进行必要的预习、复习；对已学知识进行回顾、梳理、消化，才会真正掌握知识；必须通过大量阅读获取相关知识。

孩子的家庭作业设及内容只是课堂知识的一部分，是对新学知识点一两个角度的考查。一个知识点的运用可以从多个角度，甚至是几十个、几百个角度去考查。但"万变不离其宗"，无论是多少角度，都是对知识掌握程度的考查。中考、高考就是考查学生对知识准确把握程度，灵活运用知识的能力，考查易混淆知识的掌握程度。这只靠做作业，没有课后复习消化是绝对不行的。

丹麦、捷克、日本的老师留作业相对较少，但学生可以抽出时间进行预习、复习、消化知识，可以通过课外阅读获取大量课外知识。而泰国、希腊、伊朗的孩子作业过多，就只能完成作业，这样学习成绩自然就低。

教学实践中，有的优秀老师坚持不留课外作业，而是调动学生去自主安排课外学习，一些考入名牌大学的学生，他们课外做作业的时间并不多，而是更注重自学。

一些学生和父母认为课外学习就是做作业，完成作业就万事大吉，这实际上是不明白做作业的功能和怎样进行课外学习。

一些学生越到高年级学习越吃力，一个重要原因就是，学习能力没有相应提高，所学知识没有深刻加工消化，进而转化为自己的知识。过多的课外作业，不仅占用了孩子们的时间和精力，影响了自主学习，而且窒息了孩子们的求知欲，甚至使孩子们形成厌学。

不妨尝试为孩子减负，促进孩子成绩提高。

（1）家长莫再为小学生留家庭作业，让他们多读自己喜欢的书，扩展知识，增加感性材料，多在游戏中提高能力，这比做好几个习题重要得多。

（2）老师所留的抄写作业，依孩子的实际情况，与老师协商减少不必要的时间和精力消耗。

（3）引导孩子按照自己学习的实际，分清主次，抓住重点，区别对待。少做无用功，有效利用时间和精力。

十、帮孩子处理好学习中的十种关系

父母要引导孩子正确处理好学习中的十种关系，这是孩子实现学习不断进步至关重要的因素。

孩子优秀成绩，取决于诸多因素，能否妥善处理好学习中的一些关系，是其重要方面。父母引导孩子学习，要引导孩子正确处理好学习中的十种关系，这是孩子实现学习不断进步至关重要的因素。

课堂学习与做作业的关系

孩子学习的关键是课堂学习，课下做作业只是辅助手段。课堂上全身心投入，获取、消化新知识，是取得好成绩的前提。做作业的目的是巩固、扩展课堂知识，探索解题方法。孩子若是轻视课堂学习，只重视做作业，是本末倒置、得不偿失。

做作业与课后复习的关系

“重复是学习之母”。做作业的目的，是通过不同方式巩固、扩展知识。做作业的前提是复习，忽略复习，只是完成作业，就不能全面巩固知识。作业内容只是从一定角度复习新学的部分知识，若忽视及时复习，新学知识就不能巩固，会很快遗忘。

课前预习与上课的关系

课前预习才能明确要学新知识内容，了解前后知识联系，清楚不理解的知识，课堂学习才会有高效率。倘若没有预习，就是被动地接受知识，理不清知识的思路，吃不透重难点，学习效果会大打折扣，出现囫囵吞枣、食而不化的情况。

刻苦钻研与请教的关系

任何新知识，要转化为自己的知识，必须经过自己加工消化。尤其是抽象理论知识，必须刻苦钻研、深入思考，否则会“知其然而不知其所以然”。刻苦钻研并不排斥向他人请教。勤学好问是优秀品质，百思不得其解的问题，就要请教他人。北方有句方言“脸皮壮，吃得胖”，学习就得多请教方能更好增进知识。

勤于用功与用心的关系

“只有功夫深，铁棒磨成针”，不踏踏实实地下功夫，是不可能学好知识的。但学习用功未必成绩优秀，因为用功并不等于用心。用心是深入加工知识，是注重思考知识的规律和答题的技巧，是善于总结经验教训，是反思和调控自己的学习行为。只有用心才能提高学习效率，实现事半功倍。用功加用心，才会有好成绩。

课内学与课外学的关系

绝非只有上课和做作业才是学习。课本所写、课堂所学只是人类至今获得知识的一小部分。且不说孩子将来就业和生活，单从孩子升学考试角度讲，中考、高考试题特点是“题在书外，理在书内”，无论哪一学科，众多试题所用材料基本是课外信息。父母提醒孩子，务必利用一切机会，处处留心学习新知识、获取新信息，“事事留心皆学问，人情练达皆文章。”

课堂学习与请家教的关系

孩子某科成为“拉腿学科”，为了改变“拉腿学科”，在课余时间请家教弥补，也无可非议。但毕竟请家教只是一种辅助弥补手段，孩子学习主要阵地在课堂。认为上课不专心学，课后可以请家教，实际上是“捡起芝麻丢了西瓜”，是专吃“零食”，丢了学习的“正餐”。

平时学习与考试的关系

考试是对平时学习的检验，平时努力才会“水到渠成”。平时不努力，考前才“临阵磨枪”，是不会有好成绩。周密的思考、规范的答题、书写工整、卷面整洁，这些都是平时训练出来的，考试是对平时训练的综合考查。父母要警示孩子，认为平时可以不认真，到考试会做好，那是不现实的，真到升学考试时，可就“身不由己”，只能是“习惯成自然”了。

学习水平与分数的关系

考试分数是学习水平的体现，平时学得好，才会有好成绩。但并不否认某些偶然因素导致成绩不反映学习水平，这就是人们所说的运气。平时学习不肯用功用心，只关注考试分数，或是考试讲运气，或是靠求神拜佛是不可取的。

学习与身体锻炼的关系

学习要争分夺秒讲究效率，但又必须注意锻炼身体，以保持健康的体质和旺盛的精力。倘若学习时拖拖拉拉、浪费时间，或是担心影响学习忽视身体锻炼，结果搞得身心疲惫，学习效率就会低下。初三和高三更不能忽视身体锻炼，多年来轻视身体锻炼。导致复习高投入低效率，考场不能正常发挥的教训比比皆是。

假若孩子存在不当的观念和做法，父母要帮他尽快端正认识，纠正不当行为。无数事实证明，不能恰当处理这些关系，会严重制约孩子学习。

第七章

帮助孩子实现升学愿望的做法

孩子平时学习成绩好，升学考试未必就有好成绩，就一定能进入理想的学校。因为复习、考试、填报志愿都有它特有的规律和技巧。漠视这些规律和技巧，是要吃苦头的。

一、正确对待初三、高三复习

孩子进入初三、高三复习后，父母要做的是帮助孩子坚定信心，减轻思想压力；提醒孩子讲究复习方法，注重发现问题，解决问题；帮孩子调整好饮食和起居，保持孩子充沛的精力，创造和谐宽松的学习环境。

“家有读书郎，急坏爹和娘。”孩子进入初三、高三复习后，孩子的学习可是家庭的“头等大事”，父母的急切心情可想而知。但大多父母是“心里痒痒摸不着抓”，不知道应该怎么办。

陆俊仙到高三复习后，全家进入“紧急状态”，她被家庭“一级保护”，妈妈每天做饭都要问喜欢吃什么，“家里条件再差也要满足你的要求”。晚上，妈妈又送牛奶，又端水果，还不时询问“还要妈妈帮什么?”嘴里还时常念叨“你要考不上好大学，找不到好工作，妈妈还不跟着你受累。”“全家人都把希望寄托在你身上了”。

为了不影响女儿学习，妈妈在单位请了长假，专门伺候女儿。陆俊仙周日要出去找同学玩一会儿，爸爸赶紧阻止；女儿要看会儿电视，听听歌曲，妈妈立刻拒绝……

过度的关心，过多的干涉，并没让陆俊仙的父母如愿。陆俊仙高一、高二时，在班内成绩居前三名，高考分数下来，她只是进入专科学校分数线。用陆俊仙的话讲，“这一年我不知道怎么熬过来的，每天疲惫不堪，忧心忡忡，我最难于忍受的是爸爸妈妈对我太关心了，对我干涉太多了。”

叶登良与陆俊仙同年级，高一、高二时同样在班内成绩位居前三名。进入高三以后，叶登良的爸妈让儿子按照实际情况自主安排复习，只是提出要多用心研究高考大纲、研究往年高考试卷、复习多动脑思考、多向老师请教，这样“三多”的要求。

叶登良的父母没有干涉孩子复习，主要是帮孩子调整好生物钟，让他生活、学习尽量有规律。他们说：“家长关心要放在心里，表面上尽量做得平常些，不要制造紧张空气。”叶登良的爸爸对儿子说：“只要你努力了，不论是什么样的结果，我们都会满意。”为了儿子始终保持旺盛的精力，看到儿子疲劳了，周末爸爸就陪孩子去打球、听听音乐或去田野散步。

叶登良没有辜负父母的期望，他以平时雄厚的功底和考场很好的发挥考入了北京大学。

为什么两位考生高一、高二成绩相近，高考成绩却相差悬殊？父母的做法发挥着至关重要的作用。

父母对孩子的关心是必需的，但过度关心只会造成孩子更多思想负担，过多的干涉，只能是添乱，干扰孩子自主性，破坏孩子的心绪。孩子进入初三、高三复习后，父母要做的是帮助孩子坚定信心，减轻思想压力；提醒孩子讲究复习方法，注重发现问题解决问题；帮孩子调整好饮食和起居，保持孩子充沛的精力；讲究说话艺术，创造和谐宽松的学习环境。

孩子进入初三、高三复习，父母还要注意什么呢？我们从另外两个事例说起。

赵秀坤学习很努力，在班内成绩总是前几名。进入高三复习后，她思想压力很大，就怕自己成绩下降，结果越怕越着手，高三第一次模拟考试，她的成绩落到了班内三十多名，这对她是“当头一棒”，她想是否是自己不行，她情绪低沉，饭吃不下，觉睡不好。妈妈看到女儿的变化没好气地说：“你还上火，我们辛辛苦苦供你上学，到高三了成绩没长进，反倒退步，我看你还考什么大学。”妈妈的话让她雪上加霜，从此一蹶不振。

赵秀坤在以后复习中，精神始终没有振作起来。复读一年才考入一所中专学校。

杨俊山高一、高二时在班内也是前几名，进入高三以后自己心里没底，第一次模拟考试下降到班内三十六名，他压力很大，并向爸妈说了自己的顾虑。

爸妈见他情绪低沉，就和他分析失误的原因，发现了他在知识、心理、考试经验方面的问题，并与他探讨了对策。爸爸语重心长地对儿子说：“不要灰心，爸爸相信你的能力。”妈妈也鼓励说：“一次模拟考试说明不了什么，发现问题纠正了错误，就会有大长进。”

爸妈的鼓励令杨俊山增长了信心，他认真分析个人学习的实际情况，调整了复习的策略，奋力拼搏。当年高考，他以优异的成绩考入上海复旦大学。

两个孩子截然不同的结果，给父母们什么样的启示？孩子初三、高三模拟考试出现成绩升降是正常现象，父母的着眼点不应是分数的高低，而是引导孩子从每次考试中发现问题、总结经验、找出方向、鼓舞斗志、提高复习效率。

父母是孩子最亲的人，也是最信任的人，无论是初三还是高三复习，孩子们学习任务繁重，身心疲惫，神经紧张，父母的话对他们影响很大，“良言一句三冬暖，恶语一句六月寒”，一句鼓励的话会让孩子增强信心，一句泄气的话会打击孩子的士气。

孩子进入初三或高三复习，父母应当十分讲究引导孩子的方法，关注孩子心理，谨言慎行，讲究语言艺术，创造和谐宽松的家庭氛围，实实在在地为孩子实现理想鼓劲加油。

二、引导孩子提高复习效率

引导孩子提高复习效率，就要提醒孩子知己知彼，有的放矢；扎实基础，注重能力；统筹兼顾，科学安排；减轻压力，劳逸结合；勤于反思，留心信息。

初中、高中升学复习是否得法，直接关系升学成绩高低。一些孩子复习方法得当，升学成绩令人欣喜；有的孩子复习不得法，升学成绩让人失望。怎样引导孩子提高复习效率，取得理想成绩？

知己知彼，有的放矢

考试说明是复习也是出题的纲领。父母引导孩子复习，首要的是提醒孩子研究考试说明，明确出题范围、能力要求、考试例题，找出复习方向。历年考试试题都有延续性，认真研究近几年中考、高考试题，掌握试题的类型，知识考查的角度，能力考查的特征，试题评分标准，做到知彼，增强复习的针对性。

告诉孩子，潜心分析自己各学科知识掌握水平、各种能力状况、考试答题技巧掌握的情况，做到知己。“知己知彼，百战不殆”，孩子们要针对考试特征和自己的实际，研究出切实可行的复习方法、策略。

扎实基础，注重能力

升学考试试题，重在考察基础知识。孩子复习必须扎扎实实抓好课本基础知识，将知识梳理清楚，把握知识内在联系，实现融会贯通。反对好高骛远猎奇难题、怪题，防止掌握知识满足于一知半解的做法。

无论中考、高考，都注重能力考查。父母要引导孩子，通过对自己平时考试答卷的剖析，分析各种能力强弱，如语文阅读理解能力，数学解题计算能力等。找出能力上的弱点，多下些功夫，争取有所突破。

要掌握解题技巧，没有大量练习是不行的，但做题数量并不一定与效果成正比，关键是坚持“从个别中发现一般”的方法，从解答具体习题中，找出解答同类习题的一般规律、技巧和注意事项。

统筹兼顾，科学安排

父母要指导孩子坚持各学科统筹兼顾，突出优势学科，消除“拉腿学科”。任何学科严重不足，是其他学科无法弥补的。坚持科学布局，优化时间和精力安排，坚决反对心中无数，复习无的放矢、盲目瞎抓现象。

复习要实施既统一又独立的方法，既要尊重老师的统一安排，不能自以为是，又要具体分析自己的实际，“有钢用在刀刃上”，科学安排时间和精力，不做无用功。

减轻压力，劳逸结合

面对中考、高考，孩子思想有压力是必然的，但压力太大会适得其反。人的心理、生理与智力是密切相关的，思想压力太大，会压抑智力，严重影响复习效果。发现孩子思想压力大，及时做好思想工作，比如，告诉孩子“我们相信你的能力，”“只要尽力了就好，”这些话会起到缓解压力的作用。再者，抽时间带孩子去田野、公园散步，放松心情，缓解压力。

孩子求胜心切，复习分秒必争，晚上学习到深夜，打破了平时的生活习惯，看起来是珍惜时间，实质上是疲劳战术。大脑长期疲劳，会破坏大脑的运动规律，出现头晕、失眠等神经衰弱的特征。孩子复习要劳逸结合，进行必要的体育锻炼，放松身心，要保持生活规律化，保证身体健康、精力充沛。

勤于反思，留心信息

复习阶段孩子考试较多，这不仅是对学习水平的检验，还是提高考试策略、考试技巧的途径，更是发现问题、解决问题的必需。父母要告诉孩子每次考试后，切不可只关注分数，重要的是认真分析试卷，总结考试的经验和教训，发现知识、能力和答题技巧方面的缺陷，通过总结反思，吸取经验教训，弥补自身缺陷。

信息包括考试信息和社会信息。无论是中考还是高考信息，都会从不同侧面反映考试的某些要求、变化。社会信息包括国家新出台的重大政策、世界新出现的重大科技成果、人们关注的社会热点问题。这些都可能是考试出题的素材。父母从报纸、网络、电视上留心这些信息，及时提醒孩子注意，以提高升学考试成绩。

三、孩子面临初三、高三冲刺

孩子进入初三、高三冲刺阶段，父母应设法坚定孩子信心，减轻其思想负担，创造良好学习环境，密切关注孩子情绪变化，切实保障其身体健康。

孩子进入初三、高三冲刺阶段，家庭进入“一级战备状态”，众多父母心急火燎，但又不知所措。怎样帮孩子考出好成绩？提出以下几点建议：

坚定孩子信心

面临中考、高考，孩子们大多对能否考上理想学校心里坐着“没底轿”，对于自己水平能力如何，易受外界影响。父母是孩子最亲近、最信任的人，父母的言论，给孩子以很大影响。“你是很棒的，我们相信你的能力”“只要努力，一定实现愿望。”父母的勉励十分有益于孩子坚定信心。帮孩子分析考学的有利条件，为孩子应考出谋划策，也十分有助于孩子树立信心。

若家长有意、无意讲一些“我真担心你考不好”之类的话，那会打击孩子的自信心。

减轻思想负担

进入初三、高三冲刺阶段，孩子身心处于高度紧张状态，尤其是学习成绩一般者，思想负担更重。此时父母心里再急，也应内紧外松，表现出“大将风度”，沉得住气，给孩子以积极的暗示。“不要有太大压力，努力去做就行了。”这些宽慰的话，能平静孩子紧张的神经，减轻其思想负担。

若是经常唠叨供他上学不容易；说考不上好学校就如何；将孩子成绩与他人攀比；父母专门为孩子应考而请假伺候等。这些做法会加重孩子思想负担，严重影响孩子应考复习。

创造良好环境

紧张的复习需要一个安宁的环境。家庭中一些让人烦心的事，最好不要当着孩子的面讲。父母看电视、玩牌、聊天注意莫影响孩子。劝告邻居减少大的声响，噪音会导致孩子无法集中精力学习。茶余饭后谈一些趣闻、笑话、轶事，让孩子有一个愉悦的心情。切不可把考学时时挂在嘴边上。

关注情绪变化

孩子进入冲刺阶段，身心疲劳、神经紧张。孩子学习成绩的升降、同学间关系变化、老师的表扬批评、家庭生活变故、个人身体不适、大人间的是非纠纷等，都会引起孩子情绪变化，没有好情绪，是不会有复习好效果的。父母要关注孩子情绪变化，适时采取相应措施。若发现孩子有不良情绪，多找孩子谈谈心，倾听他的诉说，引导他解决心中的苦闷，帮他保持愉悦的心态。忽视关注孩子情绪变化，造成种种悔恨的事例屡见不鲜。

保障身体健康

帮孩子起居规律化，不要过多熬夜，每天有一定时间的锻炼、休息，预防长期疲劳导致体质下降和生病。调整好饮食，少饮用生冷食物，防止肠胃疾病，多食用一些鸡蛋、牛奶、核头、新鲜水果，给大脑提供充足的营养，有益于促进思维活动。身体健康、精力充沛是高考成功的保障。

四、孩子升学，家长怎么做

影响孩子考场发挥的因素诸多。父母怎么做，起着不可估量的作用。孩子考学建议父母鼓励孩子树立信心，帮孩子调整好身心，尽量排除干扰，坚持内紧外松，做到有备无患。

孩子要升学考试，哪位父母心里不急？历年升学考试中，有的考生平时成绩很优秀，考试成绩却十分不理想；有的考生平时成绩并不“拔尖”，到成绩公布时，却是“一匹黑马”，这是考生考场发挥不同造成的。影响孩子考场发挥的因素诸多，家长怎么做，起着不可估量的作用。家长怎样做才有助于孩子考场更好发挥？

鼓舞信心

坚定自信是孩子良好考场发挥的首要前提。面对强手如林的竞争环境，到底自己能否考出好成绩，大多孩子心里没底儿，他们此时最需要的是信任和鼓励。孩子无论成绩是优秀还是较差，家长应在表情、眼神和身态上表现出对孩子的信任和支持。“你能行”“相信自己就是胜利”家长这些信任、鼓励的话，会让孩子增加“底气”，增强必胜信心。

调整身心

孩子升学前繁重地复习，是超强度脑力劳动，脑力体力消耗巨大，帮助孩子恢复体力和精力是十分紧要的。升学考试不仅是对考生知识和能力的考察，也是对考生体力和精力的考验。1993 年，有俩亲兄妹同时参加高考，本来哥哥平时成绩比妹妹好得多，但由于考试中哥哥过于疲劳体力不支，结果高考分数却低于妹妹。

提醒孩子调整好身心，带孩子去田野、公园散散步，或是看看电影、电视放松身心；确保正常的生活规律，生活饮食上坚持营养丰富。假如孩子晚上不能很好入睡，可以用一些安神补脑液、谷维素、牛奶等有助于睡眠的物品促进睡眠，精力充沛才能保障很好的考场发挥。

排除干扰

孩子考学，亲戚、朋友、邻居关心是必然的，此时最好劝他们不要过多来看望，或是过多的电话、手机联系，以免影响孩子休息和情绪。孩子是走读生，最好规劝邻居打牌、唱歌、跳舞、看电视等娱乐活动不要声响太大。一些让人不愉快的事尽量少提起。倘若家庭或亲友出现意外变故，最好不要让考生知道，等考试过后再告诉，以免严重影响考试。家长不放心地唠叨、叮嘱，整天把考试挂在嘴边上，也会干扰孩子心情。

外松内紧

孩子在大考前，身心是高度紧张的，生活环境的某些变化对他们来说，都会影响情绪。父母应坚持“外松内紧”的原则，“外松”就是家庭生活基本和平时一样，让孩子形成一颗平常心。家长若表现出焦虑不安的情绪，势必会加剧孩子的紧张心情。家长要有大将风度，用自己乐观、平和的心态影响孩子。“内紧”是指细心关注孩子的饮食、起居、情绪、身体变化，任何细节都不可忽视。

考试期间每场考试下来，关注孩子情绪变化，莫议论考试答题情况，因为孩子一旦知道答题有失误，就会影响下一场情绪。建议家长最好不要送考生到考场，或是买好食物在考场外等候，这会给孩子造成压力。

有备无患

一是从物质上把考试要用的物品准备好；二是考虑到可能出现的情况，比如路上堵车、天气风雨、身体不适等，想好应对方法；三是教孩子考虑到考试可能出现的意外情况，思考好应对措施；四是家长注意有关考试的信息，比如考试安排要求、考试作息时间，熟悉考点、考场、路途及天气变化，为孩子当好参谋；五是预防怯场，劝说孩子坚持“从最坏考虑，从最好努力”的原则，把问题想周到，谋划好相应对策。

教给孩子“自我暗示”的方法，如“我能行，我不紧张”“越紧张大脑越乱”“现在是显示水平的时候”。这种暗示对稳定情绪，保持良好心态会起到很大作用。

五、孩子考试焦虑原因分析及应对方法

面对关系重大的升学考试，孩子出现考试焦虑是难免的。孩子若出现考试焦虑，父母可引导孩子放下思想负担，设法调节情绪，保证良好睡眠，指导孩子考场如何放松，给孩子多一些积极的自我心理暗示。

儿子赵晓军将要参加中考了。当爸妈的进入“一级战备”状态，生怕哪儿做得不周，影响孩子考学。可越急越添乱，考前几天赵晓军时常坐立不安，吃睡不香，上课不能专心，课下复习大脑胡思乱想，有时出现心

慌、胸闷。这可急坏了爸妈。

这是考前焦虑的表现。中考、高考这样的大考试，孩子有不同程度的焦虑是难免的。教育心理学研究发现，焦虑水平与工作效率的关系呈倒U形关系。适当的焦虑水平有利于唤起大脑皮层的兴奋，更能集中注意力，活跃思维。但随着焦虑水平的提高，会导致心理压力过大，情绪紧张，不能集中注意力，记忆力下降，学习效率低。北京大学一个调查研究发现：56%的考生均有考前头痛头晕、无力、记忆力下降、贪食或厌食、感冒等症状；90%以上考生有内心不安、紧张失忆现象，反应严重的达35%之多。赵晓军的情况就是严重的考前焦虑表现。

考试焦虑表现有哪些，为什么会出现焦虑，出现严重的考前焦虑怎么办？

考前焦虑通常有以下方面表现：

躯体表现：呼吸加快、心慌、胸闷、出汗、手脚发凉、尿频尿急等症状。情绪表现：紧张、担心、焦虑，总是忧虑会有不好的事情发生，甚至出现恐惧心理。认知表现：过分重视考试的结果，担心自己是否会失败，注意力、记忆力、思维的灵活性受到损害。行为表现：坐立不安，吃睡不香；上课不能专心；课下复习大脑胡思乱想；小动作增多。

考前焦虑出现的原因是多方面的，主要有：

考生自身的原因

把考试成败看得太重；对考试没有把握；有重大考试失败的经历；担心考试结果不好，会辜负父母对自己的期望；担心考不出好成绩会影响前途。

家庭方面的原因

面临孩子升学考试，家长表现出身心紧张、坐立不安；父母考前不断地唠叨“考不好怎么对得起我们的辛苦”“考不好就没有好前途”；父母期望高，考前给孩子定标准，进入什么样的学校。

学校方面的原因

有的老师为了提高自己和学校声誉，给考生提要求；同学间的竞争；

考生认为老师对他十分关心，考不出好成绩对不起老师。

假如孩子出现严重的考试焦虑，父母怎么帮孩子应对？

放下思想负担

考前焦虑大多是孩子担心考不出好成绩形成的。父母应设法开导孩子理清焦虑的原因，明确焦虑的危害，帮其放下思想负担，如告诉孩子，“不论结果怎样，你只要尽力就行了”“升学考试和平常考试没多大不同，担心恐惧是‘天不扰人人自扰’。”

设法调节情绪

教孩子把焦虑倾吐给父母或好友，不要闷在心里，倾吐了心理就会放松些。考前带孩子到一个令人心情愉悦的地方放松身心，放下精神负担。引导孩子用臆想使自己放松，如闭目想象自己静卧在海滨沙滩，听着海水轻轻地拍打岸边；想象置身树丛之中，闻着花香，听着鸟语虫鸣，想象得越逼真效果越好，通过想象，可以阻断对紧张、焦虑的关注，使心情放松。

保证良好睡眠

加强体育锻炼，保持良好睡眠。睡眠不仅能解除身体疲劳，让人恢复体力，增强体质，还能缓解心理压力，减轻焦虑，增强记忆力。

考场自我放松

考场上若出现心慌、冒汗等反应时，尝试在座位上做深呼吸，方法是闭目坐在椅子上，吸气时要缓慢，直到吸不进气为止，然后，更缓慢地向外呼气，一般需要 3 ~ 5 次，有时间的话，做 3 个回合效果更佳。深呼吸可以调解心律，使心律趋于正常，改善脑供氧，使头脑保持清醒，有利于缓解焦虑心情，降低紧张情绪。

积极自我暗示

提示孩子，在考场上运用积极的自我暗示进行调解。当情绪处于紧张状态时可以默念“放松，一定要放松”；当心情烦躁不能集中精力答卷时，可默念“平静，心情平静就是胜利”；当心灰意懒想放弃时可默念“我行，我不能放弃，我能战胜自己”。积极的心理暗示，就像有人在身边加油鼓劲一样，能战胜焦虑，让自己发挥出好水平。

六、引导孩子实现最好的临场发挥

引导孩子实现最好的临场发挥，应当充分做好考前准备，保持充沛精力，提高心理素质，讲究答题策略，从容应对意外。

历年中考、高考成绩公布后，总是“几家欢喜几家愁”，有的考生拿到成绩单后欣喜若狂，有的考生看着可怜的分数心灰意冷。这是考生临场发挥不同造成的。

怎样帮孩子在考场上实现最好的临场发挥？依据几十年对中考、高考实践的研究，提出以下几点建议：

考前充分准备

升学考试中有许多不可预料因素。比如，某科试题难度大、试题量大、出现未见过的题型、路上堵车、身体意外不适等。古人云：“有备无患”。父母考前要提示孩子，不打无准备之仗，务必从思想上、物质上做好充分的准备，坚持从最困难情况着想，从最好的结果去努力。充分考虑到可能出现的困难情况，想好应对措施，以尽量减少失误。

保持充沛精力

升学考试是高难度脑力劳动，没有充沛的精力，就不能在考场上快速准确获取信息，保持思路畅通，周密分析问题。

有的考生主张“临阵磨枪”，考前熬夜到很晚，拖着疲惫的身体进入考场，到了考场上体力不支、精神不振、思维缓慢。历年考场上都有考生由于体力不支、精神疲惫，大脑不能快速回忆知识，答题没有思路，心急如焚，却又无可奈何，此类教训切切牢记。

考试前几天把恢复精力、体力作为重要任务，保证合理的饮食和充足的睡眠。讲究饮食卫生，特别是少吃生冷食物，以防引起身体不适。

提高心理素质

心理素质不同，面对威严的考场阵势表现也各异：心理素质高的考生，认为这是对考试的高度重视，也正是大显身手的时候，他会沉着冷静从容应对。心理素质低的考生，则会心情高度紧张，进而精力难以集中，思维迟钝。

面对题量大，或试题难，或全新题型，心理素质高的考生认为，题量大试题难，也不是难我一个，题型新是对考生能力的检验，他能从容对待；心理素质低的考生则以为一定是自己水平低、能力差，势必产生失望的心情，畏难的心理，干扰了正常思维，不能发挥应有水平。

心理素质的关键因素是自信心。坚定必胜的信心，是取得最好临场发挥的前提。父母要用各种方式，鼓舞孩子的士气，增强孩子的信心。

讲究答题策略

考场答题的关键是将试题意图、条件、要求分析透彻，坚持深入周密思考，不要急于下笔。合理安排答题顺序，先要求准确，而后要求快速。学会挤分，理科把方程式和计算结果写在显要位置，文科展开知识点，作文抓住开头和结尾。

若试题难就来个“老太太吃柿子——捡软的拿”，先易后难，各个击破；若题量太大，时间不允许，就来个“丢卒保车”，将会答试题答准确。

选择题在准确审视题目，考虑周密后再写答案，坚持“一锤定音”，相信“第一印象”，答后再改往往易出错。计算题注重规范，不写错任何一个符号，不遗漏任何一个步骤。

卷面整洁美观得让每一个阅卷教师都想高抬贵手，就会从卷面上得到一定的隐形分数。

试卷出现从未见过的新题型或新角度，就要反复推敲“试题可能要求怎么答、答什么”，然后大胆决断去答题。

从容应对意外

考场出现任何意外都是难免的。比如，饮食不当引起身体不适；考前遇上不顺心事干扰心绪；路上耽误时间而迟到；忘记带准考证或某种文具；试卷忘记写准考证号；答题中没看清题目要求发现出错等。这些势必会影响情绪干扰答题。谁也不希望出现意外，但谁也不敢说一定不会出现意外。父母要引导孩子考虑周到，思考好遇到意外情况的应对方法。

每科考试结束切莫议论答题情况，否则会干扰心绪。努力保持良好心情和充足精力，进入预热状态，准备下一场考试更好地发挥。

七、帮孩子填报高考志愿

帮孩子填报志愿坚持“顶天立地”的原则，正确定位原则，扬长避短原则，着眼发展原则，权衡利弊原则，共同协商原则。

填报高考志愿是一件很费神的事。填报是否得当，关系到孩子能否进入理想的大学，关系到能否被大学录取，更关系到孩子一生发展。

填报高考志愿，孩子从未经历过，并且关系重大，他自然有些茫然。父母如何给予适当的引导，让孩子选择出恰当的志愿很重要。填报志愿应遵循以下几个原则：

“顶天立地”的原则

所谓“顶天”就是要有冒险精神；所谓“立地”就是要坚持保险的方针。

冒险精神就是敢于填报高层次的大学。大多数考生和家长为了确保被录取，而填报较低层次的学校，这种做法其实不妥：一是高考获得高分而上低层次学校，心理不平衡，也影响孩子将来发展；二是大多人都这么想，结果是低层次学校录取分数猛增，还有不被录取的可能。

坚持保险的方针，就是将孩子愿意去的低层次大学也填上。在填报好高层次志愿的同时，还要考虑到有未被录取可能，认真填报好低层次的大学，以起到保险的作用。

正确定位原则

大学分为一本重点大学、二本、三本本科大学、专科学校、中专学校几个批次。帮孩子填报志愿时，参照孩子分数在全省的位置，再分析各批次大学在本省所招名额，就可以大体知道孩子处于什么样的定位。

各大学历年的录取分数线，是随填报人数的多少而波动的。多年来，一些人只看某大学上年录取分数很高就不敢填报，等分数线下来，孩子的分数却大大超过该校录取分数线，后悔莫及。最好找到前几年该大学的录取分数线，从中分析录取分数波动的规律，再依据所处的分数定位，大胆填报。

高考志愿表格中有几个批次，各个批次都有第一、第二、第三志愿。填报志愿的关键，是填报好孩子高考分数所在批次的第一志愿，高校录取首先是看第一志愿，第一志愿未录取，才看第二、第三志愿。为了确保被大学录取，还要认真填报好低批次的志愿。

近些年来，一些省份实行“平行志愿”。“平行志愿”就是在每个录取批次志愿中，考生分别填报几个平行志愿。这无疑是大大降低了孩子们填报志愿的风险。大学院校录取时首先按平行志愿的第一志愿投档。第一志愿未能录取，再看其他平行志愿。

例如：浙江省自2016年起高考志愿由“专业+学校”组成，录取不分批次，实行专业平行投档，专业平行志愿考生可填报80个。

在是否服从调剂栏中，最好填报服从调剂。因为填报的学校或专业未被录取，有的学校或专业还没达到要录取的人数，填报服从调剂，录取时可调剂到其他学校或专业，这样就增加了录取的机会。

扬长避短的原则

孩子填报高考志愿，要切实依据孩子的实际情况。包括孩子的特长、爱好和性格。特长就是他在哪一学科见长，根据优势学科，填报志愿才会更容易被录取。填报孩子爱好的专业，才能最大限度发挥孩子的能力，将来工作时会更得心应手。孩子的性格特征，是好动还是好静；是否善于从事社会交往；是否善于口才表达；耐力、意志力如何，依据性格特点填报相应专业，将来工作才会更顺利。

着眼发展的原则

选择专业首先必须考虑到就业。填报志愿所选的专业，必须想到社会的需要，考虑到如何填报更有利于毕业后就业。

就业涉及热门与冷门专业问题，热门专业较之冷门专业录取分数线较高。不要只看到某专业现在是热门，要看到社会发展的潜在需要，现在是冷门的专业，几年后也许会是热门。比如生态环境保护相关专业，过去是冷门，现在就是热门。

权衡利弊的原则

现在自主招生的大学院校越来越多，对孩子来说，要不要参加自主招生的大学考试，这就要权衡利弊，做出恰当的决定。

大学的地理位置也要考虑。多年事实证明，东部沿海城市在同批次学校中录取分数线，比西部、中部城市要高。避开地区上的热点，被录取的希望更大。害怕路远填报离家较近的大学，这是人们的一种心理，这也制约着孩子进入理想大学。

家庭经济状况也要权衡。上什么样的学校，才能实现较小的投入，得到较高的收获。现在出国留学的人越来越多，不考虑家庭实际和孩子的实际，盲目跟风不可取。

共同协商的原则

填报志愿是人生中的一件大事，必须慎之又慎。完全由孩子决定容易出现考虑不周，造成不必要的失误。父母一手包办，不考虑孩子的意愿，更不可取。父母与子女共同协商，既要从孩子的实际出发，更要着眼于孩子将来的发展。共同协商，才能更好地填好高考志愿。

八、面对孩子的升学选择要疏导不要强硬干涉

法国思想家洛克说："现在我还要向做父母的提醒一件事，就是如果谁希望自己的儿子尊重他和他的命令，他自己便应十分尊重他的儿子。"

2010 年李仁义填报高考志愿时，父母一心想着让儿子学医，非要孩子报医学专业，喜欢理工科的李仁义，十分不愿学医。两代人为此争吵不停。"我们供你这么大，你这么不听话""真是没良心的东西"。一连串的辱骂，令自尊心极盛的儿子实难忍受。一时陷入绝望难以自控的李仁义，趁父母不注意，以悬梁自尽来回答了父母的逼迫。母亲抱着儿子尸体，撕心裂肺地失声痛哭"我的儿呀，你怎么这么想不开呀""后悔死我们了！"。

李仁义的事例虽属个别现象，但家长作风，不顾子女意愿，强硬干涉者却是大有人在。高中生石三达，本来喜欢文科，而父母认为理科招生人数多，大学毕业后容易就业，非要强令儿子学理科，严重打击了儿子的学习情绪。石三达就以消极的态度来对抗父母。结果学习成绩江河日下，高考成绩一败涂地，父母十分后悔。

某县财政局副局长，为争得招工名额，强令上中学的女儿任丽君，退学去上班。任丽君学历低文化有限，工作中时时受到制约，处处不顺心，看到同学们一个个考入大学，自己后悔不已，为此她十分怨恨父亲。

心理学认为，青少年是人生第二次诞生时期，他们的自我意识极强，希望他人尤其是父母把他们当成年人看待，希望他们的意愿得到父母的尊

重。父母若用自己的意愿代替子女的意愿，事事不放心，处处干涉，他们会十分地反感，认为这是对自己的不尊重和不信任，势必造成令人痛心的后果。正如著名的法国思想家洛克所说："现在我还要向做父母的提醒一件事，就是如果谁希望自己的儿子尊重他和他的命令，他自己便应十分尊重他的儿子。"

面对孩子学习的学科选择、升学志愿选择、就业意向选择等，父母要疏导不要干涉。疏导就是要了解子女的心愿，帮助孩子分析几种选择的利弊得失，给孩子提出自己的看法与建议。若两代人看法不一致，应尊重孩子的选择。

强硬干涉实在不可取，不仅让孩子形成逆反心理，破坏两代人融洽的感情，更重要的是剥夺孩子在重大问题上，独立判断选择事物的机会，给他将来独立的社会生活、工作造成巨大障碍。

反对干涉绝非是放任不管。青少年阅历浅，生活经验缺乏，看问题片面，凭感情用事，容易出现失误，这是事实，确实需要父母的指导关照，让孩子少走弯路，少受损失。放弃不管是没尽到父母的责任。

李仁义、石三达、任丽君父母的做法断不可取，西楚霸王项羽叔父项梁的做法倒是十分理智。

据史书记载，在项羽小时候，其叔项梁让项羽学认字写字，不成；去学剑法，练习击刺之术，又不成。项梁很是生气。项羽却说："学书，能够记人的名姓也就行了；学剑术，只能与一人对敌，没啥学头，我愿意学与万人对敌的本事。"于是项梁就按项羽的意愿，教项羽学习治兵作战的法则，项羽大喜，专心攻学兵法成为一代名将。

若项梁强按自己的意愿，硬要项羽学认字、写字或是学剑术，那不是项羽的兴趣爱好所在，就不可能发挥出他的潜在能力，他也不会成为历史上一代名将。项梁的高明之处就在于尊重项羽的兴趣和意愿，让项羽最大限度发挥潜能。

疏导有利于子女在重大问题上减少失误，使两代人心心相印，加深感情，使家庭和睦幸福，更有益于在父母指导下，发展孩子独立判断选择事物的能力，何乐而不为呢？

九、帮孩子慎重选择出国留学

出国留学并非都事遂人愿。是否送孩子出国留学，不要盲目“跟风”赶时髦，父母要用心分析孩子的实际情况，冷静分析孩子出国留学的利与弊，慎重选择是否出国留学。

送孩子出国留学，已成为不少父母的热门话题。联合国教科文组织的资料显示，中国已成为世界上最大的留学派送国。中国在外留学人数 2015 年度达到 126 万人，分布在全球至少 103 个国家和地区。其中，90% 为自费留学生。

除研究生、大学生出国留学外，经济发达地区中小学生出国留学也成为一种时尚，有的父母甚至提出“就是卖房子也要送孩子出国留学”。好像只要送孩子出国留学就有了锦绣前程，就会前途无量。

是否只要是出国留学都有利于孩子发展？是否所有的孩子都适合出国留学？

权衡利弊、趋利避害是人们选择事物的原则。就研究生、大学生而言，由于教育体制不同，一些人在国外深造较之国内更有利于专业发展。就中小学生而言，由于国外采用选课制，孩子有更多机会发展自己的兴趣、爱好（我国也在上海、浙江省进行试点研究）；国外的教育体制也适合某些孩子发展；孩子独立在国外生活，也有利于培养独立、自主的性格。

任何事物都是一分为二的。出国留学并非都事遂人愿。从现实情况来看，尤其是一些中小学生出国情况，有的孩子自制力差，追求国外享乐生活，随意逃学荒废学业，或违法乱纪，成为“留学垃圾”，被学校开除，或被移民局勒令限时出境。不仅浪费了大量钱财，也贻误孩子的前途。

众多中小学生难以融入当地主流社会，也难以和本地学生友好相处，生活圈子较窄，不利于他们良好性格的形成和身心健康。也有的孩子由于性格内向、交际能力差，又加上到异国他乡，举目无亲，起居饮食习惯不同、语言障碍、思想压抑。长此以往形成生理上和精神上的病痛，以至于有人走上犯罪或自残的道路。

在市场经济大背景下，国内外一些人为了经济目的，自办违法骗钱的出国中介机构，国外一些学校违规招收学生，造成近年来占相当比例的出国留学生，回国后国内教育机构不给予认证，不承认其学历，闹个竹篮打水——一场空。海归变成为海带（待业）、海藻（糟心）。

哪些孩子适合出国，哪些孩子不适合出国留学？

出国留学是孩子高考失利后的第二项选择。以高考成绩为参照，下列情况的孩子适合出国留学。

第一种是考上国内重点大学，但专业不理想。留学的优势在于入读学校在世界范围承认度高，专业选择的余地大，授课方式对个人发展有益。

第二种是高考成绩在二本、三本之间，想上一流大学的孩子。成绩虽然不出众，但基础牢固，多有学科特长，可以直接进入英、澳等国大学理想专业，或是先读一年预科，然后进入名牌大学的理想专业，四年可以读完本科。

作为中学生，以下两种孩子适合出国留学：

第一种是在国内学习已经出类拔萃，而且英文很好，孩子自己希望迎接更大的挑战，并且为将来升学做充分的准备。

第二种是在国内学习中等，有一定的英文基础，有强烈的学习意愿和较强的自制力。在国内竞争过于激烈，国外学校的学习和教学方法更能适合他们的发展。

每个人在世界上都是独一无二的，他人适合的情况，您的孩子未必适合，他人孩子能成功，您的孩子未毕行得通。比如，下列情况的中学生就不适合出国留学：

第一类是英文能力很差的孩子。这类孩子在生活上难以和当地人交流和适应生活环境，英文上课基本听不懂或者障碍太多，难以有好的学习成绩。

第二类是适应能力差的孩子，他们自幼生活上依赖父母，独立生活能力差，出国留学要承受很大的压力。因为不适应国外的学习或是不适应独立生活，心理压力无法承受，最后退学者也不乏其例。

第三类是没有强烈的学习愿望，且自制力差的孩子，到国外后，国外学校管理较宽松，父母又不在身边约束，他们会随心所欲。为了高兴和快活，他们可以无所顾忌地旷课和逃学，甚至滋事生非，成为“留学垃圾”，被学校开除，被移民当局勒令限时离境者也屡见不鲜。

单身母亲徐萍为了赶时髦，2007 年 4 月，强送本不愿出国的 15 岁的儿子徐灿到英国留学，徐灿在国外由于语言障碍难以和他人交流，上课听不懂导致了心理障碍。2008 年 9 月，他难耐异国孤独选择了早恋和一位美国女孩同居，2009 年 5 月，又被女孩抛弃，绝望中他自杀未遂。徐萍自己当牛作马来供儿子出国留学，到头来适得其反，害了孩子，也害了家庭。

小学生由于自理能力、处事能力、自制能力、是非价值观等方面的局限，选择出国留学更要慎之又慎。

但愿望子成龙的父母，不要盲目“跟风”赶时髦，要用心分析孩子的实际情况，冷静分析孩子出国留学的利与弊，慎重选择出国留学。

十、孩子出国留学，父母需要准备什么

孩子准备出国留学，父母应自己做好相应准备，并关注孩子的语言和心理训练，选择好出国的学校和专业，办好出国申请手续。

孩子准备出国留学，这是家庭的大事。对孩子而言，虽然有时会心理不踏实，但青春的激情令他更多的是充满对未来的憧憬。父母则会是忐忑不安，心里总是十五只吊桶打水——七上八下的，很多事情不知咋办。孩子准备出国留学，到底需要做哪些准备？

父母自己做好相应准备

（1）阅读一些必要的书籍。从众多现实情况来看，孩子出国大都不是孩子离不开父母，是父母离不开孩子。父母要安抚好自己的心灵，收起自己的焦虑情绪。适当多读读书，学习一些与孩子沟通的技巧，了解对方国家的文化。我国与孩子留学的国家，两国间存在生活习惯、语言表达、人

际交往多方面文化差异，如果不了解这些，不给孩子相关的指导，可能会闹出一些笑话。

（2）学会使用通信工具。孩子初到他国，各个国家的学校对学生使用手机、电话会有不同的规定，还是网络更方便一些。利用电子信箱，使用网上QQ、MSN，并在自家的电脑上安装好摄像头、耳麦，既可以听到声音，还可以见到图像，孩子远在天边，仍有近在眼前的感觉。

（3）与孩子约法三章。孩子出发前，与其约法三章，孩子如果违约，就暂停经济资助，并且严格执行。

一是约定联系的方式和时间；二是约定消费的额度。允许孩子在国外开立账户的，还要约定孩子必须递交账单的方式和时间。三是约定成绩报告的递交时间和方式。国外的大学和中学，基本上是通过网络管理学生的成绩状况，孩子可以在网络系统里查到自己的成绩报告。

关注孩子语言和心理训练

孩子要出国，首先要面对的是出国后的语言交流。国内学习的外语和对方国家人际交流语言毕竟有一定的区别，很多孩子在语言交流上出现问题，都源于孩子语言准备不足。所以，务必注重提高孩子的人际交流语言。

其次是心理能力准备。孩子到异国他乡，会有众多的不适应和不习惯。他们过去大多是被父母照顾，而出国留学是完全独立的生活、学习，要独立处理如何与当地人相处，如何适应当地食物，如何应付学习压力，如何解决想家问题等，这些父母都要在孩子出国前进行必要的指导训练。

选择好留学的学校与专业

孩子出国留学读本科或读研，如何引导孩子选择称心如意的学校和专业，是父母最关心的。面对眼花缭乱的招生信息和真真假假的排行榜，父母手足无措。如何选择？

（1）专业优先原理。在留学行业有一个常用名词，叫“专业优先原理”。这个原理的含义是：你自己想学什么专业；哪个大学的该专业实力强大；根据学校的要求和自己的能力，你能到哪个学校的该专业。选择专业时，要考虑各个大学该专业的业界声望、教学模式、就业率以及入学要求等因素。

（2）对学校的选择。主要是看懂高校排行榜。国外高校排行门类繁多，排行方式各不相同，研究这些排行榜时，要分析排行标准，搞清楚排名背后的含义。

参考高校排行榜时，对学生和父母最有用的是以下三项指标：老师和学生的比例；学生毕业的起薪点；留学生的比例（中国学生的比例），以上比例越高越好。

学校的选择有一个前提，就是孩子自己是否喜欢和学习能力是否达到要求。有的孩子在国内只有上二本的能力，留学却一定要追求顶尖学校；一些父母为了面子，硬是把孩子塞到名校去读。父母是否想过，国外高校是“宽进严出”，孩子能跟上课程吗？能最后拿到毕业文凭吗？有的孩子进了名校，因为学习跟不上，一个学期结束就被学校勒令退学者大有人在。

选择学校还有一个费用问题。费用包括学费、生活费和杂费，国外学校学费最高的是美国，4 年本科约需 50 万～130 万元人民币；英国 3 年本科约需 51 万～75 万元人民币；澳大利亚 3 年本科约需 45 万～63 万元人民币，4 年理工本科约需 60 万～84 万元人民币；新加坡一年的费用不到 10 万，只是新加坡的留学生在毕业后的最初 3 年须在新加坡服务；韩国成为小语种留学的热门国家，且费用低廉，每年 1.5 万元人民币的学费，与国内高校相差不大。

中学生出国留学学校选择以美国为例，美国高中主要分为公立和私立两大类。公立学校只有少数交换生名额，赴美留学以去私立寄宿学校为主。要选择一所最喜欢的中学，孩子和父母可以在 www.schools.com 上进行查找。这是美国寄宿中学协会的网站，基本囊括了美国所有的寄宿学校。

帮孩子办好出国申请手续

（1）准备申请材料和面试。A 申请表格；B 在校成绩单；C 老师推荐信；D 各类证书等补充材料。并不是所有的学校都需要面试，父母在申请时留意是否需要面试。

（2）申请签证，准备出国。需要说明的是，申请出国要十分慎重选择中介机构和咨询顾问。充分了解咨询老师的经验和能力，父母把关系孩子命运和家庭未来的大笔投资完全交给别人处理，务必慎之又慎。

第八章

教给孩子适应学习生活的技巧

孩子上学由小学、初中、高中、大学、研究生不同学龄阶段组成的，每一学龄阶段都有不同于其他阶段的特征。本章教孩子适应学习生活的技巧，就是告诉父母如何引导孩子不断从原来的学龄阶段，尽快适应新学龄阶段的学习生活。并随着学龄的提高，正确处理学习生活中的各种实际问题，保障孩子在不同学龄阶段身心健康，学习不断进步。

一、孩子上学前家长做好哪些准备

“万事开头难”，孩子由玩耍为主的幼儿生活，转变为以学习为主的学生生活，并非易事。孩子初上小学，能否适应学习生活，对于孩子学习进步、身心发展都关系重大。而顺利实现这一转变的前提，就是帮孩子做好上学前的准备。

同事们一起聊天，谈起孩子上学，一位同事掩饰不住内心的焦虑，“儿子刚上小学，语文学习就很吃力，这可怎么办？”另一同事也无奈地抱怨说：“我儿子上课坐不住，成绩差的让人烦心，真拿他没辙。”一位大嗓门的同事插嘴说：“那还是小事哩，我女儿上小学后，和谁都合不来，经常哭着不要上学，真让人操心。”这些其实是孩子上学前没有做好相应准备，不能适应学校生活造成的。

“万事开头难”，孩子由玩耍为主的幼儿生活，转变为以学习为主的学生生活，并非易事。孩子初上小学，能否适应学习生活，对于孩子学习进步、身心发展都关系重大。而顺利实现这一转变的前提，就是帮孩子做好上学前的准备。

思想准备

孩子上学前首要的是引导孩子形成向往上学、向往求知、向往未来的意愿。

“宝贝看天上的飞机，海里的大轮船多好，你长大好好上学，将来去造大飞机、开大轮船。”“钱学森爷爷真伟大，宝宝也要上学学知识，也当钱爷爷那样的科学家。”“看街上的乞丐、流浪汉，他们小时候不好好上学，没有工作，只有当乞丐，流浪街头了。”父母这些引导的话，会在孩子心灵上形成印象。

爱听故事是孩子们的特点，提醒孩子书中有好多有趣的故事，上学读书了，就能知道更多更有趣的故事。

带着孩子参观纪念馆、博物馆、名人故居，提示孩子将来学好知识才能有作为，受世人的尊重和崇敬。告诉孩子学校有好多小朋友一起学习，一起玩游戏，很有意思。

这些会在孩子幼小心灵上打下深刻的印记，引起孩子上学读书的兴趣，形成上学欲望。

假若孩子不听话，父母就训斥孩子说："在家不听话，上学后有老师管教你。"此类话会在孩子心目中形成"上学要受管制不自由，要受气"的想法，产生厌恶上学心理，上学后当然不会安心学习。

能力准备

让孩子独立去做好自己的事，比如整理玩具、收拾被褥、整理衣服、洗脸刷牙、帮大人扫地、收拾碗筷等。这些事情能锻炼孩子生活、学习自理能力，培养孩子勤劳品质，发展孩子智力。

放心地让孩子玩耍，玩捏橡皮泥、玩积木、折纸、看蚂蚁搬家、摆弄物品，鼓励孩子多到室外与小伙伴们玩捉迷藏、跳绳、踢毽子、打球、玩打仗等游戏，正是这些玩耍和游戏，训练培养孩子观察力、注意力、想象力、记忆力、思维能力、感官协调能力、意志力等，这些能力的习得是孩子学习优秀的前提。

教孩子识别不同身份的人，教给其应对各种情况的方法，培养孩子自我保护能力，学会遇到各种情况从容应对，免受伤害。

知识准备

带孩子到大自然中去，认识山川河流、动物、植物等；到社会生活中，认识各种社会现象。获取大量感性材料，十分有益于孩子开发智力，是孩子学习文化知识的基础。

以游戏的方式，教孩子识字，通过读儿歌、唐诗，看图说话，说反义词，情景对话等方式熟悉语文常识；比较物体大小、多少、形状，认识图形；学算数，了解数学常识；大量阅读画册、图书，接触百科知识常识，让孩子学到知识，提高阅读理解能力。学前孩子学习一定的常识知识，上学后这些知识又在书本中出现，孩子会像老朋友相见一样，对书本知识有兴趣，学起来轻松、高效。

孩子学知识得心应手，成绩优秀，满足了孩子的自尊心和好胜心。孩子经常受到表扬，他会加倍努力形成更大的学习兴趣。孩子若缺乏必要的自然、社会感性知识，缺乏一定的语文、数学、百科常识，课本知识学习处处陌生，学习吃力，孩子就不会有兴趣，更谈不上学习成绩好。

学习必要的生活知识。比如时间、方位、气候、上学路线、乘车方式、交通标志等，都是孩子上学所必备的。

习惯准备

孩子独立玩耍、看书画、学认字能高度专注，并持续一定时间，父母要称赞孩子专心有耐力，以满足孩子的好强心。慢慢形成坐得住、专心学的习惯。

培养孩子定时起床、吃饭、休息、读书、看电视等习惯，让孩子养成良好生活规律。养成饭前便后洗手，玩具、衣服、物品有序放置，不要乱动别人的东西等习惯。

交往准备

父母要引导孩子学会结交好朋友并互帮互助，与小朋友们一起玩耍、打闹嬉戏、友好相处。学会尊重他人、礼貌待人、关心帮助他人，当与他人发生矛盾和纠纷时，学会谦让。

得到帮助学会感谢，妨碍了他人学会道歉，待人礼貌、尊敬他人、尊重长辈，大方、自然地与人交往。

遇到事情学会动脑思考，个人不能解决的学会求助老师。上学途中遇到特殊情况向警察或路旁劳作的人求助。

二、怎样做好幼小衔接

做好幼小衔接，主要是培养孩子形成良好的作息习惯，独立的生活自理能力，学会与他人交往，适应学校学习生活，形成对小学生活的期待。

孩子将走出幼儿园进入小学，父母是喜也是忧。喜的是孩子要成为小学生了；忧的是孩子要上小学了，该怎样做好幼小衔接，让孩子成为优秀学生。

有的父母提前让孩子学习小学课程，认为孩子上学后学习省力；也有的父母让孩子上学前辅导班，认为小学学习会有好成绩；也有的父母只是心急，不知道该怎么做。

怎样做好幼小衔接，让孩子最快适应学校生活，成为优秀学生？这里谈几点看法。

让孩子提前学小学课程，或参加幼小衔接辅导班，从出发点讲无可非议。却忽视了小孩子的特征：小孩子对新事物都有一个新奇感。提前学小学课程，或进学前辅导班，孩子在新入学一段时间，可能会暂时成绩领先，不过小学课本知识学过了，孩子就没新奇感，对老师上课少了向往和好奇，上课时会走神，分散注意力，长此以往会形成上课不专心的习惯。

那些学前没有接触过课本的孩子，对新知识充满好奇，学知识满足了其好奇心、求知欲，能更专心听讲，有利于形成上课专注的习惯，更有益于学习进步。

可见，学前学习小学课程，或进辅导班学习新课程，对孩子的发展是不利的。如果孩子在上学前，父母以游戏、玩耍的形式，大量接触自然现象、社会生活中的语言文字、数学现象，多读各种介绍百科知识的书报画刊，从不同角度获取感性知识，对孩子学习课本知识十分有益。

做好幼小衔接，主要是培养孩子形成良好的作息习惯，独立的生活自理能力，学会与他人交往，适应学校学习生活，形成对小学生活的期待。

上小学和在家里、幼儿园不同，有严格的作息时间和规章制度，父母应以循序渐进的方法，让孩子逐步形成按时休息、按时起床、遵守规矩的习惯，训练孩子自己用小闹钟定时间，督促自己睡觉、起床、上学。

独立的生活自理能力是学习好的前提和基础。自理能力包括独立准备好学习用具，自己洗脸刷牙，整理好衣物，管理好书包等。孩子自理能力差，就不能保证正常学习生活，父母应当从这些具体生活自理事务上关注训练孩子。

孩子上学就像进入一个小社会，要学会独立与同学和老师交往。入学前注意培养孩子独立与他人交往的能力：如主动与同学、老师打招呼，结识新朋友，团结帮助同学，与同学合作完成值日任务，学会解决与同学间的矛盾，有事情请教老师，有困难主动寻求他人帮助。

孩子适应学校生活才能安心学习。父母最好提前带孩子熟悉学校及周边环境、校内各种设施，避免陌生环境给孩子带来不安全感。学校不再像幼儿园那样以玩为主，而是以学习为主，能坐得住、专心学、克服学习中的困难是最大的适应。为此，父母应有意训练培养孩子坐得住、注意力集中、自觉克服困难的习惯。

趋利避害是人和动物共同的本能。孩子对未来学校的感受非常重要。未来上学是好还是不好，要看家庭的引导，不同的引导会形成孩子不同的心理感受。父母应想方设法引起孩子对上学的向往：学校环境怎样的优美；学校设备、仪器很好玩；老师教给许多知识，很爱护关心学生；同学们在一起玩得有趣；课堂上老师要讲很多有趣的故事等。孩子形成对上学的向往，这是孩子乐意上学、努力学习的起始动力。

三、孩子新入学应突出注意什么

> 大量教子成功的经验表明，养成良好的学习习惯，培养孩子学习兴趣，是新入学孩子父母应突出注意的事。

孩子上小学了，为了孩子能好好学习，应突出注意什么？这是初入学孩子的父母们都关心的事。

大量教子成功的经验表明，养成良好的学习习惯，培养孩子学习兴趣，是新入学孩子父母应突出注意的事。

教育家叶圣陶先生指出：“什么是教育，简单一句话，就是要养成良好的习惯。”心理学家提出，人们的行为80%以上是受行为习惯支配的。所以有人认为习惯决定性格，性格决定命运。孩子形成什么样的学习习惯，直接决定他的成绩优劣，也决定他未来的发展。

新入学孩子应培养哪些良好学习习惯，怎样培养学习习惯？

学习自理的习惯

一是自我管理起居时间，父母要和孩子商定好，让孩子用小闹钟定好时间，几点起床、几点去学校。二是管理好书包、课本、作业、学习用具，保持整洁、有序。

规范书写的习惯

父母应强调写字姿势、握笔姿势和书写规范，讲究字体间架结构，严格纠正漏字、错字、别字现象。数学计算题书写准确，严格步骤。

课前预习的习惯

学新课前，要课前预习要学的新知识，了解新学知识的内容，增加听课针对性。课前预习十分有益于提高孩子自学能力。

课上专注的习惯

上课状态最直接决定学习成绩。父母要引导孩子上课专心致志，防止分心、走神，积极思考知识，主动参与课堂教学。

及时复习的习惯

根据遗忘规律，新学知识的遗忘是先快后慢。遗忘在识记的初期最快，以后逐渐减慢。根据这一规律，孩子在新知识学习要后进行及时复习。

独立作业的习惯

父母要引导孩子不依赖他人，依靠自己动脑思考做作业。书写规范、整洁，严格做题步骤。

阅读好书的习惯

指导孩子尽可能大量阅读有益于心智的书籍，大量阅读是提高学习能力，扩展知识面、陶冶情操的重要途径。

行动要快的习惯

时间不抓紧就会流失，父母要指导孩子快速进入学习状态，做事争分夺秒，提高学习效率，懒散磨蹭不可能有好成绩。

心理学家认为，习惯的培养不是轻而易举的事，要经过几十次不断强化才能形成。习惯的培养首先是父母和孩子讲清道理，与孩子一起商讨制定规矩。立下规矩就要照规矩办，孩子做得好就赞扬肯定，做不好就提醒或惩罚，父母在这方面不可心慈手软。经过几十次不断强化，孩子就会形成习惯。

良好的学习习惯是孩子成才的关键。“少成若天性，习惯成自然”，小学初期是孩子养成良好学习习惯的关键时期，好习惯一旦形成，他就会“不用扬鞭自奋蹄”，用不着父母督促而自觉去做。

再谈学习兴趣问题。为什么强调学习兴趣？怎样培养孩子的学习兴趣？

小孩子是缺乏自制能力的，他是凭兴趣行事的，学习有无兴趣，关系到他是好学乐学，还是厌学逃学。

著名物理学家杨振宁说：他不赞成有人说他是“刻苦”学习，因为他在学习中从没感到“苦”，相反，体会到的是无穷的“乐”。学习若给孩子带来快乐，那么孩子一定会喜欢学习。也就是说孩子有了兴趣，才会主动学习，才会有优秀成绩。孩子学习兴趣从何而来？

父母的榜样作用

言传不如身教。小孩子爱模仿，父母爱学习，孩子就会模仿父母。在学习气氛浓厚的环境中长大的孩子，往往对学习有浓厚的兴趣。

夸奖是学习动力

多发现、夸奖孩子的进步、成功，孩子得到父母的夸奖、肯定，会感到愉悦，这是形成学习兴趣的重要原因。孩子学习出现失当行为，切不可辱骂、斥责，必须十分有耐心，提醒纠正孩子，方法不当会打击其学习兴趣。

利用孩子的好奇心

好奇、好问、好动是小孩子的天性，结合学习课本知识，抽时间带孩子去田野、农场、博物馆、科技馆、名人故居、艺术馆游览、参观，既可满足孩子的好奇心、求知欲，又激发孩子的学习兴趣。

与老师密切配合

小学老师的话在孩子心目中是“圣旨”，父母要利用这一点与老师保持畅通的联系，把自己对孩子学习上的肯定、称赞，通过老师的话表达出来，效果会更好，孩子既尊重了老师，又增加了学习兴趣。

设法提高其成绩

父母要用心发现孩子学习中的不足，给予必要引导，教给孩子学习技巧和方法，引导孩子提高学习成绩。孩子学习进步、成绩提高，经常得到表扬，学习会更有信心，兴趣会更浓厚。

四、切实关注孩子入学适应问题

入学适应问题不单是学习问题，还有行为适应、情绪适应、人际适应等方面问题。小学低年级，学习知识对孩子的挑战较小，而行为习惯、遵守纪律、情绪调节、与人相处等对孩子的挑战较大。

婷婷成为小学生了，背上新书包去上学，那个高兴劲儿就甭提啦，活蹦乱跳的，兴奋的小脸笑成一朵花。

下午回家，婷婷脸上却是乌云密布。妈妈看到女儿那样子，关切地问她原因。“一点儿都不好玩儿”“上课坐那么长时间，还有那么多的纪律”，婷婷噘着小嘴嘟囔着。

邻居家的小宝从学校回来，愁眉苦脸地给妈妈诉苦说：“学校里上课不让玩玩具，没意思，我不去上学了。”

军军刚上学两天，第三天说什么也不去上学了，妈妈好说歹说也不管用，“你打我，我也不去上学”。“怎么就不去上学？”妈妈没好气地问。“班上没有好朋友，一个女孩子还打我。”军军理直气壮地答道。

三个孩子的表现，其实是入学适应问题。可别小看这事儿，搞不好会让孩子失去学习兴趣，形成厌学。

什么是入学适应问题？为什么孩子会出现这一问题，怎样帮助孩子解决入学适应问题？

入学适应问题，是指孩子刚入学一段时间内，不能较好地适应学校生活，快乐安心的学习。从幼儿园过渡到小学，最大的变化是从游戏活动转变为正规学习。如若不能很好适应，会形成入学适应问题。

入学适应问题不单是学习问题，还有行为适应、情绪适应、人际适应等方面问题。小学低年级，学习知识对孩子的挑战较小，而行为习惯、遵守纪律、情绪调节、与人相处等对孩子的挑战较大。

为什么会出现入学适应问题？这是因为孩子在家和家人自由玩耍，在幼儿园与小朋友一起玩耍、游戏。他们进入学校学习，生活上发生了巨大变化，由于种种原因制约，他们不适应学校生活。

刚入学的孩子，由于受到生理、心理发展的限制，易受外界影响而分心，其注意力易分散，在课堂易坐不住，不适合较长时间而又缺乏变化的课堂学习。孩子的注意力分配也较差，不适合同时专注两件事，如听课时记笔记。

小学一年级的孩子处于他律阶段，缺乏自我约束意识，不懂自我监督，不能自觉遵守学校规章制度，需要成人反复强调。

小孩子情绪外露、较少掩饰，且容易起伏不定，他们对学校环境、班内氛围、教师的评价较敏感。他们的情绪调节能力较弱，易出现不高兴、闹情绪、耍性子等状况。

孩子上学后，思想上逐步在克服以自我为中心，但仍不懂得换位思考，很少从他人角度考虑，同学间易形成小矛盾，并喜欢向教师打“小报告”。

学校老师如果对孩子们热情、亲切，多夸奖、鼓励，孩子们就易适应；若老师对孩子们较严格、批评多，孩子们就会感到学校生活不好，会不适应。孩子出现入学不适应怎么办?

进行注意能力训练

小孩子难以适应学校生活，首先就是上课坐不住，注意力不集中。选择一个安静的环境，与孩子相对而坐，每天坐2~3次，静坐时间从5分钟慢慢延长到8分钟、10分钟，如果能持续坐15分钟，其注意力就能适应课堂学习。小孩子易受外界干扰，父母要有意训练孩子，培养其抵抗干扰，专心学习的习惯，增强上课专注力。

增强孩子规则意识

学校和家庭、幼儿园不同，有校纪校规，父母要提醒孩子在学校要遵守纪律和规则，对其守纪行为给予肯定赞扬，对其违反纪律行为给予必要的警示，让孩子明确应当怎样做，成为自觉守纪律的好学生。

多与孩子沟通交流

孩子初入学校学习，父母应当常与老师沟通，了解孩子在校表现，多观察孩子情绪变化。针对孩子情绪变化和在校存在的问题，多与孩子沟通想法，交流意见，提出建议，及时帮孩子排忧解难，成为孩子的精神支柱。

指导孩子人际交往

引导孩子在同学中结交几个好朋友，一起学一起玩。教孩子为人处事的方法和待人接物的礼节，引导孩子尊重他人，对人友好，学会谦让。孩子和同学们一起友好相处，心情舒畅、快快乐乐，自然就会乐意上学。

五、帮孩子顺利渡过小学到初中的转换期

如果父母不能帮孩子实现从小学到初中的顺利转变，孩子会向着谁都不愿看到的方向发展。

孩子要上初中了，当父母的自然高兴。可时常听说，不少孩子到初中后由爱学变为不爱学。

这是真的，尤其是男孩子。如果父母不能帮孩子实现从小学到初中的顺利转变，孩子会向着谁都不愿看到的方向发展。为什么会这样？父母怎样帮孩子实现小学到初中的转变？先谈谈小学与初中的区别。

学科知识各异

小学阶段文化课主要是语文、数学、外语（部分小学）几个学科，到初中学科增多，扩展到语文、数学、外语、思想品德、科学、历史社会六个学科（各地不尽相同）。

管理方式不同

小学阶段，孩子们初入学校学习，年龄小自制力差，是形成学习习惯，学会自我管理的阶段。一般情况下，班主任老师管理严格且细致周到。

初中阶段则不同，孩子们逐渐长大了，不需要也不欢迎班主任老师无微不至的关照，细致入微的管理。班主任在实施管理的同时，培养指导班、组干部管理，这也是提高孩子们管理能力的必须。

生理、心理变化

孩子们由小学进入初中，生理、心理发生了巨大变化。他们生理上，

身体增高、体重增加，第二性特征出现，由童年期进入青春期。进入青春期后，心理上大不同于童年期，是人生的叛逆期，独立意识、自我意识更强，渴望老师和父母将他们当成大人看待，总想摆脱成人的约束，试图表现自己，又容易情绪冲动。若过多的干涉，他们会形成逆反心理。初中阶段是人生中最难管理的“小马驹”阶段。

初中这一学龄阶段表现出突出的特点。

初中文化学习学科增多，知识难度并不大，是一些基本的容易理解的知识，这对于一些思维能力强的孩子来说，用不着下多大工夫。有的孩子初一、初二不努力，到初三再突击，仍然可以得较好的中考分数。但不少孩子认为课程容易学，就不肯努力，最后后悔莫及。

初中阶段学生好奇心盛，爱寻求刺激，讲究追求时尚，喜好表现自己。班主任老师的管理不像小学那样细致入微，就给一些自控力差的“小马驹”创造了的条件。好奇心、寻求刺激、爱表现自己的特征，驱使他们不专心学习，时常做出一些让老师、父母操心的事来。

心理、生理的变化，驱使他们不再把父母和老师的话当成“圣旨”，却把伙伴、朋友的话当成了“圣旨”。男女生之间，由小学男女之间的远离期，进入接触期、向往期，少男少女之间开始探索异性的奥秘。一些自制力差的学生，会经不住一些诱惑，无心学习，试图尝试男女生之间接触的甜蜜。

初中孩子们出现如此情况，父母怎样“拴住小马驹子”，帮孩子顺利实现这一转变。告诉您两招，不妨一试。

第一，拴住他的心。孩子长大了，不可再用教养“小朋友”的方式去管教孩子。父母要尊重孩子人格，理解他的愿望，接纳他的过失，把他当大人看待。两代人多交流思想，向他讲出你的担心和要求。和他平等地交谈，商量问题，告诉他初中学习的特点。给他讲明社会职业竞争的激烈，讲明“自知者明，自胜者强”的道理。和他“约法三章”，增强他的自制力、自控能力。对他的优点、进步表现，适时给予肯定、赞扬，对他的违规惹事行为给予理解、接纳，并明确表明父母的想法和态度。支持他在学校和班内组织的活动中展示才艺，表现自己。与朋友交往方面，尊重他的感情，引导他多交好朋友，尊重孩子乐意与异性接触的心愿，让他们大大方方地交往，不可把孩子与异性交往，动不动就扣上早恋的大帽子。

第二，拴住他的人。就是“求真”动真劲。时常定期检查他的作业、课本、试卷，看是否规范、认真，有错误能否及时纠正，考试丢分是否找出原因。

常与老师联系，了解孩子在学校的情况，出现情况和老师协商对策，发现不良苗头及时解决。利用老师的口，充分肯定孩子的优点、进步，以激发孩子的正能量，发挥孩子的潜能。

六、引导孩子尽快适应高中学习

为了适应高中学习，要尽快适应学习环境，增强学习的计划性，提高学习的主动性，注重思维的深刻性，讲究方法的科学性。

孩子考入高中，能否顺利实现从初中向高中的转变，尽快适应高中学习，直接关系到高考成绩，也关系到他未来的一生。

怎样帮孩子尽快适应高中学习？还是从初中与高中阶段学习区别谈起。

高中学习与初中学习有着显著的区别：

第一，学习课程更多。初中文化课程主要为语文、外语、数学、思想品德、历史社会、科学六科（各地不尽相同）。而高中文化课程为语文、数学、外语、政治、物理、化学、生物、历史、地理、劳技等必修课程和一些选修课程。

第二，学习难度更大。初中阶段知识相对较少，内容比较浅显。高中阶段所学知识量更大，规律性更强，知识内容更深刻，理论性更强，易混淆的知识点更多，知识间内在联系更紧密。

第三，学习要求更高。初中知识主要是一般的记忆、理解、运用。高中知识不仅要在理解基础上记忆，更要求把握知识的规律性，知识间的内在联系，将知识融会贯通，联系实际灵活运用，解答试题要有应变与创新能力。

面对高中学习的特征。怎样帮助孩子尽快适应高中学习？有以下几方面建议：

尽快适应学习环境

父母要引导孩子尽快适应高中学习环境，包括老师的教学方法、学校规章制度、来自不同地方新同学间的交往、文体和社团活动、住宿生生活自理、饮食起居、往返家校之间的路径等。

增强学习的计划性

高中所学知识大量增加，学习难度更大，学习要求更高，孩子学习时间和精力又是有限的，父母就要引导孩子依据实际情况，经过周密考虑，制定切实可行的学习计划。依据计划充分利用时间，最大限度提高学习效率。

提高学习的主动性

高中阶段学习特点决定，学习切不可靠他人督促，必须发挥主动性和能动性，自觉进行预习、复习、反思调控。不理解的知识设法弄懂弄通，做题中的错误认真纠正，新知识学后主动复习梳理，考试过后认真总结反思。

注重思维的深刻性

高中知识逻辑性更严密、抽象性更强。父母要告诉孩子思考问题，切不可停留在知识表面，而是要对知识深刻理解，分析知识间的内在联系，找出知识间的规律性，将知识融会贯通，准确把握易错易混淆的知识。在做作业时或考试时，不仅要答案正确，更要从中探索解答习题的规律和技巧。

讲究方法的科学性

高中知识深刻性、系统性加强，学习要求更高，所以需要提醒孩子必须探究、总结、运用科学的学习方法。科学的学习方法包括诸多内容，这里强调七变：变被动接受知识为主动加工消化知识，变机械识记为意义识记，变被动思维为主动思维，变零散掌握知识为系统掌握知识，变考前临时突击为注重学习过程，变重视答题的正误为重视掌握解题规律，变注重考试的分数为注重考试方法、技巧、策略。

七、教孩子学会交友

美国著名人际关系学大师戴尔·卡耐基提出：“一个人的成功 13% 靠的是个人的学识和能力，87% 靠的是良好人际关系。”孩子交上好友，还是交上损友，对孩子影响重大。“近朱者赤，近墨者黑”，古人的告诫是至理名言。

康新宁人长得帅气，聪明睿智、性格开朗，就是学习不专心，成绩总是不理想，这让父母和老师很担心。徐曾凡是班内学习很勤奋的学生，但他学习方法比不上康新宁。班主任帮助康新宁和徐曾凡同学交朋友，两人取长补短、相互帮助。

康新宁和徐曾凡两个好朋友互帮互学、取长补短，两人学习成绩都快速提升，高三毕业后分别考入两所全国重点大学。康新宁感慨地说：“如果我早些和徐曾凡同学交上朋友，我一定会考入清华大学，假如没有和徐曾凡交上朋友，我会连大学也考不上。”

刘佳宏曾是爱学习、守纪律的好学生。进入高二后，同班一位叫单立杰的同学，自己厌学可又想找朋友一起玩，就用小恩小惠拉拢刘佳宏做朋友。

刘佳宏的父母看到孩子和单立杰时常在一起，也没当回事。后来在单立杰的影响下，刘佳宏上课不专心，作业敷衍了事，一门心思想着上网打游戏。高三毕业，刘佳宏的父母看到儿子一塌糊涂的高考成绩，真后悔没教孩子把好选择朋友这一关，以致耽误了孩子。

孩子是交上好朋友，还是交上损友，对孩子影响重大。“近朱者赤，近墨者黑”，古人的告诫是至理名言。

孩子与同龄人交朋友，是孩子成长发展的需要。孩子和朋友们之间在学习和生活中能得到相互关照，困难时得到支持，苦恼时可以相互倾诉，成功时能分享快乐。中小学时代找到几个分担忧愁、共享欢乐的朋友，是一件快乐的事情，是身心健康之必需，是学习和成长的动力。

美国著名人际关系学大师戴尔·卡耐基提出：“一个人的成功13%靠的是个人的学识和能力，87%靠的是良好人际关系。”交往朋友是人们社会生活的基本功，也是一个人事业发展，生活幸福的条件。没有朋友的人，社会生活中会处于孤独无助的地位。孩子没有朋友，是比他考试不及格更糟糕的事情。

随着科技发展，孩子们结交朋友的形式越来越多。社会上各色人物鱼龙混杂，各种人都会以各种花样结交朋友。孩子们社会经验不足，往往缺乏理智思考，是非辨别能力有限，他们一般是凭兴趣、凭情绪、凭外貌交朋友，这就很可能会交上损友。

教孩子学会交友，是父母引导孩子学习的一个重要环节。父母怎样帮助孩子学会交友？

广交朋友

社会生活中朋友多，在社会上好立足，事业会更顺利。马克思、周恩来等伟人，广交朋友没有私敌的做法令人敬佩。广交朋友，不论是成绩优秀的还是较差的，脾气性格相投的还是不相投的，同性的还是异性的。同各种水平、各种性格的人都能合得来，这是一种能力、一种本领。

慎重择友

《伊索寓言》中有一句话：“谁喜欢什么样的朋友，谁就是什么样的人。”广交朋友又要慎重择友，朋友间是有区别的，有过得去的朋友，有合得来的朋友，更有知己朋友。父母要教孩子交友重要的是交知己朋友，教孩子选择那些为人正派，勤奋好学的人做朋友。“蓬生麻中，不扶而直；白沙在涅，与之俱黑”。

以诚待友

父母应欢迎孩子的朋友来家里玩并热情相待，帮助孩子加深友谊。引导孩子跟知己朋友讲知心话，帮朋友排忧解难，允许朋友间有不同意见，欢迎朋友的批评。在孩子的交往中，避免过度干预孩子的友谊，孩子的同性朋友、异性朋友都要热情欢迎，切莫看到孩子交异性朋友就“神经过敏”，就怀疑是早恋。

鼓励和帮助孩子参与同伴的集体活动，让他们在活动中增进友谊，提高能力。必要时和孩子的朋友们一起谈人生、谈将来、谈处事。父母要告诫孩子，“君子之交淡如水”，与知己朋友之间交流，更多的是学习上的支持和思想上的帮助，而不是吃喝送礼。

远离损友

俗话说“秦桧也有几个相好的”，社会上、网络上、同学中，一些行为不端的人或是厌学的人，也会以一些小恩小惠、甜言蜜语拉拢引诱人成为他们的朋友。父母教孩子交友，特别要提醒孩子切记和这些人少交往。

一旦孩子结交了不适当的朋友，父母不宜直接否定，强迫的方法往往会事与愿违。不要急于让孩子接纳您的观点，不妨花时间多和孩子接触，多倾听他的声音，促使其转变认识。也可以找个“第三者”做说服工作，但这个“第三者”一定是父母和孩子都信任的人。让“第三者”帮孩子了解原因，说明利害关系，教孩子摆脱损友。

教孩子多交朋友、交好朋友，这是孩子成长发展的需要，也是父母引导孩子更好学习、更好发展的责任。

八、孩子与同学有矛盾怎么办

孩子与同学出现矛盾是难免的，孩子也正是在认识处理矛盾的磨炼中，学会为人处事的。成人看来是鸡毛蒜皮的小事，孩子看来可是大事，如若不能引导孩子及时正确处理矛盾，就会干扰心绪、制约学习，影响孩子的发展。

李旭敏高一、高二时，是老师和同学公认的优秀生，她的成绩总是班内前十名。不知为何，到高三成绩逐步下降。高三毕业参加高考，她的高考成绩居然是全班倒数几名。老师和同学们都很诧异，这到底是为什么？

班主任感到很惋惜，与她交谈了解其中缘故。原来，进入高三后班内进行座位调整，她的同桌刘立坤是个自私而又小心眼儿的人。刘立坤在课桌中央划出“楚河汉界”，谁也不能越界。有几次李旭敏不注意把书本放过了界，刘立坤就小声嘟囔着骂她。李旭敏为此心里别扭、心烦意乱，致使学习成绩一天不如一天。

看到这种情况，您一定会感到李旭敏可笑又可气，怎么这么丁点儿小事，把自己的学业给荒废了。

其实，无论是小学生还是中学生，在遇到同学间闹矛盾时不会处理，又得不到正确指导，每天费心劳神，不能专心学习，荒废学业的可不是个别现象。孩子们与同学都会出现哪些矛盾？不妨举出例子，看您的孩子是否存在这些情况：

孩子性格内向，不善于交际，没有好伙伴，同学们无意中冷落他；孩子对某同学的错误行为进行批评，对方不认错，反而报复攻击他；孩子无意说错了话，做了错事，伤害到他人，被他人嫉恨；孩子成绩差，又不能和同学融为一体，被同学们歧视；孩子成绩优秀被某些同学嫉妒，并鼓动一些人设法冷淡他；孩子是班干部，一些同学不听指挥，有意找茬和他对着干；孩子有某些生理缺陷，又交往能力不足，时常被一些同学捉弄；孩子个头小，体质弱，被一些霸道的同学勒索；孩子代表班内进行某次比赛，结果失败，同学们不满意就起哄讽刺他等。

孩子与同学出现矛盾是难免的，孩子也正是在认识处理这些矛盾的磨炼中，学会为人处事的。成人看来是鸡毛蒜皮的小事，孩子看来可是大事，如若不能引导孩子及时处理矛盾，就会像李旭敏那样心绪受干扰、学习被制约，孩子的发展受影响。

引导孩子正确处理同学间矛盾，父母要弄清楚孩子们出现矛盾的根本原因。中小学生时期的孩子，他们处在成长时期，面临的众多事都是第一次，都没有经验，都是试探和尝试的过程。学习生活中面临的矛盾，对他们是一种挑战。现在孩子大多是独生子女，父母的过度保护，使其缺少交往方法和技巧，不懂站在对方角度思考问题，做事随心任性，遇事不会恰当处理。

面对孩子与同学有矛盾，父母怎么办？

察言观色，关注情绪

孩子有什么心事，都会从情绪上表现出来，父母应时常关注孩子的情绪变化，若有反常的情绪，当认真对待，不可大意。

了解心理，教给方法

发现了孩子心理变化，就要设法通过亲子沟通，了解孩子有什么心事，什么难处，是否需要帮助。一般情况下，父母教给他处事方法，孩子的问题由他自己去处理，父母最好不要干预。

严于律己，宽以待人

孩子与同学出现矛盾，切莫只从自己的孩子着想，那样会助长孩子自私、任性、自以为是的毛病。父母要教导孩子严于律己、宽以待人，站在对方角度思考问题，这样更易于解决矛盾。

求助老师，共同解决

有些矛盾不好解决，父母切不可去“兴师问罪”，那样无益于问题的解决，最好去求助老师，让老师从中周旋，恰当解决问题。争出个对错是次要的，关键是教孩子明辨是非，父母要教给孩子正确的处事方法。

教孩子学会处理同学间矛盾，学习做人、学会处事，树立正确的是非观，更好地促进学习、促进发展，这才是我们的初衷。

九、孩子当学生干部好不好

如果赋予孩子适当的角色，而且当他对角色有所领会和理解时，孩子容易按角色的规范来要求自己，这叫作“角色效应”。

心理学家曾做过一个有趣的实验：有一些缺乏礼仪的孩子，被郑重邀请去参加一个不平常的晚餐。在晚餐中，他们竟然一反常态，在文雅气氛的感染下，意识到自己是有教养的“来宾”角色，并按角色的要求来约束自己，表现的文雅大方起来。

这个实验告诉我们，如果赋予孩子适当的角色，而且当他对角色有所领会和理解时，孩子容易按角色的规范来要求自己，这叫作“角色效应”。

“角色效应”实验，不禁让父母想到，上学的孩子要不要当学生干部，当学生干部好不好的问题。

孩子当学生干部好还是不好，众说纷纭、褒贬不一。观察发现，孩子当学生干部，是利大于弊，有益于孩子更快成长。

为什么这样说？因为孩子当学生干部好处有三：

增强自我约束力

正如心理学家的实验结果，“角色效应”在孩子当学生干部问题上表现得特别突出。以身作则是当好学生干部，管理好班级的基本条件。孩子当上学生干部，他会进入角色，时时想到自己的身份，更自觉管束要求自己，为同学们树立榜样。曾有一个十分顽皮，好打架斗殴的中学生，同学们称他是“打架大王”。由于好打架、招惹是非，父母、老师经常为他当“消防员”“调解者”。父母被他搞得一筹莫展直想抹泪。班主任为转变他，让他当了纪律委员，真是“太阳从西边出来了”，自当上纪律委员后，他完全变了样，用他的话讲“就是装也要装出个样儿来”，虽说有时也会反复，但两年后他成为守纪律爱学习的好学生。

发展多方面能力

做学生干部，并非是轻而易举的事，它要具体决定各种班内事务，处理好各种矛盾和纠纷，组织协调好各种活动，这都要通过积极思考、主动努力来完成。正是在管理班务活动的实践中，提高了孩子组织能力、分析判断能力、应变能力、语言表达能力等。这些能力在书本上是难以学到的，是在当学生干部的实践中感悟、习得的，这些能力对未来从事社会工作是非常重要的。

提升其全面素质

当学生干部必须尽心尽力、认真负责，才会得到同学们的拥护。当班干部会有许多成就感，但并非一帆风顺，也会面临许多困难、挫折、失败，在当班干部的工作实践中必然培养了孩子的责任心，增强了自信心、意志力，提高了自我效能感，掌握了相关的工作方法和思想方法。

当然，任何事物都是一分为二的。当学生干部也有不利的方面，譬如：会浪费一些时间，会增加思想负担。尤其是一些处事不果断，或是心胸狭窄，或是过于计较得失的孩子，他们遇事会思虑重重，拿不起、放不下，导致学习不专心，影响学习成绩。

具体问题具体分析是认识、处理问题的基本原则。孩子当学生干部好不好，要依孩子的具体情况而定。要看孩子本身是否乐意当学生干部，看孩子性格特征和身体特质。假如您的孩子本身不乐意当班干部，或是孩子性格过于内向，或者是体质差，最好不当班干部，以免影响他的学习和发展。

孩子当不当学生干部，要看孩子在班内的影响力、竞争力，还要看班主任老师的统筹安排，不可能是父母和孩子说了算。这就要有一个良好的心态，能当上更好，当不上也不要过多计较，“西方不亮东方亮”，没当上学生干部，但在学业上、在音体美方面可能比他人优秀。有利于孩子的发展才是根本。

十、加强家校沟通有助于孩子进步

家庭和学校间的沟通，是家长与老师之间的桥梁，它能实现家长与老师间的相互信任和协作，它能促进家庭和学校教育相得益彰，它能通过合力更好促进孩子进步。

向来活泼开朗的柳文珍，近来好像变了一个人似的，往日放学回家后像小百灵鸟一样又唱又跳的样子不见了，整日沉默寡言、无精打采，学习也不那么专注了。爸妈看在眼里急在心里，禁不住问她，她不耐烦来一句“别烦我”。爸妈想去学校向老师了解情况，弄清到底是怎么回事，又怕给老师添麻烦，可这样下去怎么行呀！真让人为难。

柳文珍爸妈面临的情况，许多父母也遇到过。要不要与老师沟通？父母有许多顾虑：有人认为主动给老师联系，怕给老师添麻烦，影响老师工作；有人认为孩子犯了错误才应与老师沟通；有人担心与老师沟通会给孩子施加压力；有人认为和老师沟通是给老师“告状”等。这些顾虑是否必要？

孩子在学校读书，出现一些情况父母并不知道，就很难对孩子进行针对性教育。由于家庭与学校缺少沟通，严重影响孩子学习的教训屡见不鲜：师生间的某些误解，造成孩子心情烦躁，不能安心学习；同学间的嫉妒、起哄，造成孩子苦恼；孩子某些弱点，被同学嘲弄，使孩子不愿去学校；孩子学习成绩下降，形成情绪低沉；班干部工作上的不顺心，导致孩子闹情绪等，这些都会影响孩子情绪，制约他们的学习。

孩子在家的表现，家庭生活状况，家庭两代人的关系如何，老师也不了解，也不能有的放矢地对学生指导。许多由于老师不了解家庭情况和在家的表现，没有做好相应的工作，造成不可弥补的损失也并不乏其例。

为了减少过失，少走弯路，加强家庭和学校间的沟通，是不可忽视的环节。它是家庭与学校之间的桥梁，它能实现家长与老师间的相互信任和协作，它能促进家庭和学校的教育相得益彰，它能通过合力更好促进孩子的进步。

对老师而言，一切都是为了学生的进步和发展，这一点是和父母的思想一致的。老师也希望加强与家长的沟通，掌握学生在家的情况，以求工作到位。

柳文珍出现的情况，经她爸妈与老师沟通才恍然大悟。原来柳文珍成绩优秀，数学、英语考试经常在年级居前几名。一些同学嫉妒她，背地里专门挑剔她的缺点，让她心里苦恼，她又觉得不宜给老师和父母讲。若不是父母和老师沟通，双方协力做好工作，帮柳文珍解除了思想负担，说不定一个优秀生就为此而落后了。

家长怎样和老师沟通更恰当更高效？

尊重信任老师是沟通的前提

与老师沟通首先是尊重、信任老师，相信、体谅老师，维护老师的威信，支持老师的工作，容许老师不断改进工作。针对孩子的情况，善意地给老师提出某些建议是可取的，而家长推卸责任是不当的。

坦率诚恳是沟通的重要条件

孩子的长处及某些想法，坦率告诉老师，对孩子的过失不护短，也不夸大缺点，客观地和老师一起分析问题，携手帮助孩子。

交流协商是沟通的重要方式

针对孩子的情况，与老师交流协商，利用集体智慧共同研究，找出恰当、适用的方法，共同努力解决问题。“孩子的问题就靠老师了”，这种推卸责任的话是让人反感的。

省时高效是沟通的重要保障

老师工作繁忙，沟通中省时高效实属必要，要谈什么要有准备，有话则长、无话则短。即兴而发，谈起来不着边际，只会让人心急。高效也包括及时，父母发现问题及时和老师沟通。

父母要加强家校沟通，相互了解情况，有针对性的做好工作。对孩子出现的问题父母与老师共同探讨方法，以减少孩子的失误，使孩子更好地学习。

十一、家长要善于与老师达成共识

心理学研究表明，师生关系与学生的学业成绩呈正相关关系，良好的师生关系能促进孩子取得良好的学业成绩。师生友好相处，孩子易产生积极的情绪体验，在课堂上喜欢听老师的课，注意力集中、思维活跃，课堂学习效果好。

毕春先在初中曾是英语尖子生，进入高中后她的英语成绩却直线下降，爸妈几次问她怎么回事，她就是不说，爸妈为此着急担心。一次周日爬山，夫妻俩趁孩子高兴谈起此事，毕春先才说出原因。

原来，毕春先初中时英语成绩好，经常得到英语老师的表扬，并且多次让她上台给同学们做演示，她感到很自豪。进入高中，半学期过去了，英语老师从来没有向她提问过，更不要说表扬和上台演示了。这让毕春先很恼火，以为英语老师对她有成见，看不起她，“你看不起我，我不给你学了”，得，对着干了。

毕春先的爸妈经过再三考虑，来到学校，找到了孩子的英语老师胡老师，经与胡老师交谈，才得知了事情的原委。

胡老师新任教刚两年，她对毕春先根本没有偏见，更谈不上看不起她。只是胡老师工作经验不足，上课提问和课下交谈，没有照顾到全体同学。毕春先在班内守纪律，学习自觉，平时少言寡语，胡老师没更多注意到她，因此没有提问过她，也没有表扬她。胡老师无意中失误，让毕春先产生误解。

胡老师为此向毕春先的爸妈表示歉意，说明自己经验不足，今后吸取教训，注意关注每一位同学，不再出现“被遗忘的角落”，并送给毕春先一件小礼品表示歉意。

看到小礼品，毕春先知道自己误解了胡老师，并在学校和胡老师交换了想法。误解解除了，毕春先心情舒畅了，一学期下来，她的英语成绩出现了大长进。爸妈看到女儿优秀的英语成绩，紧皱的眉头也舒展开了。

心理学研究表明，师生关系与学生的学业成绩呈正相关关系，良好的师生关系能促进孩子取得良好的学业成绩。师生关系友好相处，孩子易产生积极的情绪体验，在课堂上喜欢听老师的课，注意力集中、思维活跃，课堂学习效果好。

孩子在学校，出现类似毕春先的情况是难免的，比如：孩子成绩下降，受到老师批评，孩子感到很没面子；考试出现雷同卷，几个同学受到同样的批评，被抄的孩子感到受牵连很委屈；班主任没让孩子当学生干部，孩子认为是看不起他；孩子进步了没有得到老师的表扬，心里不高兴；孩子本是好意为班内做好事，结果没做好，反而受到老师批评，心里难过；孩子和异性同学一起散步，老师误认为在谈情说爱，以规劝方式进行了批评，孩子为此难以接受闹情绪；孩子要参加某项竞赛，班主任没同意，孩子认为老师看不起他，给他难堪；新任课老师的教学方法，孩子不能很好适应；老师教育、教学经验不足，出现失当的言语或行为等。

孩子出现此类问题，父母应当与老师沟通，明确事情的原委，到底是老师工作的失误，还是孩子对老师有误解。如果是师生间的误解，就要把问题讲明，让孩子理解老师，消除误解；假如是老师工作有失误，应给老师提出善意的建议，讲明孩子想法。只有通过父母与老师相互沟通达成共识，才能妥善解决问题。否则会影响师生关系，影响孩子学习。

现在的中小学生，大多数是独生子女，有些孩子在家中比较娇惯，许多事大人要服从他的意愿。他在学校也要求老师做事符合他的心意，由此形成一些师生间的隔阂也是常有的。

倘若父母只想到孩子，对老师求全责备，就不妥了。老师的工作要考虑到全班学生，不可能使每个学生都满意。“人非圣贤，孰能无过”，老师有时也会出现思考不周，会无意中出现某些过失，或是“言者无心，听者有意”。这就提醒父母从善意出发，应当理解和体谅老师。对老师横加指责，非但于事无补，反而会伤害老师。

无数事实证明，对老师情感的伤害大多不是来自学生，而是来自家长。因为老师对学生情感伤害承受力强，对来自家长的情感伤害承受力要弱。

孩子在学校学习，师生之间出现误解，或是老师工作出现失误是难免的，这就需要家长加强与老师沟通，达成共识，共同做好工作。家长当老师的“辩护律师”的做法也是无益的。家长与老师应是协商合作，共同教育孩子的“战友”。

父母要给孩子讲明，学校不同于家里，老师要从全班学生着想，不可能事事符合每一个人的心愿。老师工作有失误，要善意地提出建议。作为学生必须服从学校统一纪律，服从老师统一要求。

家长对老师的尊重不仅是激励老师努力工作的动力，更是使孩子乐于接受老师教育的保证。父母要善于与老师达成共识，共同合力教育孩子，这不仅有利于孩子尊重老师，努力专心学习，也有利于孩子在校遵守纪律服从领导，更有利于孩子形成尊重他人，通情达理的好品质。

十二、孩子睡眠问题不可小视

中小学生睡眠不足或睡眠障碍是当前全国范围内普遍存在的问题。睡眠不足影响孩子的身体发育，制约孩子的记忆力，会导致孩子多种疾病发生。

提起高中生肖文红的学习态度，老师们没一个不称赞的，作业本上评语几乎都是优。为了完成作业，肖文红总是熬到晚上近 12 点钟才休息。但令人费解的是，期末考试，她的成绩居然是全班倒数几名。

班主任老师和肖文红一起分析，才发现主要原因，用她自己的话说："考试中由于困倦，做题没有思路，一些本来记住的知识就是回忆不起来。"肖文红期末成绩一塌糊涂，罪魁祸首是睡眠不足。

中小学生睡眠不足或睡眠障碍是当前全国范围内普遍存在的问题。中华医学会儿科协会一项调查显示，儿童睡眠障碍发生率已超过 25%，中小学生睡眠不足成为切不可小视的事实。

为什么会出现中小学生睡眠不足问题？细分析起来主要原因有以下几点：一是电视进入千家万户，生动形象的电视画面让孩子们难以割舍；二是玩电脑、玩手机，绚丽多彩的网络信息让孩子们废寝忘食；三是中小学生的作业负担过重，教育部三令五申减轻学生课业负担，但竞争的压力让老师们谁都不敢懈怠；四是孩子没养成良好的起居习惯，孩子主观随意造成睡眠不足。

也许有父母认为"孩子睡得多少，睡得好坏并无大碍"，其实不然，睡眠如何对于孩子身体发育、智力发展、身心健康都关系重大。这绝不是危言耸听，而是被科学研究和实事所证明的。

睡眠不足影响孩子的身体发育

中小学时期是孩子身体生长发育的重要时期，而身体的生长与睡眠紧密相关。人脑中下丘脑组织能分泌一种促进孩子发育的生长激素，它主要是在晚上10时到凌晨1时达到高峰，一般在儿童熟睡后60~90分钟，分泌量明显增加，其分泌量可占全天分泌量的二分之一到四分之三。若孩子晚上睡眠不足，就影响孩子生长激素的分泌。如果长期睡眠不足，就会导致孩子不易长高。睡眠不佳还会影响与食欲和饱腹感有关的激素分泌，使孩子慢慢变胖。

睡眠不足制约孩子的记忆力

上海儿童医学中心儿童睡眠障碍研究中心主任江帆认为，睡眠是大脑皮层以下中枢广泛处于抑制状态的一种生理现象。睡眠过程也是大脑生成记忆蛋白的过程，只有睡眠充足，才能提高记忆力。研究证实，深度睡眠与记忆处理密切相关，睡眠可制造大脑需要的含氧化合物，为觉醒后的记忆和思维做好充分准备。睡眠不足的孩子往往学习精力不集中，容易减缓认知能力的发展，对记忆力的破坏也是不可弥补的。

睡眠不足会导致孩子多种疾病

睡眠是机体复原、整合和巩固记忆的重要环节。如果睡得不好，最明显的表现是容易急躁、易发脾气，注意力以及警觉性都会下降。从心理学角度来看，睡眠处在生命金字塔的最底端，这种最低层次的需要如果长期得不到满足，会引发精神上的烦躁、焦虑不安、情绪不稳等问题，会使免疫和抵抗力降低，诱发其他疾病，如神经衰弱、感冒、胃肠疾病等，甚至可能诱发睡眠性高血压、糖尿病、心脏病、癌症等。

也许有的父母会说孩子睡眠这么重要，我的孩子也有睡眠不足问题，是不是孩子睡得越多越好？

充分的睡眠一般需要6~10个小时，当然，因为个体差异很大，并非每个人都需要睡6~10个小时。睡眠中深睡时间较长的人，只需要较短时间就能达到充分睡眠，关键是睡眠的质量。

为了保证孩子充分睡眠和深度睡眠，有以下几点需要注意：

（1）制定规律的作息时间，看电视、电脑、玩手机有节制，抓紧时间学习。入睡时间最好不要超过11点，小学生不超过10点。晚上11点半到凌晨4点半是最佳睡眠时间。

（2）提醒孩子增强时间观念，学习要高度专注、节时高效，纠正拖拉、磨蹭不良习惯，保证学习质量和睡眠时间。

（3）有条件的家庭，为孩子安排一个良好的卧室环境，少受外界声响的影响，室内不可太花哨。睡前不要让孩子做剧烈和兴奋的活动，做些简单的放松运动或是播放一些轻音乐，以实现催眠。

（4）孩子存在失眠或睡眠质量差，可适当食用牛奶、小米粥等有益于抑制神经兴奋的食品，必要时使用安神补脑液一类药物进行调节。

第九章
创设良好学习环境的要点

纵观古今中外学业有成就者，他们的成功取决于诸多因素，最基础、最起始的因素在于家庭学习环境。人是环境的产物，父母是孩子的第一任老师，家庭学习环境是孩子成才最重要的条件。学习环境好坏根本上不在于贫穷或富有，而在于家庭生活中的学习氛围，在于父母的教子观念，在于父母的家庭教育素养，在于父母教养孩子的方法。

一、高考状元的家庭成长环境

高考状元的家庭具有共同的特征：和谐温馨的家庭氛围，热爱学习的家庭气氛，民主自由的家庭生活，宽松自主的学习环境。

高考状元，是多少学子朝思暮想的追求，是多少父母日思夜盼的目标。哪个父母不是渴望孩子获取这一荣耀，谁人不在求索怎样把孩子培养成高考状元？那么，高考状元们的家庭具有什么样的特征？

和谐温馨的家庭氛围

家庭是孩子成长最具亲和力、最有安全感、最自由的地方。家庭影响对于心智正在发育的孩子来说，是最基础、最根本的。几乎所有的高考状元在谈到成功因素时，都把家庭的和谐温馨放在特别重要位置。

在和谐温馨的家庭氛围中，家庭成员之间互敬互爱、和睦友好。父母长辈拥有爱心和平和之心。爱心是人类最高尚的品德，父母对孩子的爱是无条件的爱。

平和之心是目前社会上一种极难得的心态。平和的心态不以功利的目标衡量自己的行为，宠辱不惊、低调做人、高效做事。出生于浙江省宁波市的朱成，其父母的家教目标就是“让孩子快乐成长最重要，让朱成成为快乐的人”。朱成 1997 年考入北京大学，2001 年被哈佛大学研究生院录取。

在和谐温馨的家庭环境里，孩子能正常地释放心理压力，从容地面对学习和做人中遇到的诸多问题，这是助其成功的必要条件。

热爱学习的家庭气氛

热爱学习的家庭气氛，是孩子热爱学习的动力。日本著名心理学家和教育家，被称为“日本发展心理学第一人”的藤永保先生提出：把孩子学习积极性的有无归咎于教师之前，首先要考虑这样一个问题——“给孩子带来最大影响的成人究竟是谁?"

对孩子来说，他最亲近的人，最起始的榜样是父母。父母的好学比其他因素都重要。"成人的一切行为对儿童来说，都是教育的说明书。"

江苏省第一个考入美国哈佛大学的中学生易菲菲，在她上小学时，妈妈为了促进孩子学习，把自己和丈夫的书桌搬到女儿的房间里，每天晚上一家三口在一起看书学习。她这样做，为孩子树立了"镜子"榜样。

民主自由的家庭生活

状元们的家教大都是温馨民主式的。他们的父母既能运用权威，对孩子提出合理要求，制定明确的标准，又能尊重孩子，与孩子平等对话，鼓励孩子表达自己的看法和意愿。孩子在温暖、民主、宽松的家庭中成长，个性得到充分发展，学习潜力得到充分发挥。

毕业于河北省唐山市第一中学，后考入北京大学的孙瑀蔓，其父亲孙清华提出："作为父母，我们不仅是孩子的人生老师，更应该是孩子人生中善于倾听、乐于交流、最忠实的朋友，做孩子成长的导师。"

2007 年成为美国中考状元（美国高中入学考试满分为 1000 分，她考了 997 分）的赵雨会，其父亲赵殿伟坚持"尊重鼓励"，不抹杀女儿的天性。小雨会读小学时，课堂上听课效率很高，却不爱完成作业，她的老师找到小雨会的父亲赵殿伟，反映小雨会不完成作业的情况。赵殿伟却说："孩子的这个坏毛病，我是知道的，她比较贪玩，不过，我建议还是尽量尊重孩子的做法，等再长大些，她会主动完成作业。"在赵殿伟的说服下，小雨会的毛病得到老师的宽容。尽管不写作业，但小雨会的各科成绩仍然名列前茅，随着小雨会年龄的增长，她逐渐改变了不完成作业的毛病。

宽松自主的学习环境

孩子初入小学时期，正是形成良好习惯的关键时期。状元的父母们都十分明确"习惯养成不是一日之功，而好习惯一旦养成，孩子将会受益终生"的道理。这些父母在孩子初入小学时期，都非常注重孩子良好的学习习惯和生活习惯培养。当孩子形成良好习惯后，就会"不用扬鞭自奋蹄"。父母当好孩子学习的"引导者""鼓励者"，学习上的事由孩子自己"当家做主”。

易菲菲的爸妈认为，只有在良好的亲情关系下，孩子才能放下包袱，自由自在地学习，才能把潜能发挥得淋漓尽致。他们教育孩子不当“法官”，而是当“律师”，像律师对待自己的当事人一样，了解其内心感受和要求，并维护孩子的合法权利，而不是像法官一样，只对孩子的事情进行评判。除了当律师，还当孩子的啦啦队，对孩子的每一个进步助威加油。

毕业于河北省石家庄二中，考入北京大学的杨桐，其父亲杨建彬提出：“我们给孩子的‘政策’是：只要不放弃希望和努力，任何失败都是可以接受的。我们也从不‘陪孩子读书’，大人陪惯了，他自己就没了主动精神，没了责任感，也没了自主学习的能力。家长不要管得太多、太细，切忌唠叨、数落，也不要关心他的具体学习分数，但观察他的学习状态很重要。”

二、家庭生活条件与孩子成才

孩子们能否努力学习，生活条件的优劣不是根本原因，根本原因是家庭怎样教养孩子，能否引导孩子从小立志，从小有理想有追求。

1977 年我国恢复高考后，高考竞争空前激烈。河北省望都县常早村农民李振奇，他的两个儿子两个女儿于 1983 年到 1992 年间，先后都考入本科大学，小儿子考入上海复旦大学。您也许会想，他家一定很富有。恰恰相反，作为曾教过他四个孩子的任课老师，1992 年我曾到他家进行了家访调查。

李振奇家生活条件差得让人吃惊：院子四周没有一面围墙，简陋破旧的三间平房内，除六十年代结婚时购置的旧板柜、对门桌以及必要的生活炊具外，唯有的家用电器就是照明用的电灯和爷爷出门用的手电筒。更不可想象的是，李振奇的妻子患有精神分裂症，家务几乎不能料理，生活艰难可想而知。

生病的妻子为了阻止孩子们上学，几次撕毁他们的课本、书包。亲友们多次规劝李振奇：“不能再让孩子们上学了，家里实在是没法子过了。”李振奇回谢了亲友们的好意，他是“铁了心”了。他和孩子们几次重新缝好、粘好被妻子撕破的书包和书本，咬紧牙关东借西挪借钱供孩子们上学。

孩子们穿得是亲戚邻居送的打补丁的衣服，用的是同学们丢弃的铅笔头，作业本是用了正面用反面，铅笔写了再写圆珠笔字。他们以顽强的精神，最后都以优异成绩都考入了本科大学。

有人会感到疑惑，那样艰难的家庭条件，是什么原因促使四个孩子发愤读书？李振奇的孩子们自幼体验了生活的艰辛，李振奇告诉孩子们“不好好学习，就不能摆脱贫穷”“你们不能总过这样的穷日子”，这在孩子们幼小的心灵上打下“唯有发愤学习才会过好日子”的深刻烙印。他们没有辜负父亲的期望，再苦再难也咬牙坚持，最终个个都实现了父亲的心愿。

为什么像李振奇那样贫穷的家庭，在千军万马争过独木桥上大学的年代，四个孩子全部考入本科大学，而现在一些富裕甚至是富豪家庭的孩子，却是在学校“打发日子”？

这些富裕家庭的孩子自小“要星星不给月亮”，各样的高档玩具应有尽有，穿的是名牌服装，用的是高档商品，上学用轿车接送，在家有保姆或是父母伺候。父母可以花大钱去择校，担心孩子在国内高考落榜，父母早早许愿花钱出国读大学，可孩子学习就是“混光阴”，成绩是一塌糊涂。

一些父母着实疑惑不解“我们为孩子学习创造这么好的条件，可为什么孩子就是不好好学?”其实，家庭创造的学习条件只是外因，而孩子学习的关键是内因，孩子自身没有学习动力，再好的外界条件也不起作用。

孩子是否努力学习的根本原因，在于他有无内在动力，孩子有无内在动力的关键，是父母的教养方式，是父母给孩子心灵装上了什么样的“罗盘”。也就是说，父母对孩子教养中，是注重他的生活满足，让其追求生活享受，还是给孩子从小灌输人生道理，让孩子心灵上有理想和追求。

人是环境的产物，家庭生活、父母长辈的言谈举止，是最实际最深刻的教育。孩子在父母长辈引导下一旦树立了理想，并为之去奋斗，就会发挥出巨大的潜能。

家庭有贫富之分，是客观存在的。孩子们能否努力学习，生活条件的优劣不是根本原因，根本原因是家庭怎样教养孩子，能否引导孩子从小立志，从小有理想、有追求。只要父母为孩子心灵上装上追求理想的“罗盘”，孩子就会为之不懈努力。

三、“狼爸”“虎妈”的做法是否可取

心理学研究证明，人的行为是受动机支配的，动机又分为内部动机和外部动机。就孩子学习而言，实现学习目标、对学习的浓厚兴趣、强烈的求知欲、成功的兴奋和成就感，属于内部动机。而惧怕挨打和希望得到奖励是外部动机。外部动机远不如内部动机稳固，孩子学习的根本动力是内部动机。

“狼爸”“虎妈”的教子经验，一时引起人们的热议。狼爸萧天佑的《所以，北大兄妹》一书，介绍他以“打”为法宝的教育方法。一根藤条将三个孩子送进北大。萧百佑声称“棍棒之下出才子”。

耶鲁大学华裔教授蔡美儿出版了《虎妈战歌》，写她严厉管教两个女儿，最终把她们培养成出类拔萃的音乐天才的育儿经历。“绝不允许看电视或玩电脑游戏”“不允许自己选择课外活动”“无条件服从家长的一切要求”“不许去同学家串门”。“狼爸”“虎妈”用一系列严厉家规，要求孩子沿着父母为其选择的道路努力。

在“狼爸”“虎妈”引起世人思想波澜的背景下，日本妈妈森田友代所著《哈佛老妈的教育笔记》一书中，提出了“放任式”家教与“目标式”培养法，即把东方式家教的“权威父母”和西方式的“平等交流”相结合。这是继“狼爸”“虎妈”之后，又一位让万千家长羡慕的“教子成功”案例。

2013 年 6 月，美籍华裔夫妇汪小武和胡琳出版《哈佛两姐妹》一书，写他们的两个女儿瑶瑶和凯西分别考入美国哈佛大学的经历，他们向世人宣告，采用温和的“放羊式”教育，同样让女儿成才。

采用何种方式教孩子成才？“狼爸”“虎妈”的做法是否可取？恐怕是众多父母的疑惑。

正确认识这一问题，要从孩子学习动机谈起。心理学研究证明，人的行为是受动机支配的，动机又分为内部动机和外部动机。内部动机指个体对所从事的活动本身有兴趣而产生的动机。外部动机是个体所从事的活动以外的刺激诱发而产生的动机。

就孩子学习而言，实现学习目标、对学习的浓厚兴趣、强烈的求知欲、成功的兴奋和成就感，属于内在动机。而惧怕挨打和希望得到奖励是外部动机。外部动机远不如内部动机稳固，孩子学习的根本动力是内部动机。

谁也不能否认，引导孩子学习必须有一定的规矩，“没有规矩不成方圆”。违犯了规矩就要给予惩戒，这种惩戒在孩子10岁以前，并不完全排除皮肉之苦。

“棍棒之下出孝子”“不打不成教”，这是封建社会遗留下来的家长作风的产物，它是缺乏民主平等意识，不尊重孩子权利的表现，不利于孩子身心健康成长。无数事实证明，多数孩子被打，在他们心灵留下的是伤痛的阴影，即使孩子被迫去学，他也不可能全力以赴地投入学习。

不懂得孩子心理发展规律盲目效仿，认为只要孩子能进北大，无论采取什么手段都是可以的。这是以“教育的成果”来判断，不是从孩子成长出发，是违背教育规律的。网上报道一位农民工盲目仿效“狼爸”，因为孩子抄作业而将孩子打死。这样的悲剧，多么令人痛心。

“狼爸”“虎妈”的教子方法，只适合他们的孩子，并不具备普遍推广意义。教育是最个体化的，只有根据孩子特点实施的教育，才是最合适的教育。

汪小武和胡琳在《哈佛两姐妹》一书中写道：“我们也曾希望孩子不要输在起跑线上，在他们小时候让他们拼命地学习，甚至跳级和进入所谓的天才班，但事实证明那样不利于孩子的成长。幸好，我们及时改变了方式，采用宽松的“放羊式”教育，让孩子们得到了自由健康的成长并最终成才。希望我们的故事，能给那些迷信‘狼爸’‘虎妈’的父母们一些借鉴！”

父母要理智地看待“狼爸”“虎妈”的做法，认真分析自己孩子的特点，不可盲目仿效“狼爸”“虎妈”。遵循教育规律和孩子心理发展规律，调动孩子学习内在动力，开发孩子内在潜能，才是明智之举。

四、正确看待孩子的分数

英国教育家斯宾塞曾告诫说：“孩子的分数并不代表一切，我们应该去关注其思维能力、学习方法，保留孩子珍贵的好学之心。不要武断地用分数衡量一个孩子的好与坏。要让孩子知道，分数就像是一个游戏，而孩子要在游戏里得到优胜。”

瓦伦达是美国著名的高空走钢丝表演家，他常在离地几十米的高空表演，而且没有任何防护措施，还要抗拒风雨等不利因素的干扰，但每次都能顺利完成表演。瓦伦达曾说：“我走钢丝时从不想目的，只是想走钢丝这件事，专心走好钢索，不管得失。”

他一辈子走钢丝都很成功，获得很高的声誉。遗憾的是，他在最后一次表演中过于期望成功，结果从高空跌落。原因在于，他以前走钢丝从不思前想后，只专注于脚下的每一步，而最后一次他总在想：这是最后一次千万不能失败，结果反而丢掉了性命。

后人把专注做好眼前每一件事，而不患得患失的心态称为“瓦伦达心态”。瓦伦达的失败其实是败给了自己。

像瓦伦达这样由于患得患失而失败的情形，人们已经是司空见惯：过分在意名次的运动员往往失利，过分在意名誉的演员容易失常，其关键在于过分在意名次、名誉，就会在比赛、表演中分心分神，不能专注于活动本身，必然影响其正常水平的发挥。

孩子考试也同样道理，过分在意分数，或是担心考不上好学校，或是担心考不上好名次，或是担心考不好回家会挨骂。必然心神不专，干扰正常的思维，越担心会考得越糟糕。

父母过分看重孩子的分数，会在孩子身上形成诸多“后遗症”：孩子怕考不出好成绩，回家受训挨骂，谈起考试就身心不专干扰学习；孩子分数高低成了父母情绪的“晴雨表”，分高则喜、分低则怒，孩子考试中就易担惊受怕，越是紧张越不能发挥正常水平；父母只看分数不管其他，孩子认为“我是为了家长学习”，对学习应付敷衍；考不好就受惩罚，势必形成两代人情感上的对立，严重影响家庭和睦；为了讨父母欢心，孩子就动歪脑筋考场作弊，以虚假的分数欺骗父母，到中考、高考一败涂地，父母方“如梦初醒”。可见，父母过于看重分数，无形中给孩子造成了心理负担，压抑了孩子的智慧，干扰了孩子的学习。

必须明确分数并非是衡量学习水平的唯一标准，首先，孩子各学龄阶段学习的知识水平不同，得分情况各异，在小学阶段某科成绩容易得 100 分，但到高中阶段要得 100 分就十分不易。其次，出题难易程度也不一样，不同性质的考试，不同程度的学校出题难易程度大有区别，就是同一学校，平时小考难度就大些，而期末考试一般容易些。最后，就是不同老师批卷宽严程度也不尽相同。

英国教育家斯宾塞曾告诫说：“孩子的分数并不代表一切，我们应该去关注其思维能力、学习方法，保留孩子珍贵的好学之心。不要武断地用分数衡量一个孩子的好与坏。要让孩子知道，分数就像是一个游戏，而孩子要在游戏里得到优胜。”

著名家庭教育专家孙云晓给父母忠告说：“用考试成绩作为评价孩子的唯一尺度，父母和老师都变成了盲人。”

孩子学习是由学习状态、学习过程和学习结果三个缺一不可的环节组成。学习状态是发电厂，学习过程是输电，学习结果是灯亮。只看结果，不关注孩子学习状态和学习过程，是本末倒置。没有好的学习状态和积极主动的学习过程，不可能有好的结果。

孩子学习重要的是过程，而不是结果。只看重结果，学习的过程和体验就会被全部抹杀，学习就丧失了本身的意义，孩子会沦为考试的奴隶。重过程，善于在学习的过程中收获细微的“奖赏”，关注学习本身，重视当下的体验和感受，这是学习的意义。父母应重视培养的是孩子发自内心的喜爱“学习”这件事。

孩子学习的焦点不是成绩，应把学习焦点放在学习成就感上，成就感是孩子好学乐学的动力。培养孩子发自内心的学习热忱，孩子才能乐意学习、发挥潜能。

只要孩子有了主动学习的态度，有专注钻研的好习惯，有认真求实的学习状态，取得好成绩是“水到渠成”的事。即使有几次偶尔低分，最终也会得到满意的成绩。

关注孩子的学习要从根本上重视，而不只是分数上重视，分数只能显示学习能力的30%。教会孩子学习，掌握学习规律，提高学习能力才是根本。

父母要理智的、正确的看待孩子的分数，不给孩子造成过多心理压力。父母着眼点应在于培养孩子良好学习习惯，提高其学习能力，形成内在的学习动机，这才是理智的态度。

五、切莫过于看重孩子的名次

北京师范大学心理学院教授、博士生导师刘儒德，在研究中发现第十名现象：小学期间的前几名尖子生，在升入初中、高中、大学后，有相当一部分会淡出优秀者的行列，甚至在其后的升学就业方面屡屡受挫，而前三名之外，第十名前后的学生，却在后来的学业和工作中出乎意料地表现出色，成为栋梁之材。这就是“第十名现象”。

看重孩子在班内考试成绩名次，这是大多数父母的心思。孩子在班内成绩名次，能直接表明成绩优还是劣，进步还是退步。那么，是否应太看重孩子的成绩名次？那就先读一志这位父亲讲得女儿的故事吧。

女儿放学回家刚放下书包就悄悄告诉我：“爸，这次考试我又得了第一名，还是全年级第一。”她看着我点点头又说：“语文试卷很难，可我没压力很沉着，意外地得了101分。”“好闺女，听话就好，不听话说不定非砸锅不可。”我赞许道。“非强争名次再哭闹一场，就别想有这样的好成绩。”女儿脸一红，低头笑了。

说来还是在初一时，孩子期中考试成绩在班内第一名，当她拿到奖状和奖品，甭提多高兴了。在小学六年中，因多种原因，孩子成绩总在班内前十名左右晃荡，学校发奖不沾边，看着班内前三名得奖，她心里总不是滋味。这次她得了第一名，能不高兴吗？

可没过几天，孩子的脸上晴转多云，她曾小声念叨：“下一次考不上第一名，那多丢人。”起初我没在意。临到考试，她饭吃不好，觉睡不香。当问起原因时，她一脸愁容：“要是考不上第一名，同学老师们怎样看我，让我多丢人。”我安慰她只要沉着认真，一定能答好试卷。等考试结束那天，孩子吃着饭落下眼泪来，问起缘由，她抽泣着说：“班内某某会超过我，我得不了第一名，恐怕第二第三也得不上。”

争名次成了孩子沉重的思想负担。我和妻子一合计，必须设法扭转孩子的想法，不然会严重影响学习。我们给她提出一条要求“今后考试沉着认真答题就行，不能再强争名次”，随后用他人的事例讲了许多道理。等期末成绩公布下来，孩子险居第一名。她若有所悟地说：“今后考试再也不强争第一名了，再也不受那份罪了。”

这次考试她真正想通了，放下了思想包袱，轻装上阵，不强争第一反倒获得全年级第一名，并遥遥领先。单纯争名次并不是好事，非但不能促进反而会影响学习。

从这位父亲讲得女儿的故事中，您得到什么启示？太看重考试名次是否可取？名次是否是衡量学习优劣的唯一标准？还是从学生学习实际情况谈起。

首先，要求孩子在班内争第一名或前几名，父母是好意，对个别孩子来说有一定的激励作用，对大多数孩子来说却是思想负担。孩子考前和考试中时时担心得不到好名次，无法向父母交代，或是怕同学老师看不起自己。沉重的思想负担必然压抑孩子智力发挥，使孩子平时不能专心学习，影响学习质量；在考试中造成高度紧张，思路受阻导致答题失误。

其次，各学校各班级之间学生情况不同，在此校位居前几名，在彼校可能位居八、九十名；此班为前几名，在彼班或许是二十几名；中考时有的初中学校两个班没一个考入重点高中，而有的初中学校一个班却有二十多名学生考入重点高中；高考中有的高中学校一二百余名考生进入重点大学，而有的高中学校只有二三名考入重点大学。

最后，考试名次前后有许多制约因素，如学生心理、情绪状况、身体状况、他人成绩有进有退、个别孩子考场作弊等都会影响名次。由此看来，太看重孩子名次不可取，名次不是衡量学习成绩的唯一标准。

北京师范大学心理学院教授、博士生导师刘儒德，在研究中发现第十名现象：小学期间的前几名尖子生，在升入初中、高中、大学后，有相当一部分会淡出优秀者的行列，甚至在其后的升学就业方面屡屡受挫，而前三名之外，第十名前后的学生，却在后来的学业和工作中出乎意料地表现出色，成为栋梁之材，这就是“第十名现象”。

孩子的学习是不断发展变化的，在小学是中等生，到中学也许会成为尖子生，同样，在小学的前几名，到中学或许成为中下等学生，这里的关键是学习态度、学习习惯和学习能力如何。

父母引导孩子学习，重要的是把细节决定成败的思想从小灌输给孩子，并变成他自己的财富。明确告诉孩子，你得多少分，居多少名次并不重要，重要的是平时是否认真学习，是否准确掌握所学知识，是否在考试时认真审题、规范答题。

孩子考试不理想或名次下降，父母怎样对待十分重要。有的父母见到孩子成绩不理想就是一顿训斥、责骂。训斥、责骂非但无效，反而令孩子失去信心，情绪沮丧，压抑智力，导致“失败是残败之母”。

孩子考试成绩不理想，父母应该做的是理解与安慰，让孩子感到父母的理解与爱意，消除他的自卑与担心；是帮孩子找出考试失误的原因，考虑好今后的对策，为孩子鼓劲加油，这才是科学理智的做法。

太看重考试成绩名次，弊远远大于利。还是淡泊一点名次观念，关注孩子的学习态度、学习习惯和学习能力的提高，让孩子心情舒畅、专心致志地学习为好。

六、谁压抑摧残了孩子的智力潜能

父母对孩子的溺爱、包办代替和心理迫害是压抑、摧残孩子的智力潜能，导致孩子精神萎靡、学习消极、成绩不佳、做事消沉怠慢手足无措的原因。

不知父母是否注意到：孩子们在婴幼儿时期，几乎个个天真活泼、聪明伶俐。为什么上学后，一些孩子精神抖擞，学习努力，成绩不断进步，做事肯动脑有办法；一些孩子却是精神萎靡，学习消极，成绩不佳，做事消沉怠慢手足无措。

什么原因致使这些孩子变成这样？是谁压抑、摧残了孩子的智力潜能？

大量观察研究证明：导致孩子如此状态的，是他们的父母在教养中对孩子的溺爱、包办代替和心理迫害。

也许有人会说："哪一个父母不是渴望孩子智力优秀、成绩突出、手巧心灵，谁还会去压抑、摧残孩子的智力潜能？"是的，父母的主观愿望决非那样，客观现实却是如此。

溺爱孩子

把孩子从小当成心肝宝贝，对孩子唯命是从、百依百顺，生怕孩子受半点委屈。天长日久，使孩子形成任性、自私，事事以自我为中心的思维方式。孩子自以为是，思考问题思路狭隘、片面，无形压抑了他的聪明才智。

包办代替

生活上包办代替，衣来伸手、饭来张口，孩子自己的事，父母全部包办，使孩子养成了懒惰、任性的行为习惯。人们常说"手巧方能心灵"，孩子行为懒惰、四体不勤，没有责任心，那么他的思维发展势必受到制约，智力潜能必然受到压抑。

思想上包办代替，父母想尽一切办法让孩子听话，按照父母的意志办事。孩子完全没有自己的想法，逆来顺受，成为一个没有独立思想，没有头脑的人。为什么没有头脑，因为孩子的大脑基本上没有独立和系统地使用过，大脑的神经细胞根本没有系统有效地联系。这岂能不压抑孩子的智力潜能。

心理迫害

就是对孩子"恨铁不成钢"，急于求成，无视孩子的天性，恨不得把孩子一天就打造成个博士生。为了实现孩子学习考高分，不是采用发现进步、夸奖激励、促其成功、促成孩子成就感的方法，而是不了解孩子心理特征，不肯动脑想办法，只盯着孩子的缺点、退步和成绩不如意，用强迫、打骂、训斥、唠叨等方式对待孩子，“太笨”“真差劲”“没出息”“笨蛋”是教育孩子的常用语言。这些做法违背小孩子好强、好胜的天性，压抑孩子智力潜能，给孩子造成心理伤害。

人的意识特有的能动性之一就是选择性和目的性。孩子们求知识、求开心、求夸奖是他们行为选择的原则，这是由他们的天性，他们的年龄特征决定的。人的大脑有这样的特征：人的情绪好，乐意去办某事，愉悦的心情令大脑思维敏捷、思路畅通，他的智力潜能就会超乎想象的发挥出来，办事情就极易成功；反之，人们处在懒散状态下，处于苦恼、焦虑、忧愁心情下，人的大脑就显得异常迟钝，思路不清，办事没有思路难以成功。

孩子学习心情舒畅、情绪愉悦，时常得到父母的赞扬和激励，他的智力潜能就能得到很好的发挥，学得轻松，学得高效。父母对待孩子学习，采取强迫、威逼、打骂、斥责方式，孩子时常处于苦恼、厌烦、焦虑情绪状态下，他就不会静下心来专心学习，他的心思就不可能投入到学习上，正常智力也不可能得到发挥。这就是那些婴幼儿时代聪明伶俐的孩子，上学后却精神萎靡，学习消极，做事消沉怠慢手足无措的原因。

父母没有研究孩子的心理特征，采取不当教养方式，尽管是善意的，主观上是为了孩子好，可不当的教养方式压抑、摧残了孩子的智力潜能，使本来聪明伶俐的孩子，成为萎靡不振、消沉怠慢、讨厌学习的人。

七、对孩子的期望值不宜太高

物极必反是世界万物共同的规律。如若对子女的期望值，远远超过子女实际水平，非但无益反而有害。尽管父母为子女费尽心血，换来的不是快乐，倒是苦涩和痛苦。

望子成龙、望女成凤是父母的心愿。面临社会竞争激烈的今天，父母这种心愿尤为突出。以上海为例，有95%的家长期望子女上大学、考取研究生，出国留学。98%以上的家长期望子女从事脑力劳动，期望子女当医生、当外交官。可见，父母对子女都抱有相当高的期望值。

所谓期望值，就是人们对自己某种行为所能达到的估量和预测的数值。心理学研究表明，家长期望水平对子女学习和思想道德都有重要的影响。期望值水平越高，子女受到的激励越大，但期望值脱离实际就会适得其反。

哪个父母不期盼子女成为优秀人才。但是，谁也不能以想象代替现实，不能“拔着头发上天”。父母对孩子的期望，应建立在子女客观实际情况的基础上，从实际出发，给孩子以适当的期望值，才是正理。

物极必反是世界上万物共同的规律。如若对子女的期望值，远远超过子女实际水平，非但无益反而有害。尽管父母为子女费尽心血，换来的不是快乐，倒是苦涩和痛苦。

期望值太高造成两代人对立

由于望子成龙心切，有的父母对子女的期望甚至失去理智，达到苛刻的程度。子女在高压下被强制学习，失去了对学习的兴趣，形成逆反心理和与父母对抗的情绪。

20世纪80年代某大学一位教授“恨铁不成钢”，在另一位副教授的“公正”下，与他的“千金小姐”签订了一份“父女条约”：“如考不上大学，将被赶出家门。”女儿经努力最终还是未考上大学，只好赌气去“自食其力”，先是在一家路边店当“女招待”，后沦为卖淫女。父母过高的期望值带来如此的恶果。

期望值太高压抑子女的智慧

父母为了子女学习什么都舍得。父母的苦心子女看在眼里，但对成绩不佳者却是一种沉重的思想负担。用一些学生的话讲：“我最大的压力就是怕对不起父母”。他们经拼命努力后仍无起色，思想上就陷入焦虑和苦恼。

心理学相互引导规律，揭示出大脑皮层某些部位处于高度激奋状态，就会压抑其他部位的活动。孩子时时处于内疚焦虑中，焦虑苦恼的心情会影响正常智力发挥，严重压抑大脑正常思维，造成记忆力减退、反应迟钝，长此以往身心都受到摧残。这是苦心的父母所始料不及的。

期望值太高造成两代人的痛苦

期望越高与现实越矛盾，对人打击越大，一旦超越心理承受能力，心理失衡就会引起生理上的病态变化，导致身心疾病。正如有的父母讲“为不争气的儿子，把我气得得了几场病。”

作为子女，看到父母为自己日夜操劳，甚至累成病，自己学习成绩却不理想，内心会十分苦恼。有一位学生讲：“父母对我太好了，为求我为家里争气，一次母亲居然给我跪下了，我实在受不了，父母对我越好，我越难受。我拼命努力，成绩进步不大，总感到愧对父母，我吃不好饭，睡不着觉，简直要发疯了。”

希望越大失望越大，这是心理规律。超越实际的高期望值给家人带来的不是幸福和快乐，倒是忧虑和痛苦。办事情要从实际出发，单凭主观愿望是不可取的。雕塑家必须依据原料状况而雕塑出不同艺术品来，父母必须依据孩子实际情况，有一个正确的期望值。

八、对孩子要求过高过严等于扼杀

孩子们天生是有进取心的。其进取心逐渐强盛还是微弱甚至消失，取决于他成功或是失败的体验，取决于成人尤其是父母的评价与期望。“苛求等于毁灭”。

陈君君服毒自杀的消息，像一颗炸弹爆炸，震惊了她的同学、老师和邻居们。陈君君是一位成绩优秀的高中生，她自小学习努力，争强好胜，老师和同学都说她一定能考入名牌大学。高考复习第一次模拟考试，她的成绩居然倒退到班内二十几名，这对陈君君无疑是一次沉重打击。她的父母非但没有安慰她，反而认为孩子“不争气，不努力”，好一顿唠叨和训斥。“别人都说你一定能考上名牌大学，考不上名牌大学就丢死人了。”父亲冷冷地告诫女儿。

这对陈君君来说无疑是火上浇油。沉重的思想压力，令陈君君寝食不安，成绩一天天下降，她连续熬夜努力学，也不见多少起色。在一系列打击下，她在高考前第三天，留下了：“我对不起你们，让你们失望了”的字条服毒自杀。父母看着逝去的女儿号啕大哭，后悔的捶胸顿足，但为时已晚。

这一悲剧令人深思：是什么让花季少女走上不归路？祸首就是父母对子女的过高过严要求。

为孩子学有所成，父母对孩子高标准严要求无可非议。但是，超越孩子实际的过高过严要求，却等同于扼杀。正如法国大作家雨果所说：“苛求等于毁灭”。

在孩子们学习生活中，父母对孩子苛求的现象随时可见，比如，一位上初中的孩子语文考试得了 90 分，妈妈还不满意，“这算什么，比你强的还有哩”；某小学生数学考了 99 分还大哭，原因是没有达到妈妈要求的 100 分；一位男孩子经努力进步了几名，妈妈却说：“你不就是有点进步吗，离前三名还差远了”……

孩子们天生是有进取心、上进心的。其进取心逐渐强盛还是微弱甚至消失，取决于他成功或是失败的体验，取决于成人尤其是父母的评价与期望。父母的评价与期望，犹如一个标杆，让孩子对自己的行为与成就做出衡量，当孩子“跳一跳”就能达到标准时，他会自觉地朝这一目标努力，并体验到成就感；反之，如果父母不顾实际地把标杆设置过高，孩子一次次奋力跳起，也达不到标准，经历一次次失败，也体验不到成功的愉悦，他就自以为自己无能，失掉了进取心和上进心。孩子学习怎么努力也达不到父母的标准，他就体验不到学习成就感，失去了自信心。

孩子认为自己“无能”“不行”，那对孩子来说是可怕的，会丧失学习的动力，压抑智慧的发挥，摧残他的进取心、好胜心。

孩子没有达到标准，父母以打骂、训斥、唠叨、挖苦，对孩子实施“心灵施暴”，如此的结果会怎样？无数现实告诉人们，趋利避害是人与动物共同的本能，父母的“心灵施暴”迫使孩子走向父母极不愿看到的方向：一是厌学，你强迫让我学，我没办法，只好在学校“消极怠工”，混日子；二是引发孩子内疚、自责、焦虑不安的情绪，孩子身心受到摧残；三是找寻精神家园，如上网打游戏，以求心灵的寄托；四是到社会上和狐朋狗友鬼混，干出些让父母操心，让他人受害的事；五是逆反和父母对着干，编着法子让父母不得安宁；六是出走甚至是自杀，以得到痛苦的解脱。

父母要求孩子过高过严，会扼杀其进取心、自信心，泯灭其好胜心、求知欲，摧残其身心健康，甚至毁灭其花样年华的生命，可叹，可惜，可悲！

从孩子的实际情况出发，为其制定“跳一跳”能够得着的标准，激励孩子自信，鼓励其成功，调动孩子学习积极性，保持其愉悦的心情，这才是智慧父母的表现。

九、家长会后父母怎样做

每个孩子都有进步也有退步，有优点也有缺点。家长会上老师如实向家长反映孩子的情况，这是负责任的表现。父母如何反馈给孩子，关键就要看怎样更有利于为孩子鼓舞士气，如何更好地促进孩子进步。

开家长会是实现家校沟通，共同教育孩子的有效途径。孩子们都十分重视家长会，因为父母和老师直接沟通，老师怎样评价自己，父母又怎样对待这些评价，孩子们心里是忐忑不安的，尤其是成绩不理想，或是有过失的孩子。

家长会上，老师们出于对学生的负责，一般不会“谎报军情”，会如实地把学生学习情况、守纪情况、为人处事等反映给家长，以求得共同教育孩子。

家长会对孩子起到什么作用？是给孩子鼓劲加油使孩子奋进，还是打击孩子积极性使孩子消沉？也许有人说：“哪个家长不是想更好促进孩子学习。”其实未必。为什么这样说，请看两个真实的事例。

蒋丽雯是个非常好学要强的孩子，考入高中后由于一时不能适应高中课程，学习较吃力，成绩也很不理想。高一期末家长会上，老师如实反映了蒋丽雯的学习情况，并对她妈妈说，“蒋丽雯学习很努力，为什么成绩不佳，是否智力反应慢?”

争强好胜的蒋丽雯妈妈，听到此话心里直犯嘀咕，孩子智力差，这不是没希望考入大学了吗。回家后她如实地把老师的话，没好气地摔给了女儿。这对要强的蒋丽雯来讲，无疑是沉重的打击。

要强的蒋丽雯将“天道酬勤”古训作为座右铭。她更加不懈努力，到高二成绩有了明显的进步。但天不遂人愿，高二第一学期期末考试，她遇到身体不适，影响了成绩。

又要开家长会了她很担心。她担心的事还是来了，家长会上对蒋丽雯身体不适并不知情的班主任老师，如实地把蒋丽雯近来学习更加努力，但成绩并没多大起色的情况告诉了她妈妈。妈妈回家后，又把班主任老师的话如实地反馈给了女儿。这次好强的蒋丽雯真正失望了，她真恨自己智商低，没能力，自此消沉了，高三高考自然地名落孙山。

李帅被清华大学录取了，熟悉他的人说，这应归功于他的妈妈。李帅上小学时，家长会上老师对他妈妈说：“这次数学考试，全班50名同学，你儿子排47名。”

回家后妈妈见到儿子，却竖起了大拇指：“老师对你充满信心，说你不是笨孩子，只要能细心些，就会超过你的同桌，这次你的同桌排名28。”

儿子上了初中，又一次家长会，老师告诉她：“按你儿子现在的成绩，考重点高中有危险。”回到家里，妈妈再次向儿子竖起大拇指：“班主任对你很满意，他说了，只要你努力，很有希望考上重点高中。”李帅在妈妈鼓励下，经不懈努力，如愿进入重点高中，三年高中学习生活在妈妈的激励下，李帅的学习成绩不断进步，高中毕业高考后，清华大学录取通知书送到李帅手中。

当您读了这两个真实的故事，您有什么想法?为什么蒋丽雯本来并不是智商低，却认为自己智力差而消沉?为什么李帅能进入清华大学?这就是家长会后家长的教育技巧问题。

处于中小学阶段的孩子，他的自我意识，尤其是对自己智商、能力的评价并不十分明确，他是以别人，特别是他最亲近、最信任的人的评价为标准的，父母、老师是孩子最了解、最信任的人，父母、老师的评价，对孩子的思想行为有重大影响。

每个孩子都可能会有进步也有退步，有优点也有缺点。家长会上老师如实向家长反映孩子的情况，这是负责任的表现。父母如何反馈给孩子，就是个教育技巧问题。两位妈妈以截然不同的方式，将老师讲的话反馈给孩子，出现了迥然不同的结果。像李帅妈妈那样“谎报军情”是没有过失的，老师也不会“开刀问斩”，相反却极大地鼓舞了孩子的自信心，引导孩子奋发努力。而蒋丽雯的妈妈不了解孩子们的心理特征，不懂教育技巧，“如实”反馈老师的信息，并添油加醋，结果是办了“傻事”。

家长会后，父母怎样将老师的话反馈给孩子，关键要看怎样更有利于为孩子鼓舞士气，如何更好地引导孩子进步。

如果听到孩子成绩不理想或是倒退，心里有气，就借老师的口，把气撒给孩子，把孩子说得无地自容，或是一顿狠揍。父母心里的火是撒了，气是出了，可在孩子身心上会形成什么样的烙印？正如有的学生在日记中写的“考得不好要挨骂，考得好也要挨骂。”“我已经很努力了，但家长会没有让我得到应有的表扬，而是更多的批评，我真不知道开家长会有什么好，老师和家长见面只会让我更痛苦。”“家长会就是我的挨骂会。”

孩子们对老师在家长会上的评价是很重视的，会把老师的话视为“圣旨”。父母为了孩子的进步，就要学习李帅的妈妈，用心分析孩子的心理，讲究教育技巧，以达到鼓舞孩子信心，促进孩子进步的目的。

尊重、理解、鼓励孩子，孩子就有被信任、被关爱的感觉。父母的信任、关爱、鼓励，是孩子前进的航标，是孩子走向成功的动力。

十、莫当孩子学习的“拐杖”

我国儿童教育家卢勤提出，作为家长，要清楚地明白这样一个道理：你不能够陪孩子一辈子，不能帮孩子一辈子。“授人以鱼，不如授人以渔。”

郑琳的儿子程崇文考入上海交通大学，街坊邻居们着实羡慕，也有些迷惑不解。街坊邻居们坐在一块七嘴八舌地打开了话匣子：

“郑琳在孩子学习上好像没花什么功夫。”

“常看到郑琳和儿子娘儿俩说说笑笑那么开心，崇文这孩子学习真不用家长操心。”

“我为儿子学习真是费死劲了，每天我帮他查资料、查作业，他学习就是不长进。”

“甭提啦，我儿子的书包每天我不给他整理好，他就丢三落四的。”

“上小学时，女儿不会的题，我还能帮她做，女儿到高中了我是没辙了，她成绩不好，还怨我不能帮她。”……

街坊邻居们带着好奇心去向郑琳“取经”。看到街坊邻居们这种教子心切的情景，郑琳讲了自己的做法。她说：“我不会为孩子学习成绩操心，因为我已经提前把心血花费在培养孩子学习习惯、学习能力上。从儿子上学开始，我就和儿子商定一些学习规矩，下大力气培养孩子良好学习习惯。我不做孩子学习的‘拐杖’。在小学低年级，老师要求家长检查作业、签字时，我只管签字认可，绝对不检查作业。我告诉儿子，妈妈有自己的事情，而你的任务就是学好功课。作业的目的是复习所学知识，有了错误不要紧，那就是发现自己的漏洞呀。只要把不会的、不懂的及时向老师请教学会就可以了。”

“从儿子上学开始，我不做孩子学习的‘拐杖’”，这反映了引导孩子学习的一个突出问题：当孩子学习的“拐杖”，这种做法普遍存在。

什么是当孩子学习的“拐杖”？比如，孩子遇到难题不会做，父母告诉孩子答案；代替孩子做作业，大人做好后由孩子抄写一遍；孩子做作业需要查资料，父母代替孩子去查找；孩子作文犯愁，父母替他找素材，组织文章内容；孩子做好家庭作业后，父母为其整理书本文具；孩子上学本可以骑自行车或乘公交车，父母再忙也要送孩子去上学；孩子学习有问题需要老师帮忙，由父母与老师联系去找老师等。这些就是父母充当孩子学习“拐杖”的表现。

从父母意愿来说这是帮孩子，是好心好意，其实是好心办错事。高中生林清清，学习很认真，也非常好胜要强，可是成绩就是麻绳拴豆腐——提不起来，用她自己的话讲“真难为情”。为什么这样？

经过一番调查才明白了。原来，她上小学和初中时，父亲非常关心并全力以赴帮女儿学习：作业不会做告诉她答案；生字不会写帮她查字典；作文不会写帮女儿找材料，组织文章……女儿考入高中后，初中毕业的爸爸没辙了，帮不上忙了，林清清失去“拐杖”，学习上束手无策了。

父母“代劳”，孩子自己并没有掌握知识，没有学会做题；父母“代劳”，孩子会形成依赖心理，养成懒得动手动脑的习惯。当父母不能充当孩子学习的“拐扙”时，孩子会不可避免的陷入困境，在困难面前一筹莫展。林清清的教训就是例证。

当孩子学习的“拐杖”，不是帮孩子，而是帮倒忙。父母好心好意操心费力，却剥夺了孩子独立思考、掌握知识的机会，剥夺了孩子提高思维能力的机会，剥夺孩子提高学习生活自理能力的机会，剥夺孩子提高独立战胜困难解决问题能力的机会。善意的愿望却造成了林清清那样的“苦果”。

我国儿童教育家卢勤提出，作为家长，要清楚地明白这样一个道理：你不能够陪孩子一辈子，不能帮孩子一辈子，“授人以鱼，不如授人以渔。”

孩子们的知识是自己动脑思考学会的，学习方法是在学习中总结出来的，学习经验是在学习实践中探索的，战胜困难的精神是在学习实践中锻炼提高的，是任何人也不能代替的。代替是剥夺，是毁掉孩子的发展，毁掉孩子的未来。

父母应学习郑琳的智慧，把心血花费在培养孩子学习习惯，培养孩子的学习能力上，相信孩子的能力，放手让孩子做自己学习的主人。当孩子确有困难时给予必要的启发，当孩子有畏难情绪时，给孩子鼓励打气。让孩子在磨炼中成长，把孩子培养成善于动脑，学会学习，勇于战胜困难，天天向上的好学生。

十一、陪读对孩子是帮助还是剥夺

陪读要把握“度”，该“隐退”时，适时“隐退”。长期为孩子陪读，甚至是中学和大学都要陪读，这对孩子不是真正的帮助，而是无情地剥夺。

陪读，已成为许多家庭的负担。据中国社科院教育研究所一项统计显示，我国36.8%的家庭存在父母陪读的现象，在城市家庭中，陪读的比例要远远高于这个数字。一项对670位小学生家长的调查显示，近五成小学生回家做作业需要家长陪伴，36%的学生需要家长监督，仅一成小学生回家能独立完成作业。

陪读成为一个不小的风潮，孩子上小学要陪读，上中学要陪读，甚至有的孩子上了大学，父母还要租房去陪读。三四十岁的父母担负着事业和家庭双重重担，上有老下有小，每天忙得不可开交，还要为孩子陪读。

为什么要陪读？用一些家长的话说，陪读是为了督促孩子学习，是为了照顾孩子的学习和生活。孩子在外地上中学或上大学生活不习惯，自己的事不能料理，父母陪读照顾，孩子可以吃得好，有更多时间读书，更能促进孩子学习。

陪读的初衷是善意的，是为了孩子好。陪读到底是实现还是违背了善意的初衷？给孩子带来什么样的影响？有利于还是有害于孩子学习成长？还是从陪读的现实作用来分析。

孩子由幼儿园进入小学读书，要有一个适应学习生活的过程。孩子自控力差，不知怎样学习，为了引领孩子适应学习生活，教孩子学会合理安排学习，形成好的学习习惯，父母陪读几个月是必要的，陪读可引导孩子适应学习生活，有助于孩子尽快进入学习生活的轨道。

陪读的目的是不陪，是为了孩子更独立学习。陪读要把握“度”，该“隐退”时，适时“隐退”。一些父母没悟出这个道理，长期为孩子陪读，甚至是中学和大学都要陪读，这对孩子不是真正地帮助，而是无情的剥夺。

陪读剥夺孩子自理能力的培养

少年天才魏永康被中科院劝退，少年天才严永明辍学中科院，两个事例让世人震惊。这些少年天才，知识学习方面为人称颂，但他们从小学开始是在陪读下长大的，他们连基本的生活自理能力都没有。从整理学习用品、安排学习生活，到整理房间、洗衣服等都由父母、长辈代劳，孩子

“有山靠山”，形成事事依赖心理，无形中被剥夺了锻炼学习生活自理能力的机会。魏永康、严永明那样的结局，是事出必然。陪读将使孩子在未来生活和社会工作中会形成令人苦恼的障碍。

陪读剥夺孩子自控能力的锻炼

自我制约、自我调控、自我心理平衡，是生活和学习中非常重要的能力，是学习进步、成就事业的必要条件。父母长期陪读时时监督孩子，孩子靠父母的监督、管理来学习，就没有去思考怎样自我制约、自我调控、自我心理平衡，天长日久形成事事依赖父母，没有监督就不学习就不会学习的习惯，这就无形中剥夺了孩子形成自我制约、自我调控、自我心理平衡能力的机会，剥夺了孩子锻炼提高自控能力机会。

陪读剥夺孩子学习的本能

长期陪读的孩子形成依赖心理，他们不知道怎样去学习，其内心所想的是：上课甭听，反正我妈还得啰唆；数学不会没事，反正我爸会替我做；复习不用操心，反正我爷爷早安排好了。孩子学习兴趣丧失了，学习效率降低了，学习本能就消失了，这不是帮助而是毁掉孩子的学习。

陪读造成孩子对父母的逆反

孩子学习，父母在一旁陪读，并时时看不惯就指手画脚，有时出口不逊，大大伤害孩子的自尊心。孩子认为父母看不起他，对他不信任，会对父母产生逆反心理，父母辛辛苦苦，孩子也不会领情。2010 年 7 月一个名为“父母皆祸害”的网络讨论小组成立，他们讨论最多的内容，是自己在父母那里遭遇的心理伤害，是对父母教育方法的批判。父母辛辛苦苦养育孩子，孩子提出“父母皆祸害”，这是子女对父母不当做法的抵抗。

陪读剥夺孩子自理能力的培养，剥夺孩子自控能力的锻炼，剥夺孩子学习的本能，孩子形成对父母的逆反心理。这种善意的剥夺辛苦了父母也伤害了孩子。有人提出，陪读不仅赔上了大人的时间、精力和财力，还可能赔上孩子的明天。

教育的终极意义是自我教育和自我发展。父母对孩子负责，就要相信孩子的能力，对孩子要放心放手。父母的责任是为孩子把握方向，指点迷津，让孩子自己走上人生舞台，而不是监督、替代孩子。

十二、危害孩子学习的九种做法

过高要求，只看分数，关注缺点，盲目对比，打骂训斥，强调客观，强迫监督，物质刺激，包办代替。这些做法非但不能促进孩子学习，却是束缚孩子学习的无形枷锁，危害着孩子学习。

为了孩子学习成绩优秀，哪位父母不是千方百计、竭尽全力。可您是否知道，下列做法非但不能促进孩子学习，却是束缚孩子学习的无形枷锁，危害着孩子的学习。

过高要求

孩子考了80分，父母不满意，要求争取考90分；孩子考了90分，父母仍然不满意，“还没到100分”。尽管孩子努力学习，父母对孩子考试的分数总是不满意。看不到孩子的进步，习惯于贬低孩子的努力，以为这样才是严格要求。“你一定要考上一本重点大学”“期末考试一定要考上前五名，否则……”不看孩子学习实际情况，给孩子制定不切实际的目标，这些做法只能挫伤孩子的上进心，给孩子造成沉重心理负担。孩子每天心上压着沉重的“包袱”，他怎么可能专心学习，怎能提高学习成绩。

只看分数

眼睛只盯着孩子分数，成绩好就万事大吉，成绩差就训斥、挖苦。孩子就会认为“我是为你学习”“你关心的是分数，关心的不是我”。父母只看分数也是孩子考试弄虚作假的原因，更是孩子考试因为压力大，不能很好发挥的原因。

教育孩子成功的父母认为，只要孩子尽力了就好，父母关注的应当是孩子的学习态度、学习过程，是孩子身心健康，这才能促使孩子主动学习。

关注缺点

忽视孩子的优点、进步，习惯地关注孩子的缺点、不足，认为优点不说跑不掉，缺点不讲改不了。不是以支持、鼓励的态度，而是以评判、挑剔眼光看待孩子的学习。这种做法，分散孩子的精力，打击孩子的信心，压抑孩子的智力，干扰孩子的学习。习惯于被否定、被挑剔的孩子，自信心、自尊心受到很大打击，他们的学习积极性、自觉性和能动性将逐步被泯灭。

盲目对比

社会上流传着一种怪物叫“别人家的孩子”。谈起自己的孩子总是不满意，总不如“别人家的孩子”好，拿孩子的短处和别人家孩子的长处盲目对比，甚至看到影视剧上某方面出色的孩子，总是埋怨孩子怎么就比不上人家。

这种做法的目的是为了激励孩子，但却事与愿违。只会让孩子形成“我处处不如别人”“我不是个好孩子”的意识，无形中伤害了孩子的自尊心、好胜心，打击了孩子的积极性。盲目对比给孩子带来的不是激励而是打击，不是进步而是退步。

打骂训斥

看到孩子成绩下降就打骂，看到孩子成绩不理想就训斥、挖苦，饭桌成了“审判台”。专门挑难听的字眼“赏”给孩子，“就不知道用功”“低能”，让孩子无地自容。

孩子是现实主义者，他没有能力去考虑将来，他感受的是学习给自己带来的是痛苦还是快乐。打骂、训斥使孩子将学习和挨打受气联系起来，形成正是学习让他受罪的意识，孩子岂能不想方设法逃避学习，他还有多少心思去想着学习，还谈什么好成绩。

强调客观

千方百计地为孩子择校选择老师，对学校或老师品头论足，认为客观条件好，孩子自然会有好成绩。潜移默化中，孩子心目中形成思维定式：外界条件好，学习成绩才会好，个人的主观努力是微不足道的。一些孩子善于强调客观，自己成绩不好，说是因为老师上课水平低，或是考试出题偏等，就是不讲个人主观不努力，这是父母强调客观潜移默化的结果。

强迫监督

不知道怎样去调动孩子学习的积极性，而是强迫监督孩子学习。知识学习是复杂的脑力劳动，需要平静的心情、良好的情绪，才能专心致志、思路畅通。强迫监督孩子，让孩子在被迫情况下学习，破坏孩子的心情和情绪，摧残孩子的自觉性，压抑孩子的能动性，孩子怎么可能专心学习，只能是应付敷衍。在父母强迫监督状态下，孩子不可能有好成绩。

物质刺激

为了鼓励孩子学习，采用金钱奖励、物质刺激的办法。孩子学习根本上是依靠兴趣和成就感，依靠内在动力。金钱奖励、物质刺激，在小学低年级，还能起到一定的作用。当孩子学习遇到困难、失败、挫折时，物质刺激的方法就会失去作用。

人们常说“人心不足蛇吞象”，孩子到高年级，他的欲望不断增大，当父母不能满足他的欲望时，他就失去了学习的动力。更糟糕的是，孩子形成为得到金钱、奖励而学习的功利主义观念，形成扭曲的价值观，会将孩子引入歧途。

包办代替

陪孩子学习，孩子不认识的字，妈妈帮查字典，孩子不会做的题，妈妈直接告诉答案或是上网给孩子查答案。上中学的孩子，其学习生活用具、衣物被褥整理，都是由父母代劳。

当孩子学习“拐杖”的做法，其实是在帮倒忙。父母告诉他答案，孩子会养成不肯动脑、懒得思考的习惯。料理生活依赖父母，孩子会失去锻炼自理能力的机会。懒得动脑又不会自理，会严重制约孩子的学习进步和能力提高。

十三、引导孩子慎重选择精神食粮

父母应当十分重视孩子求知、好奇的特点，尽量设法满足他们的精神需求，以促进他们学习知识、开发智力。但又务必注意到他们缺乏判断能力，易受骗上当、易受诱惑的特点，引导孩子慎重选择精神食粮。

“小梅这孩子，过去是聪明善良惹人喜欢的小姑娘，怎么变成这个样子?”某机关干部的女儿孙小梅因盗窃和流氓罪被公安机关逮捕。邻居们叹息、疑惑，这到底为什么？公安人员从孙小梅的床铺上下搜查出许多凶杀、色情书刊和淫秽录像带。望着这些，孙小梅的父母惊呆了，继而哭诉着：“只说是孩子看书用功，没想到她看这些，是它们害了孩子呀!”无情的事实令人们醒悟：父母务必引导孩子选择好精神食粮。

几本污秽书刊、几盘黄色录像为何会有这么大毒害作用？这要应从孩子们心理特点谈起。

青少年时期的孩子，处于由儿童向成人过渡时期，是生理、心理迅速发展时期。生理上逐渐长大，心理上已从对父母依附，开始转向独立探索世界。生活经验、认识能力及心理发展的限制，决定青春期的孩子们缺乏比较、鉴别、分清是非善恶的能力。好动、好奇、赶时尚、赶潮流的特征，驱使他们对书刊、影视凭兴趣、凭好奇阅读观看，以满足强烈的求知欲和好奇心。

图文并茂的书刊、生动直观的影视、色彩斑斓的网页，对孩子们有着相当大的诱惑力，就在孩子们追求好奇、探索未知中，一些腐朽、淫秽的东西侵蚀、毒害着他们天真、稚嫩的心灵。

市场经济条件下，文化市场丰富多彩，极大地丰富了人们的精神文化生活。而一些人在利益驱使下，昧着良心制作、出版一些危害青少年身心健康，污染社会风气，宣传色情、暴力、凶杀、封建迷信、金钱至上等腐朽糜烂思想的图书、影像、网页。

污秽书刊、黄色影视、色情网页，这些精神垃圾，就像披上美女外衣的毒蛇，一旦被其所吸引、所迷惑，它们就会左右人的心灵，迷惑人的心智。让人在享受乐趣、追求搞笑刺激中，做出危害社会、危害他人，毁掉自己一生的蠢事。

某心理学家曾对1500位12～15岁的少年常看电视节目及其后果进行研究，发现故事影片中逼真的暴力行为、亲朋之间的暴力行为和所谓“正义”的暴力行为，对他们有极大的毒害作用，在喜欢看暴力镜头的孩子中，约有47%的少年有不良举止或犯罪行为。

20世纪末，电视上播放美国电视系列片《加里森敢死队》，就在播放期间，各地陆续出现一些青少年组成的犯罪团伙，也自称是“加里森敢死队”，并学着样子去抢劫银行，模仿他们作案，溜门撬锁、打架斗殴、扰乱社会、危害民众。

人的大脑发育，不仅需要足够的特质食物，更要有丰富的外界信息刺激，这是大脑发育的必要条件，更是智力发育的根本条件。外界信息刺激越多，越多样化，对大脑智力开发越有利。

青少年时期孩子有充沛的精力，极大的好奇心和浓厚的学习兴趣，去广泛接触书刊、影像、网页，这些精神食粮让孩子们学到了书本上没有的东西，这是他们学习知识、开发智力、认识社会、学习做人的重要途径，是开阔视界、活跃思维、陶冶情操之必需。

父母应当十分重视孩子求知、好奇的特点，尽量设法满足他们的精神需求，以达到他们学习知识、开发智力的目的。但又务必注意到他们缺乏判断能力，易受骗上当、易受诱惑的特点，引导孩子慎重选择精神食粮。

选择何种书刊、音像、网页？这要根据孩子的年龄特征，选择有故事情节的，有助于增长知识、陶冶情操、孩子喜闻乐见的文化产品，诸如《童话故事》《十万个为什么》《上下五千年》《名人传记》《古典名著》

《科技博览》及各种健康的图书。长篇小说、电视连续剧、长篇评书，占有时间太长，会影响孩子学习。应给孩子讲清道理，严格禁止接触凶杀、淫秽、迷信、色情、暴力等书刊、影视。

有条件的家庭可常带孩子去图书馆、博物馆、展览馆、科技馆、电影院、艺术馆、文化中心、自然景点、名人故居去参观学习，开阔孩子的视野，丰富精神世界。

引导孩子选择精神食粮，父母最好和孩子一起阅读、一起观赏、一起评论。让孩子和父母一起在阅读、观赏、畅谈中，获取科学知识，明辨是非曲直，丰富精神世界，懂得做人道理。

第十章
处理孩子实际问题的策略

孩子上学时期不仅是学习时期，更是成长时期，是认识自己、认识世界时期。成长中的孩子面对的众多事情都是第一次，都是探索和尝试过程，难免会出现各种偏差和失误。怎样对待孩子出现的偏差和失误，不仅关系到孩子的学习，更关系到孩子的身心健康，还关系到家庭的和睦与否。

一、孩子要不要择校

依据孩子实际，进入相应水平的学校，更有利于促进孩子学习。违背孩子意愿，违背孩子实际的“追风随大流”“盲目攀比”是有害无益的。适合孩子的学校才是最好的学校。

谁都希望孩子有优越的学习环境。择校，就成为热门话题。要不要为孩子择校，需要父母慎重考虑。

就教育资源而言，各地区、各学校的师资队伍、教学条件确实存在一定差别，父母让孩子尽可能得到更好的学习条件，这在情理之中。

不过，缺乏理智的不适当择校观念，却是应当警惕的。比如，见他人说某学校好，也就跟风“顺大溜”，到底那所学校是否适合孩子，却没更多考虑；他人孩子上了某学校，我孩子上的学校要更好，盲目攀比，凭父母意愿为孩子选择学校；认为某校名气大，孩子上了名校就会成为出类拔萃的学生，不去考虑是否更有利于孩子的学习。

事实上，这些观念是欠妥当的，对孩子发展未必有利。

据《家教指南》杂志报道，2007 年山西一位财大气粗的煤矿老板李全的儿子李生财初中毕业，以优异成绩考上本市重点高中。李全在大摆宴席庆祝时，决定把儿子送进北京最好的高中，并随后在北京买下豪宅，以期儿子考入北大、清华，光宗耀祖。开学那天，李全亲自驾驶宝马轿车送儿子上学。

李生财入学后，由于学习基础和能力与同学们有差距，心理压力太大，他的总成绩排在全班倒数第一。为了争回自己的尊严，他拼命努力，由于学习太刻苦，李生财严重失眠，甚至夜夜做噩梦，学习效率低。

2007 年 11 月中旬，学校期中考试，前一天晚上李生财一夜没睡，只想考出个好成绩“雪耻”。第一场考数学，李生财竟有半张考卷上的题没答上来。他精神一下子垮了，冲出考场打车回家，跪在父亲面前恳求：“送我回家乡吧，这里我待不下去了。”李全想到学校有人欺负儿子了，马上要去找校长。李生财一下子怒火爆发了："你找校长有什么用？你有钱，就是再花上1个亿，你以为能买来尊严吗？能买来快乐吗？"

李生财越说越激动，突然站起来跑进厨房拎着菜刀冲出去，拼命地朝着每天接送他的宝马车砍去，又跑回房间找来一堆钱，边撕边喊："钱是最糟糕的东西，害得我被人瞧不起。"

李生财的事例当然是一个特例，但确有代表性。他告诉人们，为孩子不适当的择校，不利于孩子学习和发展，父母的愿望不能取代孩子的意愿和实际。

中国航天工程总设计师周建平，拒绝送儿子上奥数班，也从没为儿子择校。他儿子在全国物理竞赛（北京赛区）获一等奖，被保送上清华大学。他认为"家庭对孩子的正面影响才是终身受益的东西。"父母过于看重择校，千方百计下大力气为孩子择校，无意中给孩子形成"学习好主要是客观条件好"的印象。正如一位女儿考入清华大学的母亲所说，父母给孩子一个强调客观的印象，孩子学习是不肯努力的。

学习成绩一般的孩子，硬挤进重点中学、名校，孩子成绩在班内往往居倒数几名，这对于要强好胜的孩子来说，心理承受着很大压力。他在"尖子"集中的环境里，很容易滋生自卑、压抑、失落等负面情绪。时间长了，性格、人格等方面都会有不同程度的缺陷，甚至影响孩子的一生。李生财的事例就是最好的说明。为了图个虚名，家庭多花钱反倒影响孩子发展，岂不是"赔了夫人又折兵。"

依据孩子实际情况，选择进入相应水平的学校。孩子在班内成绩处于中上等水平，经自己努力后，进入优秀生行列，他在同学、老师面前就有一种成就感、自豪感，更有利于促进孩子的学习。违背孩子意愿，违背孩子实际的"追风随大流""盲目攀比""认名校"是有害无益的。适合孩子的学校才是最好的学校。

二、孩子厌学怎样处理

有资料表明，约有70%的中小学生存在厌学心理倾向，有40%以上的中小学生有严重厌学心理并且沦落为“差生”。转变孩子厌学就要通过加强亲情沟通，运用事实说话，积极支持鼓励，促成孩子成就感等方法来实现。

宁文豪家世代没有大学生，父母把希望寄托在儿子身上，给儿子起名叫文豪。为了光宗耀祖，宁文豪4岁时就让他去上英语班，继而又上了美术班、书法班。小时候宁文豪还听话，进入初中后，宁文豪上课坐不住，课下做作业磨蹭敷衍，谈起打游戏来倒是滔滔不绝。考试成绩经常是全班倒数第一。

班主任找宁文豪交流想法：“很聪明的小伙子，为什么成绩会是这样”。宁文豪爽快地回答：“我就是讨厌学习，提起学习就心烦。”

有资料表明，约有70%的中小学生存在厌学心理倾向，有40%以上的中小学生有严重厌学心理并且沦落为“差生”。

孩子厌学真让父母心烦意乱。孩子们为什么厌学？面对孩子厌学怎么办？

解决孩子厌学，还要从厌学原因谈起。

被迫的学习生活

“不能让孩子输在起跑线上”，让众多父母盲目跟风，三四岁的孩子，就去上几个培训班，孩子不愿意学就哄骗、逼迫。孩子上学后，晚上和周日还要上两、三个辅导班，甚至上一年级的孩子就请家教。本来好玩、好动的小孩子一天到晚被迫疲惫不堪的学。

哄骗、逼迫孩子学这学那，孩子失去了童年，天性被压抑，不厌学才不正常。

沉重的学习负担

2005年9月，中国青少年研究中心在北京、河南等六省市的城市和农村各半的小学、普通高中和职业高中的60所学校进行问卷调查。调查数据表明，超过一半的学生作业超标、58%的学生因学习压力大而苦恼。

有的父母只盯着孩子分数看，达不到目标就责骂、惩罚。一个孩子考了90分，遭到父母批评，后来经努力，考了95分，父母又批评，孩子拼足了劲，考了100分，父母却说："比你强的还多着哪。"孩子再努力，也总是达不到父母的要求。难怪有一小学生数学考了99分，仍然放声大哭。

过多的课外作业，父母过高的要求，把孩子搞得苦累不堪。学习给孩子带来的不是愉悦而是苦恼。不要说孩子，就是成年人在如此境遇下也不会对学习有兴趣。

痛苦的学习感受

十几年前青海省的夏斐，因为学习被父母活活打死。2014年5月21日《都市快报》报道，因抄作业12岁的女孩小莉被爸爸打死。虽说那些是特例，但是，看到孩子成绩差，出手就打、张口就骂的现象屡见不鲜。正如某小学生在作文中写道："看着可怜的考试分数，不寒而栗，回家后一定是先一顿女子单打，而后是男子单打，最后是男女混合双打。"孩子成绩不理想就打就骂成了家常便饭，甚至有的父母看到孩子成绩下降就让孩子罚跪不许睡觉。

联想是人类的一种思维方式。孩子学习没有成功的快乐感，没有得到称赞的喜悦，有的只是挨打受气，失去自尊和尊严。正是学习让自己处于如此境地，把谁放在这份儿上，谁不厌烦学习。

环境的错误引导

当今的孩子，他们享受优越的物质条件，享受着祖辈、父辈的百般呵护，衣来伸手、饭来张口。他们缺乏学习自理能力，缺乏意志力和心理承受能力。学习是要克服困难的脑力劳动，面对困难就产生畏难心理会导致厌学。

也有的父母工作之余忙着“垒长城”或是看电视、梳妆美容，无心顾及孩子学习，当孩子告诉他学习成绩时，则是分数高则喜，分数低则训。平时不关心，看到成绩差则训斥、打骂，这怎能不让孩子产生厌学心理。

不良的思想观念

就业成为全球范围内的难题。大学扩大招生，就业岗位却不能相应增加，必然出现大学毕业就业难的问题。

孩子好不容易大学毕业，却难于找到工作。面对这种现实，一些孩子产生新一轮的“上学无用论”，也是形成厌学的原因。

假如您的孩子厌学，到底应怎么办？有以下几点建议：

加强亲情沟通

一般说来，厌学的孩子与父母感情都不佳。转变孩子厌学，首要是加强亲情间沟通。“亲其师，信其教”，两代人感情上不相容，就谈不上让孩子转变。

亲情沟通就是多与孩子进行思想交流，推心置腹地与孩子谈知心话，谈心理感受。站在孩子立场多听听孩子想法，接纳孩子学习上失败，让孩子从内心感受到父母对他的关爱。

运用事实说话

运用邻居、亲友中，有高学历与没有知识家庭的生活进行对比，让孩子感悟知识改变命运的道理。

用社会现实告诉孩子，未来社会有稳定工作会过较富裕生活，否则将是靠国家社会保障生存。告诫警示孩子，让他把眼光放长远，自己的努力程度，将决定自己的命运，是锦绣前程还是“悲惨世界”。

积极支持鼓励

转变孩子厌学，要抓住孩子的心理需求，善于发现其进步、闪光点，用“放大镜”放大孩子的优点、进步，给予积极肯定、赞扬，让孩子感受到：您看得起他，他能行。并设法与老师结合，也请老师多肯定、夸奖孩子的进步。

尊重孩子的天性，让孩子劳逸结合，利用周日、假期，带孩子去大自然中、去图书馆等，开阔视野、放松身心，保持快乐心情。

促成孩子成就感

从孩子实际出发，坚持“小步走”，每次制定一个可行的小目标，比如语文成绩进步 5 分，在班内超过自己前面的一名同学。一旦目标实现了，会让孩子有成功的体验，促成其成就感，找到学习的好感觉。孩子看到了自己的能力，有了自信心，就能找到学习的好感觉，就会形成学习兴趣，逐步转变厌学心理。

三、恰当解决孩子逃学的问题

行为科学认为，一个人是否乐意继续去做某类事，是由他先前从事此类事的经验决定的。若此类事给他以愉悦的感受，他就乐意继续去做，若给他苦恼的体验，他就设法回避此类事。

杨天清要去小学读书了，爸妈看着儿子背上小书包高高兴兴去上学，真是满心欢喜。

夫妻俩的笑容还没舒展开几天，烦心事就来，咋啦？一个周日刚过，杨天清的班主任给杨天清妈妈打来电话，说是她儿子没去上学。杨天清下午回家，爸妈问起他怎么回事，他闷着头就是不吭声。“好小子，不争气的东西。”“你随随便便逃学”，气得他爸爸上去就是一巴掌。

打在孩子脸上，疼在爸妈的心上。爸爸妈妈好说好劝，杨天清总算是说了软话“我保证不再逃学了”。

小孩子逃学是让父母头痛的事，动手打，开口骂，又哄又劝，就算孩子一时不再逃学了，也不能解决根本问题，不是个长远之计。

“治病要治根，教人要教心”，医生治病得先查找病因，转变孩子逃学也要先诊断病因。从中小学生逃学情况来分析，主要原因有以下几方面：

（1）在家生活习惯了，父母长辈疼爱，行动自由，上学后学校有校规校纪，孩子行动不随便了，学校生活不习惯、不适应引起逃学。

（2）学习吃力成绩差，经常受到老师的批评，表扬却没有份儿，自感到矮人三分抬不起头来，思想压抑、心里苦恼，认为上学是“惩罚”，不如在家自在，设法逃学。

（3）孩子独立生活能力差，社会交往能力欠缺。新到一个环境孩子感到陌生，不能结识一些新朋友，有一种陌生感、恐惧感，于是不想上学。

（4）自制力差，思想还没有从幼儿园的玩要，转到学校学习生活上来，贪玩欲望驱使，一旦有他人诱惑或新奇事物引诱，就身不由己，逃学去玩要。

（5）因为个头矮小、体弱或是性格内向不合群，在学校受到他人的欺负或威胁，心里畏惧，为躲避挨打、受欺负，也会逃学。

事情都是有因必有果、有果必有因，每个孩子逃学一定有他的具体原因。不同情况下，父母应像医生那样对症下药。当爸妈的没有耐心，不能静下心来分析孩子逃学的原因，没摸清孩子逃学的“病因”，却用一个老药方——打、骂、哄、劝。这岂能从根本上“医治”好孩子的逃学问题。

行为科学认为，一个人是否乐意继续去做某类事，是由他先前从事此类事给他的体验决定的。若此类事给他以愉悦的感受，他就乐意继续去做，若给他苦恼的体验，他就设法回避此类事。孩子逃学，不了解孩子的苦衷，不探求孩子逃学的原因，就用打、骂的方法对待，孩子就会把挨打受气和上学联系起来，“是上学让我挨打受气”，脾气倔强的干脆“罢学”，不给父母上学了，父母更糟心。

大多逃学的孩子在父母的压力下，不敢“造次”，就来个“消极怠工”，上课不专心，做小动作，作业敷衍应付，说是学习其实是“磨洋工”、混光景。也有的说是上学却去打游戏机，或到田野抓虫、逮鸟、摸鱼玩。回家后灵机一动，编个谎话应付“交差”。

面对孩子逃学，父母应对症下药，采取具体措施，从根本上解决孩子逃学问题。

不习惯学校生活的孩子

多给孩子讲“在学校有许多小朋友一起玩，多快活”“学了知识，将来当科学家，开大飞机”一类让孩子向往学校的话，让孩子对学校生活感兴趣。给孩子在邻居中或同班选几个同学做朋友。只要孩子对学校有了向往，有要好的小朋友在一起玩，他就会乐意去上学。

成绩差、受批评多的孩子

父母耐心帮孩子找出成绩差的原因，教给他学习方法，进行必要的引导。“你是最棒的，只要努力就能学好”，鼓励孩子树立信心。对孩子的进步，哪怕是一点微小的进步，也应该夸奖。父母的夸奖和赞扬对小孩子是巨大的动力。设法和老师多联系，让老师多鼓励孩子，他就会安心上学。

杨天清就是因为进入一所名牌小学，学习吃力经常被批评，表扬没有份，心里压抑窝火，就设法逃学。他爸妈明白原因后，对孩子学习进行辅导，并且时常鼓励孩子，杨天清才安下心来，并且成绩越来越好。

自制能力差的孩子

要和孩子讲清危害，让他明白道理，两代人共同制定一些具体的规矩约束他，当他违犯规矩就警示，有了进步就称赞，天长日久逐步提高他的自制力。给孩子选择一些自制力强的同学做朋友，让他们互相帮助，互相提醒，也是重要方面。

受同学欺负的孩子

父母保持和老师及时沟通，在老师帮助下让同学之间搞好团结。给孩子找几个身体强壮的同学做贴心的朋友，孩子就不会担心受欺负。教给孩子团结同学与人交往的方法，也是不可缺少的。

面对孩子逃学，还是多动动脑筋，多想些方法为佳。凭一时情绪简单处理会耽误孩子前程的。

四、正确对待孩子与异性交往

青春期的孩子与异性正常交往是他们成长中不可缺失的。异性交往可以愉悦身心释放压力，可以了解异性并学会相处技巧，可以相互补充促进学习。

大众传媒高度发达的当代，一股粉红色的潜流在校园涌动。男孩子的书本上、卧室里，张贴着众多美女照；女孩子的书本里、卧室里，不少帅哥的照片着实显眼。一些少男少女在大庭广众之下拉拉扯扯、打打闹闹。父母们看在眼里，疑在心头，这是不是孩子们在搞早恋？

早恋，的确使一些孩子荒废学业，一件件一桩桩惨痛的教训，也着实令人心寒。为了防止孩子误入歧途，一些父母“草木皆兵”，见到孩子与异性交往就认为是在搞早恋，有的父母干脆严格禁止孩子与异性同学接触。

每个人在成长过程中，都会经历不同的阶段，每个阶段都有其固有的特征。性冲动就是青少年期的突出特征。据我国的调查显示，男生性冲动最早为8岁，最迟为18岁，平均年龄为14.5岁；女生性冲动最早为8岁，最迟19岁，平均年龄为15.2岁。性冲动的根本原因是生理发育成熟。

孩子们进入青春期，体内的荷尔蒙大量增加，荷尔蒙使他们之间形成一个“性别磁场”，男孩为阳极女孩为阴极，阴阳两极相互吸引。通常而言，孩子最初的性别磁场作用一般是指向异性家长，男孩指向母亲，女孩指向父亲。进入青春期的少男少女在“磁场效用”中自然进入异性世界。

青春期是生理发育的关键期，也是性心理发生变化的时期。随着生殖系统的迅速发育，他们萌发性意识，渴望与异性交往。对异性产生好感，想接近异性，留心异性的一颦一笑、一举一动，希望引起异性的关注，重视异性对自己的评价，跟异性交往会让他们产生愉悦感。与异性正常交往是孩子们成长中不可缺失的。

孩子们对外表漂亮、言谈得体的异性，容易产生好感。“同性相斥，异性相吸”这种现象在社会交往中具有一定的微妙影响，这在心理学上叫作“异性效应”。

科学研究发现，在宇航员、野外考察人员或男性工种较单一的职业中，时间长了，工作人员容易产生一种莫名其妙的头晕、恶心和浑身不适感。这种状况用药物治疗往往无效，但在与异性接触后，就能很快得到缓解。原来，这种“病症”是由性比例失调、异性气体极度匮乏造成的。所以目前一些国家在派往南极的考察队员中，往往有意识地安排一些女性。

孩子们与异性交往，不仅是一种生理、心理需要，对他的成长也起到无可代替的作用。

异性交往可以愉悦身心，释放压力

青春期的孩子们学习生活中遇到烦恼，渴望得到心理救助和情感支持，谁来实现他们的心理救助和情感支持？此阶段父母往往忽视孩子的心理变化和心理烦恼，难以走进孩子的心理世界，此时能敏感地察觉同伴心理世界的人，往往是与其要好的异性，他或她带来的“磁场效应”去安抚对方特别有效，这种异性充当了心理医生的角色。异性交往可以提高孩子的心理健康水平，异性的承认和接受还可以提高孩子的自信，使孩子更容易表现出友好、谦虚的品质，更容易适应环境。

异性交往使孩子了解异性，学会相处技巧

恋爱、择偶、婚姻是人生路上最重要的考试，不能让孩子先考试再读书，而是先读书再考试，所以少男少女交往是他们将来恋爱、婚姻前的一些功课。

男女之间在心理、性格、气质、待人接物方面都有着不同，但又有着互补性。在与异性交往中，男孩子可以学到女孩子诸如心细、耐心、办事谨慎的优点；女孩可向男孩学习大度、敢作敢为、雷厉风行的长处，这对他们的成长无疑是大有益处的。通过与异性交往，孩子更加清楚自己的性别角色及在社会中的地位，能帮助孩子练习与异性交往的技能，为日后获得成熟的爱情奠定基础。

异性交往相互补充以促进学习

文明开放的国家都把男女分校取消了，就是因为，虽然男女孩子智商没有什么差别，但他们在智力结构上有所不同，男孩偏重于理性思维，而女孩形象思维占优势。男孩在学习数学、物理、生物方面领先，而女孩在语文、外语方面更高一筹。男孩女孩在一起可以切磋学业，交流学习方法，他们在一起学习更容易取长补短，克服性别局限性。少男少女时代是在异性面前充分表现自己的时代，为了不在异性朋友面前失面子，他们会千方百计去努力，提高学习成绩。

异性交往有必要性，但并不否认异性间交往不当，形成早恋的可能。受网络、影视、不健康画面的影响，他们对自己和异性身体的变化充满着好奇，充满着生命的激情，欲求了解“世界的另一半”。学校、家庭若不能及时对其进行性知识教育，会使他们更好奇地去探密对方。由于中学生的心理尚不成熟，自我控制能力较差，不容易把握异性交往的尺度，会导致早恋。

担心害怕孩子早恋而禁止与异性交往，等于强制压抑孩子的生理和心理需要。有需要就要追求，有能量就要释放。父母限制孩子与异性之间的往来，这像火山一样压制越大，喷发力越强，更增强了孩子与异性交往的欲求。既然不能光明正大地交往，就只能成为“地下工作者”，背着父母和异性朋友去“甜甜蜜蜜”，去“诉说衷肠”。一些自控力低的青春男女则会是“心动不如行动”“偷吃禁果”。孩子后悔莫及，父母更是痛断肝肠，这恐怕是父母最不乐意看到的吧。

为了孩子身心健康，父母应创造男女孩子们大大方方、快快乐乐接触的环境，比如允许孩子更多交往异性朋友、欢迎孩子的异性朋友到家里来玩、让孩子多参加男女共同的活动，让他们在活动中，充分展示自己的才华和能力。

正视青春期孩子们的心理、生理要求，让他们在与异性交往中愉悦身心、释放压力，学会与异性交往的技巧，学习上得到相互支持共同提高，这样做不是更好吗?

五、孩子早恋，父母怎么办

干涉越升级，爱情越忠贞，爱情越强烈；父母干涉发生变化，子女爱情也随之改变，这就是“罗密欧与朱丽叶效应”。明确了这一效应，对于孩子早恋，就不应“堵”而要“疏”。

杨林时常听到邻居夸女儿卢蓉蓉：“你家姑娘真是百里挑一的美女。”耳听着邻居们的称赞，眼看着女儿长得俊秀美丽，心里也是美滋滋的。

可谁知，杨林引以为傲的女儿，却出现了让她糟心的事。进入高二后，她发现女儿每天放学回家都要晚些，常见女儿低头不语，好像有什么心事，做作业不专心，晚上常用手机和别人联系。学校开家长会，班主任提醒她“你女儿早恋了，她最近上课不专心，成绩也在下降。”

杨林告诫女儿不许早恋，要其与对方脱离关系，女儿非但不听，对妈妈也产生了反感情绪。母女俩过去无话不说，现在相互看着都不顺眼。妈妈越唠叨，卢蓉蓉与那个男同学却越亲密，杨林真是烦心。

杨林的心情一些父母很有同感的。屡见报端的早恋事例，确实让一些父母忧虑：十几岁的初中女孩子生下婴儿；早恋失身荒废学业；父母禁止早恋孩子离家出走；早恋缠身成绩下降成为差等生……早恋侵蚀着一些孩子的身心，耗费着他们的精力，影响着他们的学习，扰乱着家庭的安宁。

面对孩子早恋，父母怎么办？先从剖析早恋形成的原因谈起。

青少年性心理发育是其生理原因

孩子进入青春期，第二性特征迅速发育，由于生理成熟和人的本能，他们对自己和异性的身体变化充满着好奇心，对异性产生好感、羡慕，愿意和异性交往，欲求了解“世界的另一半”，去探求“未知世界”。男同学喜欢在女同学面前表现自己，以引起他们的好感；女同学注意修饰打扮，以引起男性同学的注意。男女同学之间喜欢接近，感到在一起特别愉快。

书刊、影视、网络影响是其外部原因

市场经济条件下，某些人为了追求物质利益，不惜毒害孩子们的心灵，将色情、淫秽的书刊、影视抛向市场，生动形象的网络色情信息，吸引着孩子们的眼球，对孩子们早恋起到了推波助澜的作用。

不当家教方式方法是其家庭原因

一些父母漠视孩子生理成熟的心理需要，不懂得对孩子进行性生理教育，禁止男女生正常交往，堵塞孩子情感交流的渠道。越是禁止，孩子与异性交往越紧密。有的孩子学习成绩不佳，时常受到父母训斥、指责。在家庭受到冷遇，为了寻求解脱，就到异性中寻找快乐，寻找精神支柱，寻找被关爱、被重视的感觉。

明确了孩子早恋的原因，面对孩子早恋，父母怎么办？先看看罗密欧与朱丽叶的故事。

罗密欧和朱丽叶在一次化装舞会上相识、相爱，并私订终生。第二天，请神父主持了婚礼。由于两人所出生的家族长期敌对，他们的爱情一出现，就受到粗暴干涉。然而，干涉越升级，他们的爱情反而变得越坚定、越忠贞。

一次罗密欧在街上杀死了仇敌，为自己的朋友报了仇，被国王放逐。罗密欧走后，朱丽叶的父亲逼迫女儿嫁给亲王的亲戚，朱丽叶又求助于神父，神父让朱丽叶在婚礼前一个晚上喝了一瓶药液，使脉搏停止跳动，看上去跟真死一样，但42小时后又会醒过来。

罗密欧得知朱丽叶的“死讯”后，立即带着毒药赶到墓地，喝下毒药以死徇情。朱丽叶醒来后见此情景，吻着罗密欧唇间的毒液，用匕首刺胸自杀。

干涉越升级，爱情越忠贞，爱情越强烈；父母干涉发生变化，子女爱情也随之改变，这就是“罗密欧与朱丽叶效应”。明确了这一效应，对于孩子早恋，就不应“堵”而要“疏”。

稳定情绪，实现共鸣

对于早恋的孩子，父母要克制、稳定自己的情绪，不要冲动之下严厉指责、强制拆散，更不要向外张扬，甚至把事情闹到学校。父母先冷静下来，多反思自己在教养孩子中的失误。静下心来与孩子沟通思想，接纳孩子的行为。

有一位妈妈发现自己女儿与同学早恋，没有发火而是静心思考对策，她利用郊游时间与孩子交换想法。她首先承认孩子与异性的交往是心理发展需要，消除女儿戒备心理。“我女儿被人追求了，说明我女儿很有魅力”，妈妈一番话，母女间的心理拉近了。拉近心理，实现心理共鸣，使这位妈妈有效说服了孩子放弃早恋。

正反事例，明确利害

父母应心平气和地用正反面事例开导孩子，帮他幡然醒悟。某男孩学习成绩非常突出，但他被同班一个漂亮女孩“拉走了心”，两人坠入爱河，每天不“甜甜蜜蜜”就像丢了魂一样。结果到高考非但没考进重点大学，连大学也没考上。漂亮女孩离他而去，这个高才生“把肠子都悔黑了”。

用他人的教训让孩子懂得：人生是由不同阶段构成的，不同阶段有不同任务，每个阶段都有成长的顺序，把成长顺序打乱了，会误入歧途，付出惨痛的代价。

分析现实，表明态度

推心置腹帮孩子分析现实：一时感情冲动能否真正成为恋人？是否将对方各方面真正了解？花大量精力投入情爱，把自己黄金般的青春年华浪费掉值不值？自己一片痴情，假如对方把你抛弃，又会怎样？父母要引导孩子“站在地上”冷静地思考问题。

父母要保持心平气和的心态，倾听理解孩子的想法，跟孩子表明自己的立场，告诉孩子自己不赞成他早恋，教导孩子应慎重考虑、谨慎选择。父母从中立的立场，以过来人的经验告诉孩子如何与异性正常交往，怎样处理恋爱关系，怎样避免受伤害。用正反事例透彻分析早恋的危害，让孩子醒悟。

六、怎样看待孩子成为“追星族”

追星行为本质上是青少年自我意识、自我理想发展的高级阶段。青春期孩子们迫切希望自己成功，实现自身价值。明星作为一种成功的象征，他们便把自我实现的愿望，投射到明星身上。

房间里贴满了大幅的明星照；书包里装着明星的照片、唱片；打开电视就找明星的节目；为观摩明星演唱会，花上千元买一张入场票；闲暇开口聊得是歌星、影星、球星的绯闻趣事。家有青春期孩子的父母，对孩子们追星现象恐怕是司空见惯了。

有的学校以“我最崇拜的人”为题，在中学生中开展随机调查，调查结果完全出人意料，答案最多的不是父母，不是老师，也不是科学家，更不是英雄，而是歌星、影星或是球星。对明星的追捧，已经成为青少年的一种时尚。

面临升学就业的压力，孩子成为“追星族”，当父母的焦虑心情可想而知。看到孩子的追星行为，劝不听、骂不行，打更行不通。孩子成为“追星族”到底该咋办？还是从孩子们为什么追星谈起。

心理学家认为，青春期的孩子们，伴随着生理发育的日渐成熟，他们心理的社会性开始趋于成熟，但又尚未完全成熟，强烈的偶像崇拜心理，是这一时期的突出特征，也是青春期心理需要的反映。

追星行为本质上是青少年自我意识、自我理想发展的高级阶段。在孩童时代，他们把父母作为认同的楷模，随着生活领域的扩大，渐渐把学校的老师、同伴中的强者认同为学习榜样。进入青春期，由于媒体的宣传炒作，各样明星就成了青少年的楷模，被作为追捧的目标。

明星崇拜也反映了自我实现的心理欲望。心理学家马斯洛认为，人有低级的生理需要，也有高级的心理需要，当生理需要满足之后，就会追求更高的需要——自我实现的需要，即追求自我价值的实现。随着物质生活提高，青春期孩子们迫切希望自己成功，实现自己的价值，明星作为一种成功的象征，他们便把自我实现的愿望，投射到那些星光闪耀、收入丰厚、名气日增的明星身上。幻想有朝一日也能像明星一样功成名就、实现自我。

孩子们紧张的学习生活，与他们心理需求形成极大的反差，这使他们感到生活枯燥，必然用一种精神寄托来消遣、放松自己，而追星行为恰恰能满足这一心理。心中有个偶像，精神有个寄托，学习之余让神经放松一下，也是一种劳逸结合的方式。

可见，青少年追星并非多大的过错。倘若追星过度，达到痴迷状态就是盲目迷信，是自我价值的迷失。2007 年 4 月，见诸报端的兰州追星女杨丽娟就是一个例子，自 1994 年迷上了刘德华后，杨丽娟全职做追星族，父母为达成女儿心愿倾家荡产。父亲为了帮女儿筹集旅费，甚至想到了卖肾。杨丽娟在当面见到刘德华后，仍不满足于与偶像留影纪念。2007 年 3 月，杨丽娟父亲在香港跳海自杀，留下的遗愿竟是希望刘德华再见女儿一面。

2005 年亚洲巡演的最后一站，广州天河体育馆，周杰伦宣布两年之内不会再举办演唱会。年仅 17 岁身患偏瘫的歌迷周枫倍感绝望，竟在演唱会过程中一口气吞下 30 颗安眠药企图自杀，之后经医院及时抢救才保住了性命。

父母不希望孩子当“追星族”，无疑是担心孩子将追星当成生活的全部，担心孩子没有心思学习，担心孩子效仿偶像身上的一些不良行为。这些担心是可以理解的。只要父母采取恰当的方法，就可以正确解决孩子的追星行为。

一位妈妈看到自己的女儿也成为“追星族”，她没有强制干涉。一次她对女儿说“其实，追星并不是一件坏事，妈年轻的时候，也追过星。可惜啊，你不会追星。”女儿好奇地问：“追星有什么会不会的?”妈妈说“不会追星的人，只是想法看到明星，接近明星，得到明星扔来的一朵花，和明星合过影，明星给你一个亲切的目光就欣喜若狂了。”女儿红着脸不好意思地问：“怎么才会追星呢?”妈妈说：“会追星的人，不但崇拜明星，更要学明星，最后让自己变成明星。”从此女儿干什么事，都力争做得最好，学习成绩不断上升，学校艺术节还获得舞蹈比赛一等奖。

这位妈妈的高明，在于抓住孩子的心理因势利导。父母应学习这位妈妈，了解孩子追星心理，不妨和孩子一起谈明星。孩子们由于生活经验不足和思想单纯，只关注明星们靓丽的外表、丰厚的收入、优越的生活、事业的成功，而看不到他们成功前不懈的努力、艰辛的付出和艰难的历程。和孩子们谈明星就要引导他们从成功的原因去看，指导激励他们通过自身努力实现人生价值。

如果父母只简单采取扔掉明星的 CD，撕掉明星的照片，强制不许追星等方法，在逆反心理驱动下，孩子就会故意做一些极端行为来反抗：越是父母所讨厌的、不喜欢的，他们越是喜欢。

当英雄几乎是每个孩子的心理，在自己没有能力实现愿望时，他们会把目光投到理想化的人物身上。偶像崇拜就是当英雄心理的表现。父母可利用孩子这种心理，用更多的时间和精力与孩子一起亲近历史、谈论英雄，让更多的科学之星、道德之星、英雄之星、歌坛体坛明星在孩子心里一起闪耀。通过这种方式，把孩子追星的心理需求转移到通过自己努力争当英雄，实现人生价值的道路上来。

七、接纳孩子犯错误

怎样对待犯错误的孩子，这就要看父母教养孩子的智慧了，处理的妥善，坏事转变为好事，两代人加深感情，让孩子有长进；处理的不当，事情会变得更糟，孩子非但不反悔，还致使两代人感情破裂，孩子难以教育。

我国东北某地，一位上高中的女孩子，一天下午放学回家，跪在妈妈面前，哭泣着小声说道：“妈妈我怀孕了。”

妈妈简直不敢相信自己的耳朵，反问女儿一句，“你说什么？”“妈妈我怀孕了。”说完号啕大哭：“妈妈我对不起您，我让您丢人了。”当农民工的妈妈如五雷轰顶，头都要炸了。当她看着跪在面前痛哭的女儿，头脑冷静下来。

妈妈带着女儿去了医院，以自己的名字挂了号，进行妇科检查。一检查，女儿真的怀孕了。医生建议马上做人工流产。

妈妈静心想了想，给女儿办了流产手术手续。她随后给学校打电话："我女儿得了急性阑尾炎，要做手术，请假20天。"

用心良苦地妈妈保护了女儿的隐私。她又给单位打电话请假："我女儿得了急性阑尾炎，做了手术，需要我护理，请假20天。"妈妈把女儿接回家，精心照料。

妈妈宽宏大度，一句责备的话也没说。女儿看着妈妈为自己做出的一切，痛苦的自责不已。

妈妈的宽宏大度，精心呵护，让女儿感动得热泪盈眶。女儿对妈妈说："您是世界上最好的妈妈。妈妈您放心吧，我一定让您看到让您骄傲的女儿。"

女儿身体恢复以后，严格要求自己，立志勤奋学习，考上北京一所著名的大学。大学还没毕业，她就接到三所美国大学研究生的入学通知书。

读书期间犯错误，这对孩子来说是难免的。诸如：因某事在学校和同学打架；无意毁坏了学校公物；受他人指使考试作弊被抓住；情绪冲动不服从领导，顶撞老师；心情不好旷课、上网玩游戏；一不小心在外面了闯祸；感情冲动与同学早恋；受淫秽影视影响同学间发生性关系以至怀孕等。

有人提出，上帝也允许青年人犯错误。为什么？青少年不同于成年人，他们缺乏生活经验和理智思考的能力，他们对待一切事物都是在探索尝试。孩子由于无知办错事儿，或讲义气情绪冲动蛮干，或因为自制力差管不住自己，或处于好奇盲目模仿他人，或为表现自己出差错，或为了求知进行试验探索不慎闯祸，或经不住影视网络淫秽信息的诱惑等。成长中的孩子犯错误是难免的，"吃一堑长一智"，他们正是在不慎犯错误、认真改正错误，总结经验教训中成长的。

怎样对待犯错误的孩子，这就要看父母教养孩子的智慧了，处理的妥善，坏事转变为好事，两代人加深感情，让孩子有长进；处理的不当，事情会变得更糟，孩子非但不反悔，还致使两代人感情破裂，孩子难以教育。

我们经常看到这样的场景：孩子犯错误了，本来就很自责、很后悔，迎来的不是父母的原谅和抚慰受伤的心灵，而是劈头一顿暴打或是一顿臭骂，或是训斥、数落没完，在孩子受伤的心灵上再“撒一把盐”。

有人认为，不打不骂改正不了错误。其实不然？不原谅、不接纳，以打骂对待犯错误孩子，懦弱的孩子以后办事更谨小慎微，形成胆小怕事的性格；脾气暴躁的孩子则会对父母形成逆反心理，编着法子与父母对着干。

父母不容忍、不接纳孩子犯错误，会使得两代人脸上总是“乌云密布”。没有好的关系，何来有效的教育？为什么有的家庭两代人之间格格不入，孩子没法教育？为什么有的孩子会误入歧途？父母不接纳孩子犯错误，就是重要原因。

每个孩子在成长中，都可能犯错误。以合适的方式让孩子认识错误，并从中总结经验，吸取教训，变坏事为好事，这才是父母教育的技巧。

接纳孩子犯错误，就是接受、容纳孩子的错误，从孩子的角度客观地分析，妥当、有效地处理问题。接纳的核心是理解，也就是人们常说的“将心比心”，心理学上叫“同理心”。当然，对待孩子犯的错误，必须给孩子讲明利害，明确是非，让孩子认识到错误的危害。

当孩子犯错误被接纳后，他知道爸妈不会因此而不爱自己，孩子就会向父母敞开心扉，把心里话向父母诉说，把苦衷向父母倾诉。

父母将心比心，从孩子角度分析问题，会令孩子悔过自新，真心实意听从父母的教诲，成为其痛改前非的动力。文章开头提到的事例就是例证。设想一下，如若那位女孩子不被她妈妈接纳，并为此被打骂、冷落、歧视，其后果又将会是怎样？

八、网络是天使还是魔鬼

网络是成为带来福音的天使，还是成为摧残吞噬孩子心灵的魔鬼？关键在于：父母与孩子能否有效心理沟通，孩子能否在课余生活中得到快乐，父母能否正确对待孩子的学习。

浙江绍兴县一名少年，连续三个通宵在网吧上网，父亲去网吧强行将儿子拉回家，并将儿子反锁在屋里。等父母吃过晚饭后，一天蒙头睡觉的儿子，竟跨上窗口，要去上网，妈妈赶紧去拉为时已晚，儿子从窗口跳下致重伤，抢救无效身亡。

记者曲兰的儿子学习成绩不佳，最大的爱好是玩计算机，曲兰权衡得失后，顺着儿子的爱好，让孩子先把电脑玩好。孩子喜欢聊天，她鼓励儿子多和外国青少年聊，实际上是督促儿子把英语学好。儿子为了更好与外国青少年交流，下功夫学英语，英语水平大大提高。儿子在母亲支持下，在兴趣的驱使下，努力拼搏，通过了微软数据库认证专家的全部考试，又通过了微软解决方案认证专家的考试，成为亚洲地区唯一的数据库专家。

一个是上网成瘾导致身亡，一个是上网学习成为亚洲地区唯一的数据库专家。网络到底是乐园还是陷阱，是天使还是魔鬼？

有人说网络是天使，是有其根据的。网络是当代科技进步的产物，网络给人们生活、学习、工作带来极大便利，成为各行业得力的工作助手。它为人们提供了各学科、各领域广泛的知识信息，可以说没有任何一部影视、一部书籍，能提供如此大量的信息。网络又为各行业工作提供了超时空的便利，它延伸了人类的智慧，实现了任何交通工具都不可能实现的一些功能。说它是天使，给人类带来福音，是当之无愧的。

有人说网络是魔鬼，也是有其道理的。在思想观念多元化的当今社会，各种网络信息泥沙俱下、鱼龙混杂。国内、国际一些唯利是图者，为了私利和某种目的，不惜抛出大量低俗、腐朽、淫秽的东西，并且以直观、生动、形象的方式出现，迎合孩子们好奇猎奇的特点。

求知、好奇是孩子们的天性，也是他们成长的动力。但生理、心理发展的局限，使他们不易明辨是非。对于网络信息，他们是不分“鱼”“龙”，不辨是非美丑，兼收并蓄的。网络上直观、生动、形象的信息，让他们“废寝忘食”，一旦孩子沾上网瘾，就像毒蛇缠身一样无法解脱，就会荒废学业、腐蚀灵魂、摧残身心。一句话，说它是魔鬼毫不为过。

作为一种工具，网络本身没有善恶之分。好比燃气灶，用它得当，它就会很好地为您服务，减轻烟熏火燎之苦，十分便捷；若是使用不当，造成燃气泄漏，它又会成为致命的“炸弹”。网络也是如此。

网络是成为带来福音的天使，还是成为摧残吞噬孩子心灵的魔鬼？关键是能否正确处理下列问题：

父母与孩子能否有效心理沟通

两代人心理交流畅通，孩子在成长中时时得到父母的关爱，得到温暖，父母能“牵”住孩子的心，孩子就不会出现“精神转移”。孩子就不至于沉迷于网络，而是有效利用网络，让网络成为学习的工具。

如若两代人心理难以沟通，两代人之间是一种冷冰冰的关系，孩子时常得到的是训斥、唠叨、被打骂，在家里得不到尊重和温暖，他就会找寻精神上的靠山，寻求发泄不满的渠道。上网玩游戏恰恰迎合了这一需要，孩子可以在网络游戏中，得到某些精神慰藉，可以在游戏中发泄自己的不满情绪，网络成为他们的精神支柱。

孩子能否在课余生活得到快乐

趋利避害、寻求快乐是人和动物共同的本能，缺乏自制力的孩子更是如此。如果父母注重培养孩子健康的爱好，有丰富的课外活动，引导孩子向往大自然，善于和同龄人交往，他就会在追求大自然的奥秘中，在自己课余爱好上，在与同伴快乐游戏中得到快乐。孩子就会利用网络带来的便利，广泛获取有益信息，促进自己的学习。

反之，父母忽视孩子的精神需求，忽视孩子与同龄人的交往，忽视孩子亲近大自然的机会，只知催促孩子学习。孩子为了找寻快乐，就会去上网，从网络游戏中找寻快乐和精神上的享受。在虚拟场面中展示自己的能力，满足自己的兴趣。

父母能否正确对待孩子的学习

孩子在学习上无论成绩优劣，都能得到父母的接纳，时常得到父母的鼓励和引导，孩子就会不断追求进步，积极努力学习，以得到父母肯定和赞赏。孩子就会把网络作为提高学习成绩的助手。

如果父母只盯着孩子的分数，孩子成绩好，得不到肯定和夸奖，成绩差则一味指责和训斥。孩子学习再努力，也得不到父母的肯定和称赞，他会对学习产生反感，厌倦学习。孩子在学习上得不到宽慰和尊重，就会到网络游戏中，在虚拟世界中，以战胜敌方来展示自己的能力，从中得到慰藉来满足自尊。

九、孩子上网成瘾原因分析及对策

根据中国青少年网络协会2007年的调查表明，中国青少年网民中，上网成瘾者约占青少年网民数量的9.72%。有孤独感、学习压力大、“三过度”、交往能力差、不良家庭环境、成瘾人格是这些孩子上网成瘾的祸根。

曾是南方某省年度高考状元的李平凡，天资聪颖。3岁多，他已会写800个汉字，上学后他不费什么力气总是成绩优秀。高中毕业，他考入一所名牌大学。但由于上网成瘾，到大学后沉溺于上网，荒废了学业。他曾先后三次高考进入名牌大学，三次被所在大学强令退学，2007年又参加人生中第四次高考。

李平凡的事例虽说是特例，却折射出一些孩子上网成瘾的现实。根据中国青少年网络协会2007年的调查，中国青少年网民中，上网成瘾者约占青少年网民数量的9.72%。为什么绝大多数人能很好地利用网络，而一些青少年却网络成瘾？

从大量网络成瘾案例分析，以下因素是孩子上网成瘾的祸根：

其一，有孤独感的孩子易上网成瘾。父母忙于工作顾不着关照孩子，或是父母不会与孩子有效心理交流，孩子每天感到寂寞、孤独。正如有的孩子所说，“我每天除上学外没人管我，回家关上门就面对电脑。不是我自己孤立了自己，而是家庭把我孤立了。”孩子没有精神靠山，只能上网交朋友，以找寻快乐和精神支柱，诱人的网络信息迎合了孩子们需求，引诱其上网成瘾。

其二，学习压力大的孩子易上网成瘾。父母只盯着孩子的分数，把孩子当成学习的工具，不许看电视，不许课外玩耍，不许看课外书，完全忽视了孩子的心理需求。长此以往，孩子过度疲劳，产生厌倦情绪。有的父母对孩子成绩要求过高，孩子再努力，总是达不到父母的愿望，得不到肯定和夸奖，总是被父母批评、训斥。孩子形成厌学，把上网作为摆脱压力、找寻放松的方式，逐步上网成瘾。

其三，“三过度”的孩子易上网成瘾。“三过度”就是过度关爱、过度保护、过度期望。过度关爱就是满足孩子的一切要求，孩子日渐养成唯我独尊的自私心理和放任性格。过度保护就是父母对孩子事事关怀备至，一切进行包办，压抑了孩子各种能力的发展。过度期望就是对孩子学习成绩高标准，总是不满意。父母的行为，使孩子错误地认为学习不是自己的事，渐渐失去了学习原动力。父母对孩子溺爱加摧残的教育，使子女对父母冷漠反感，甚至仇视敌对。这样的孩子，最容易投身于新鲜刺激的网络世界里寻求慰藉，进而沉溺其中。

其四，交往能力差的孩子易上网成瘾。交往能力差或父母过度限制其交往的孩子，不能从人际交往和交友中获取快乐和尊重，就到虚拟世界与虚拟人物交往。在与虚拟人物对阵中，随心所欲地击败对方，以赢得重视和尊重，从中得到心理满足。

其五，不良家庭环境的孩子易上网成瘾。《中国青少年网瘾问题报告》显示，相关专家就网瘾的成因分析，发现有将近80%的孩子上网成瘾，都是由于家庭环境造成的。许多上网成瘾的孩子都是生长在单亲家庭，他们在家庭中缺少父母的关爱，就会在网络寻找归宿感；一些父母不尊重孩子的人格和感情，动辄对孩子实施“冷暴力”，在家得不到心理慰藉，就去网上获得心理安慰；家庭夫妻关系不和，孩子厌倦时常充满“火药味”的家庭，就去上网得到心灵的安静。

其六，成瘾人格的孩子易上网成瘾。成瘾人格就是对某一类事物过度迷恋。这种人格的形成与家庭过度控制、过度放任的教养方式有关。这种孩子经不住网络刺激和游戏的诱惑，容易沉溺于网络游戏。

另外，延迟满足能力差的孩子，没有大的学习目标，学习自制力差，不肯吃苦，只贪图时下的高兴和快乐，学习遇到挫折和困难就到网上逃避，以求得一时快乐。

孩子上网成瘾如何挽救？汇集专家们的忠告和成功者的经验，特提出以下几点建议：

营造和谐家庭环境

父母应尊重孩子人格，真正平等与孩子相处，用欣赏的眼光看待孩子的成长，耐心倾听孩子的倾诉，获得孩子的信任。当孩子有安全感和信任感时，才会向父母说出心灵的秘密，才能有效引导孩子摆脱网瘾。

加强亲子间心理沟通

多和孩子聊聊天，用尊重、理解的态度，倾听他的想法。告诉他，他出现的不良变化：成绩下降、疲劳、社交活动减少、忘记了原来的兴趣爱好等。关注、体贴孩子，让孤独的孩子感到家庭的温暖，宽容孩子的错误，允许他逐步戒除网瘾。

减轻孩子学习压力。

无论孩子学习成绩优与劣，从孩子的实际情况出发，切勿急于求成。成绩好的孩子，对他的努力多赞扬，表示对孩子的欣赏和支持；成绩差的孩子，关注他的每一点进步，哪怕是微乎其微的进步，诚心实意地给予夸奖和鼓励，让孩子把兴趣和注意力转移到学习上来。

关注孩子心理需求

利用孩子好动、好奇、好玩、好胜的天性，多和孩子一起打球、旅游、看文艺节目等娱乐活动。或者把孩子的兴趣转移到书法、手工、绘画等活动上来，在活动中淡化孩子对网络的依赖。

学会选择网站

为了有效利用网络，警惕有害信息对孩子的侵蚀，父母要学会上网，为孩子选择有利于学习和身心发展的网站。并和孩子商量，确定上网界限和上网时间，约法三章并遵照执行。认真执行就称赞夸奖，违犯就要惩罚，这样使孩子日渐增强自制力，摆脱网瘾。

十、孩子学习障碍成因分析

学习障碍是指智力正常的儿童，因为听、说、读、写和交流方面的心理过程出现落后而导致的成绩低下的现象。学习技能障碍主要有四大类：阅读障碍、书写障碍、数学或计算障碍、注意力障碍。

李玉君上学后，学习很认真，成绩却是班内倒数几名。她阅读时容易漏行、跳字、增字或减字；写生字时容易将偏旁颠倒，不是多一笔就是少一笔，错别字较多，书写费力。父母总认为是她学习不用心，老师也说李玉君从小没有养成良好学习习惯。父母、老师苦口婆心地开导、指点，并没有改变她的学习情况。

其实，父母、老师冤枉了李玉君，不是她不努力，而是由于学习能力落后导致的，这种现象被心理学家们称之为学习障碍。

美国特殊教育专家科克于1962年首次提出学习障碍这一概念。学习障碍是指智力正常的儿童，因为听、说、读、写和交流方面的心理过程出现落后而导致的成绩低下的现象。心理学家们研究表明，大约5% ~10%的在校生属于学习障碍儿童。

学习障碍通常有两大类型：一是学习技能障碍，二是学习习惯障碍。学习习惯障碍另当别论，这里主要谈学习技能障碍。学习技能障碍主要有四大类：阅读障碍、书写障碍、数学或计算障碍、注意力障碍。

阅读障碍表现为：阅读时漏行、跳字、语音错误、增字、减字、回读、语速太慢、语塞等。阅读障碍是有学习技能障碍孩子中，比较常见的一种表现形式。

书写障碍表现为：写生字时，容易将偏旁写颠倒，不是多一笔就是少一笔，错别字较多，书写费力，把偏旁部首易位，甚至是无法正确抄写或听写等。

数学和计算障碍表现为：经常把减号看成加号，对长短、高矮、大小等形状判断困难，数量概念理解能力差，计算有困难，空间想象和推理能力低，计算丢三落四等。

注意力障碍表现为：在情绪影响下，听课或写作业不能专注，存在噪音环境中精力不能集中，多种信息存在时不知哪为重要，在话题转变时或进行新活动时不能快速转移注意力等。

学习障碍的形成有先天和后天两方面原因。先天原因与人的大脑有关，孩子在某一方面的学习障碍与其大脑特定部分存在着功能异常相关联。从后天原因讲，孩子来到人世间，由于婴幼儿时期没有得到适宜的外部环境刺激，特别是父母、长辈在孩子成长中，在某些方面未能给予相应的外部刺激，以致抑制了孩子在这些方面能力的发展，其中突出的是感觉统合能力训练不足。

感觉统合能力属于智力能力的一部分。感觉统合能力是从孩子婴儿时期“三翻六滚九爬”、走路、识物、看画册以及幼儿时期跳绳、弹玻璃球、踢毽子、捉鱼、剪纸等活动中形成的。婴幼儿的这些活动，既是发展肢体运动能力、发展智力的过程，也是形成视觉、听觉、触觉、心感等众感觉器官协调运动能力的过程，孩子的此类活动不足，就会形成感觉统合能力不佳。感觉统合能力不佳，就会造成学习中写字、画图、写数、动手操作能力缺陷，成为学习障碍。

现在孩子太多是听流行音乐、听英语歌曲长大的。他们锻炼的是听觉而不是视觉，这无疑就压抑了视觉能力的发展。书写障碍是视知觉分辨能力和视知觉记忆能力相对落后造成的。注意力障碍也是由其听觉能力和视觉能力相对落后造成的。

随着电视、电脑的逐步普及，孩子的大量信息是通过看电视、手机、电脑获取的，却大大忽视阅读书本，这无疑制约其阅读能力的发展，形成了学习技能中的阅读障碍。

过去的孩子们弹玻璃球、踢毽子、捉鱼、捉虫子是练习其手眼协调能力最有效的方式，经常玩这些游戏的孩子，就不会出现手眼协调能力落后问题。现在的孩子们由于活动场所制约，由于电子玩具、电脑、手机、电视出现，很少玩那些游戏，而代之以在室内大量看电视、手机和电脑，这无疑制约其手、眼、耳、心协调能力的发展。

十一、孩子学习障碍的矫正策略

学习障碍不是智力落后，智力落后是指这个人整个大脑皮层的功能、脑细胞出现了整体落后。学习障碍是指大脑某一个功能跟其他功能不匹配。神经心理学研究表明：在人为的某种干预策略实施后，大脑结构会出现相应的变化，干预能够改变大脑的功能动作方式。

假如发现孩子患有学习障碍，父母一定会感到悲观和无奈。其实切莫太悲观也不必无奈。

学习障碍不是智力落后，智力落后是指这个人整个大脑皮层的功能、脑细胞出现了整体落后。智力落后的人做什么也不行，在知觉、注意、情感、人际关系方面都会受到影响。

学习障碍是指大脑某一个功能跟其他功能不匹配。比如阅读书写障碍的人可能其他能力都正常，如计算力、记忆力、交往能力都没有问题，但他的左脑一个区域有问题，正是这一区域与大脑其他区域不匹配，导致读、写能力落后。阅读书写障碍的孩子读写不行，并不妨碍将来长大了在事业上有所成就。著名作家三毛，数学考试经常不及格，但语文成绩和写作就很好。许多有学习障碍的人最后都取得了事业上的成功。

面对学习障碍，人们并非无能为力。神经心理学研究表明：在人为的某种干预策略实施后，大脑结构会出现相应的变化。干预能够改变大脑的功能动作方式。无数关于这方面的研究发现，使多数神经心理学家都认为，大脑中所发生的变化是因为干预策略触及了新连接的发生。

另外有研究证明，儿童大脑是一个神奇无比的设计。儿童大脑的可塑性，使其可以将工作任务从一个受到损害的大脑区域，转移到另一个没有受到损害的区域。这些都为矫正孩子的学习障碍，提供了神经心理学方面的理论依据。

那么，该用什么样的干预策略对有学习障碍的孩子进行矫正训练？

阅读障碍的孩子

父母可选择孩子感兴趣的阅读材料，吸引孩子阅读，提高阅读能力；借助于“指读”养成从上到下，从左到右的固定阅读顺序，可减少跳行、漏字、左右颠倒等情况；用以听助读的方式帮助孩子练习阅读，通过大量的听来帮助阅读；相近的字找区别，例如，问、闭、闲、闪，通过细心找区别，提高阅读能力；以读音记忆和语义理解为核心，训练孩子用组词法、声旁法和联想法去记字，也行之有效。

书写障碍的孩子

父母可进行视觉记忆和视觉追踪能力的训练，让孩子集中注意力看一幅图画，几秒钟后要求孩子先描述图画的内容，再依据记忆画下来，这样以提高视觉分辨能力和视觉记忆能力；为提高手眼协调和灵活性，让孩子玩筷子夹玻璃球、花生米的游戏，记录下每次所用的时间并逐步缩短规定的时间；对听、说、读、写这些“程序性知识”，要通过过度练习使其“自动化”，这样避免学习时把很多精力放在字的写法上；汉字书写训练，按步骤训练，先看清字的重点，而后找出和相近字的区别，在指导下按笔顺工整书写，并伴有肢体和语言的鼓励，多次重复练习。

数学或计算障碍的孩子

首先训练孩子的感知能力，借助听觉、触觉、视觉进行数的认识和理解训练，加深对数的理解，在此基础进行口头倍数练习，口头计算，数学竞赛等；结合日常生活实际，用生活中的实物、实例学习数学及计算，让孩子将数学运算建立在自然情景之中，享受到学习数学的乐趣，从而提高学习数学的技能；对数字的读、写要通过过度训练形成“自动化”，把主要精力分配到计算思考上。

注意力障碍的孩子

进行提高听觉和视觉能力的训练：在噪音环境中提高注意力方面，可以训练孩子，开始从最小的干扰，到逐渐和环境相近的干扰，一步一步提高其分辨能力；学会分辨有用和重要的信息方面，训练孩子把重点放在音量、语调和面部表情上提高听力分辨力；注意力不能很快转移到新活动中去的问题，可以开始时给活动之间留下很大的间隔时间，然后逐渐将这个间隔期缩短，直至活动之间直接过渡；对于各种情绪下提高注意力问题，可以由轻度的消极情绪反应时，开始从事一个注意力活动，逐步到非常严重的消极情绪反应时，从事一个注意力活动，训练其各种消极情绪状态下提高注意力。

在实施干预矫正策略训练中，坚持注意游戏化和正强化两种方式。游戏化就是以游戏形式矫正孩子学习障碍，让孩子通过参加游戏来提升大脑神经功能。正强化就是当孩子取得每一微小进步时，就应及时表扬和奖励，以强化其新技能的获得，提高孩子自信心，父母的肯定和鼓励对孩子来讲是巨大的动力。通过正强化，在不断干预训练中，实现提高相应能力克服学习障碍的目标。

十二、上学阶段孩子要不要做家务

苏联女教育家马尔科娃指出："作为品德教育的一种手段，孩子参加日常家务劳动，不但没有失去其自身的意义，相反，具有特别重要的教育作用。"著名教育家洛克指出："让孩子帮父母做家务，比要孩子坐下来念书更有助于孩子智力的发展。"

在美国弗吉尼亚，一位中国留学生到一个餐馆打工。第一天，老板让他给主厨们打下手干一些杂活。一位主厨让他去端炉上的一个铁锅，这位留学生立刻冲过去把锅端起来，这时他才惊觉那锅里竟是滚烫的油。要松手，油必然泼在身上，只好咬着牙强忍着慢慢地将锅放下，但是双手已经严重灼伤，而且伤到了筋骨，几乎半废了。这个从来不做家务的留学生，不会知道热油锅表面不冒热气的常识。

一位新入学的大学生在笔记中这样写道，进了大学后我才发现，20 多年来，除了学习我什么都不会干。不会洗衣服，不会收拾房间，甚至到了食堂不知道该买多少饭。在家里，所有的事都是爸妈替我做的。现在跟同学们在一起我成了“弱智”，这让我很没面子，很自卑。我爸妈可把我害惨了。

两则事例，给诸位父母提出一个现实问题，孩子上学，要不要做家务？有的父母认为，“孩子学习时间紧，做家务会影响学习”“家里事由父母忙点就行了，孩子做不做家务没关系”。他们总是对孩子这样说：“只要你好好学习，家里什么事情也不用你做。”

孩子做不做家务没关系吗？孩子做家务会影响学习吗？还是从现实事例谈起。

有一位高中生的妈妈，在家长会上给班主任诉苦：她和女儿两人相依为命，为女儿真是操碎了心。女儿长大了，却一点儿也不知道心疼她，女儿对她像使唤仆人一样，稍有些不如意就发脾气训斥她，有时不高兴就几天不理睬她。这位母亲边说边流泪。

班主任觉得不可思议，就和这位妈妈详细谈起了她和女儿的事。原来，这位母亲与丈夫早年离婚，女儿自小就失去了爸爸，当妈的觉得对不起女儿，所以十几年来对女儿百般关照，有求必应，妈妈每天上班工作很忙，可再苦再累也不让女儿做一点家务。就是叠被褥、削铅笔、吃苹果削皮、刷牙挤牙膏这些事都由妈妈来做。正是妈妈把自己放在了“奴仆”的地位，才养出了不尊重、不心疼妈妈的“公主”。

2004 年 5 月，由美国暨欧洲安生文教基金会推荐，被直选进入英国剑桥大学环境工程系学习的张思玉，其母亲在回忆儿子学习生活时说：“在生活上，我们一点儿也不娇惯孩子，儿子很小的时候，就得承担他力所能及的家务：扫地、洗碗、擦皮鞋，从小学三年级开始，他就能定好闹钟，每天按时起床，放学回家自己用洗衣机洗校服，家中无大人时给自己做蛋炒饭、煮面条。”

18 岁的张思玉到剑桥大学两个月后，在发来的电子邮件中写道：“妈妈、爸爸，幸亏你们是粗线条的父母，幸亏你们没有从小无微不至的照顾我。”

两个家庭的不同做法，培养出了两个完全不同的孩子。孩子做家务并非是“做不做家务没关系”的事，而是关系重大。它是孩子理解尊重父母的必要条件，是培养孩子责任心的途径，是对孩子进行道德培养的“启动器”。苏联女教育家马尔科娃指出：“作为品德教育的一种手段，孩子参加日常家务劳动，不但没有失去其自身的意义，相反，具有特别重要的教育作用。”孩子不做家务，不能体验做家务的辛苦，不会珍惜父母劳动成果，也不会尊重父母。

不仅如此，孩子做不做家务，还直接关系到孩子生理、智力、能力的发展。有个孩子很聪明，就是写作业的速度非常慢，每天熬到深夜才完成。父母用了许多办法都无法纠正他的毛病，就去请教专家。专家说：“你们的孩子在家什么事都不干吧？”父母大惊：“是啊，可这与写作业慢有什么关系呢。”专家分析说，对孩子来说，从小动手做事，可以训练孩子手与脑的协调能力。而没有动手的机会，就形成孩子动手、动脑能力上的缺陷，写作业慢，就是这种缺陷的具体表现。

著名教育家洛克指出：“让孩子帮父母做家务，比要孩子坐下来念书更有助于孩子智力的发展。”做家务必须付出一定的努力，做的过程就是学习的过程，就是手脑协调配合积极思考的过程，会极大地促进儿童生理和智力发展。

美国哈佛大学的研究者们从 20 世纪 50 年代开始，对 456 名 10 岁左右的孩子进行跟踪调查，结果发现：那些经常做家务的孩子，在成年后获得良好人际关系的可能性是普通人的 3 倍；获得高收入的可能性是普通人的 5 倍；而长期失业率要比普通人低 85%。相反，那些很少或根本不做家务活的孩子，成年后和普通人相比，因违法被逮捕的可能性要高出 3 倍；产生精神疾病的可能性高出 9 倍，且因此而死亡的可能性要高出 5 倍。

孩子学习时间紧是客观的，“时间就像海绵中的水，要挤总是有的。”孩子做家务，有益于形成时间观念，办事讲究效率。一些孩子在家中什么也不干，他就没有时间观念，形成办事拖拉、磨蹭的习惯。

我国北方有句谚语：“勤娘养懒儿，懒娘养勤儿。”孩子过习惯了饭来张口，衣来伸手，养尊处优的生活，会成为一个又笨拙又懒惰、不通事理、不懂感恩的人。父母能代替孩子做家务，却不能代替其生理和智力发展，不能代替孩子培养热爱劳动的品质，不能代替其懂得感恩、形成责任心。孩子做不做家务，对孩子的成长关系重大。

为了孩子未来，为了家庭幸福，还是让孩子做力所能及的家务吧。

十三、引导孩子慎用手机

孩子用手机是一把双刃剑，它既方便孩子与家人、亲友联系，方便孩子学习，也易伤害孩子身心，易使孩子荒废学业。父母在处置孩子用手机一事上，要慎之又慎。

现代科技的新宠——手机，为人们学习、生活、工作提供了令人惊奇的便利，也成为青少年青睐的对象，众多中小学孩子们也加入“手机族”的行列，玩手机成为孩子们的一种时尚。

孩子们有手机，方便父母与孩子联系，促进孩子学习的同时，其弊端也日益引起父母们的担忧。孩子要不要用手机，成为父母们心里纠结的事。怎样正确处理此问题，还是从孩子们用手机的利弊谈起。

从孩子们玩手机的作用来看，调查结果显示，用手机上网的最多，达到41%，用手机发短信者为28%，用手机拍照、接电话者为12%，用手机听歌者占7%，用手机学习（查资料、浏览新闻）占36%，娱乐类（玩游戏、看电影）占22%，交流类（与同学朋友聊天）40%，与父母聊天者2%。

调查表明，用手机交流信息还是占据大半边天，使用手机学习也占相当的比例。孩子有手机可以与同学联系，增进友谊；把烦恼向同学诉说，减轻压力；学习上互相交流、相互促进；便于查找学习资料，省时省力，有助于提高学习效率；伤心、苦闷时听听歌、聊聊天，让闷恼的心情得以安静；父母在关键时刻能找到孩子，获悉孩子业余时间的去向。

孩子们用手机的作用是无可置疑的，但孩子们玩手机的弊端也日益显露出来：沉醉于手机网络，晚上熬夜玩手机游戏，以致上课无精打采；课下明着玩，课上偷着玩，上课听课不专心，课下做作业不认真；做作业用手机抄袭答案，考试用手机作弊。玩手机令不少孩子成绩不断下降，以致荒废学业。

攀比心理驱使，一些孩子为了显摆自己，手机档次越来越高，花大量金钱和精力用于更换时尚手机，成为不富裕家庭的一种负担。家庭不能满足的，就编着法子弄钱，小到不吃饭攒钱，大到偷家里的钱，以此来满足自己的奢望，滋长了不良行为。

一些孩子用手机上网、聊天、玩游戏，沉溺于手机，无视人文科学，成为文化“文盲”，被人戏称为“消息灵通的傻瓜”。有的孩子陶醉于玩手机，不惜在城市车水马龙的公路上，无视周围车流而低头玩手机，造成不幸伤亡者不乏其人。

最新科学研究也揭示了为人们所不熟悉的，未成年人使用手机的诸多危害。

破坏神经系统

英国《微波理论与技术》期刊研究显示，儿童颅骨厚度显著低于成人，对辐射的吸收率明显高于成人。孩子的神经系统正处于发育阶段，受到的潜在威胁更大。法国莱蒙·费朗大学一项测试表明，儿童使用手机时，大脑对手机电磁波的吸收量要比成人多60%。英国华威大学的杰勒德·凯都博士警告说，手机辐射会破坏孩子神经系统的正常功能，从而引起记忆力衰退、头痛、睡眠不好等一系列问题。

影响生长发育

大剂量的电磁辐射对儿童的生长发育不利，尤其手机微波对眼睛伤害最大。

影响智力发育

儿童长时间与手机打交道，他们的创造力、想象力和注意力很难得到锻炼。孩子对手机产生依赖，会让孩子能力退步，不查字典、不去计算，破坏书写、拼字技能，人也变得越来越懒。对手机的过度关注，也占据了大量的阅读时间，不利于对阅读能力和阅读习惯的培养。

影响思维模式

电话和短信剥夺了孩子与他人面对面的交流机会，容易让孩子变得怯懦、孤独、偏执。澳大利亚莫纳什大学艾布·拉姆森教授的一项研究表明，爱发短信的青少年，思考问题难以深入，凡事急于求结果，性格比同龄人更冲动。

影响在校学习

日本一项针对中学生的调查显示，即使学习时间很长，但是如果使用智能手机的时间也长，那么学习成绩还是较差。

孩子用手机是一把双刃剑，它既方便孩子与家人、亲友联系，方便孩子学习，也易伤害孩子身心，易使孩子荒废学业。父母在处理孩子用手机一事上，要慎之又慎。

假若孩子自制力差，带手机必要性不大，最好和孩子讲明利害关系，坚持不用手机；孩子自制力强，能发挥手机对学习的作用，或是上学路远不方便，还是用手机更有利。

无论要用还是不用手机，都应当给孩子晓之以利害，“硬拧的瓜不甜”，强迫命令只会让他们反感。

孩子有必要带手机，父母应当与孩子一起商量制定使用手机规则，达成共识，监督实施。让孩子慎用手机，促进孩子身心健康、学习进步，才是根本目的。